首阳教育书系

杨再隋 口述 黄光辉 整理

语文哲思与教育人生

陕西师范大学出版总社 西安

图书代号　JY24N1938

图书在版编目（CIP）数据

语文哲思与教育人生 / 杨再隋口述；黄光辉整理.
西安：陕西师范大学出版总社有限公司，2024. 9.
ISBN 978-7-5695-4721-4

Ⅰ. H19

中国国家版本馆CIP数据核字第2024708FF4号

语文哲思与教育人生

YUWEN ZHESI YU JIAOYU RENSHENG

杨再隋　口述　黄光辉　整理

出 版 人	刘东风
责任编辑	李　岩
责任校对	韩娅洁
封面设计	观止堂_朱璇
出版发行	陕西师范大学出版总社
	（西安市长安南路199号　　邮编 710062）
网　　址	http：// www.snupg.com
印　　刷	陕西龙山海天艺术印务有限公司
开　　本	710 mm×1000 mm　1/16
印　　张	20
字　　数	280千
版　　次	2024年9月第1版
印　　次	2024年9月第1次印刷
书　　号	ISBN 978-7-5695-4721-4
定　　价	78.00元

读者购书、书店添货或发现印装质量问题，请致电029-85251157。

不同时期的杨再隋教授

杨再隋教授与武汉市万玉霞名师工作室的老师们在一起　　杨再隋教授参加武汉市武昌区珞珈山小学教研活动

杨再隋教授在北京市芳草地国际学校　　　　　　杨再隋教授参加课程改革专题培训

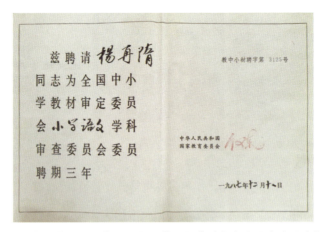

全国中小学教材审定委员会小学语文学科审查委员会委员聘书

杨再隋教授与小学语文学科审查委员会（1987—2001）成员

杨再隋教授著作精选

杨再隋教授主编湘教版教材

杨再隋教授主编课外读本

杨再隋教授部分著作

杨再隋教授与于永正先生、北京特级教师吴琳

杨再隋教授与斯霞先生

杨再隋教授与霍懋征先生、谢文清先生

杨再隋教授与福建师大教授潘新和、浙江省特级教师季科平、福建省特级教师黄国才、语文报社副社长裴海安

杨再隋教授与中华文化促进会儿童文化委员会同人

杨再隋教授与黄光辉（右）

黄光辉（左）与杨再隋教授访谈

杨再隋教授与夫人

杨再隋教授七十华诞

 序 一

语以传情　文以载道

　　杨再隋先生是华中师范大学教育学院的知名教授，尽管我们的专业不同，但我久闻他的大名。跟杨先生交往是近十年的事。我的硕士毕业生谢先军，长期致力于研究小学写作教学，其成长发展过程中，深得杨先生提携。2016年12月，华中师范大学成立基础教育创新发展研究中心，我担任研究中心主任，谢先军担任副主任，杨先生受聘担任专家委员会委员，经常出席我们研究中心组织的活动，自此我跟杨先生愈加熟识。今年6月20日，语文报社裴海安副社长来武汉，我和谢先军邀请裴海安在武汉著名的东湖风景区游览。老友相会，分外高兴。其间，裴海安谈到，由杨先生口述、黄光辉整理的书稿，已商定书名为《语文哲思与教育人生》，将由陕西师范大学出版总社于年内出版。谢先军提议，杨先生是华中师范大学教育学院的知名教授，我曾是华中师范大学主管本科教学工作的副校长，理当给杨先生的著作写个序言。当即，杨先生说非常荣幸，裴海安说坚决支持，于是，我慨然允诺，

说既然如此，序言就以《语以传情 文以载道》为题。座中诸位一致叫好。这两句话有两重含义：一是著作《语文哲思与教育人生》谈的是语文，"语以传情 文以载道"藏头"语""文"，正好切题；二是杨先生在著作中口述毕生从事小学语文教育教学研究的历程，其"语"必定传情，其"文"必然载道。

6月下旬，我收到谢先军发来的《语文哲思与教育人生》电子版，因手头有几件要事需处理，至7月中旬到恩施利川凉雾乡避暑，方得拜读这部20多万字的大作。仔细阅读后，我滋生了真心感动、诚心感慨、倾心感谢的情怀，更加深入地认识、了解和理解了杨先生，这为我写作此序言打下了良好的基础。

一、真心感动——杨先生不忘初心的教育人生

在自序中，杨先生说道：

在小学语文界，我又是一名特殊的老兵，是一名当过十多年小学教师又当过30多年大学教师的老兵，是一位在高校从事小学语文教材教法教学和研究，一生痴迷于语文教学的一名老兵。在高校，最受青睐的当属理论性强的学科。作为应用型学科的小学各科教材教法，虽是必修课，但属"小儿科"，而我对小学语文教材教法却是情有独钟，初心不改，从不动摇。人生苦短，生命有限，我想，我要是能在小学语文教材教法的研究上，取得一丁点儿成绩，就不负此生了。

秉承这个"情有独钟，初心不改"，杨先生时至今日，耄耋之年，仍然不遗余力为语文教育教学"鼓与呼"：

语文啊！奔流在历史长河中的语文！融入人的血脉中的语文！爱不够的

语文！挥之不去的忧思！

课程改革，众所瞩目，既给我们带来希望，也促使我们思索。不可否认，颁布新课标，修订新教材，对提高教学质量起到了重要的作用。例如，学生的口语能力提高了，批判能力、创新意识都有所增强。但是，语文教学作为母语教学，在中国有几千年的文化传统。在语文教学中，如何传承和弘扬中华优秀传统文化，贯通古今文化的血脉；又如何传承革命文化，在儿童的心田里播种红色的种子；如何面对新时代的少年儿童，深入了解他们的兴趣、爱好、需要、愿望和梦想，掌握他们身心发展的特点和规律；还有如语文教学如何面对信息化时代，适应网络环境；等等。对这些，我们既缺乏充分的理论准备，也缺乏相应的应对策略。

这是杨先生继本世纪初发表"在反思中前行"和"困惑中的思索"之后的"新时代之问"，其崇高的社会责任心和历史使命感，令人真心感动。

二、诚心感慨——杨先生哲思善作的知行人生

杨先生毕生深耕中国语文教育尤其是小学语文教育教学，殚精竭虑，善作善成，从理论到实践，知行合一，建树卓越，是一位高素质、专业化、创新型的专家。他明确指出：

要树立大语文意识。语文教学是母语教学，中华民族的精神和智慧都凝聚在母语里，一所学校的校长和全体教师都应有大语文意识。对教师而言，由于语文是思想的载体和人脑思维的工具，所以，各学科教师语文素养的高低，将在一定程度上决定教学质量的高低。而语文教师的语文素养高低，则直接决定着教学的成败。对学生而言，不仅要通过语文获得运用语言的能力，还要提高认识，丰盈思想，丰富感情，培养人格，清清楚楚说中国话，端端

3

正正写中国字，堂堂正正做中国人。

他强调"语文本色"：

语文教育是科学，是根据母语的特点，遵循儿童学习母语的规律，让儿童习得理解和运用祖国语言文字的能力的科学；语文教育也是艺术，是形象的、感情的、审美的艺术。用一句话概括：语文教育是学生在教师引导下，听语文、说语文、写语文、用语文，同时学会生活、学会审美、学会学习、学会做人的综合实践活动。语文教材凸显语文本色，但语文本色必须在中华优秀传统文化的底色上抹上时代的色彩，在继承中发展，在发展中创新。

在教学实践方面，杨先生提出：

我特别强调读写结合是中国语文教育的优良传统，在现代又有了新的发展。在教学实践中，需找准读与写的最佳结合点，让读与写在提高认识能力，尤其在发展思辨能力上相结合，在学生情感的触发、发展、高潮中相结合，在进入审美过程、获得审美感受中相结合，读中学写，学中促读，使读与写互促共进。

"读"是我国传统语文教学的精粹。由于汉语言文字本有的音韵美、意境美、形象美以及文章思路的逻辑美、文章结构的严谨美，都需要通过有指导、有要求的反复吟咏，品尝"文中味"，悟出"文外味"，回味出语言文字、文章的余音、余韵和余意来。

我攻读硕士、博士学位期间研究的都是现代汉语，在这方面有一定专长，然而在通读杨先生这部著作的过程中，除了被先生真知灼见的哲思、微言大义的阐释、切中肯綮的点评所打动而获益良多之外，更是屡屡被先生妙笔生花的表达、妙语连珠的铺陈、语势递进的排比所触动而心悦诚服。

三、倾心感谢——杨先生亦师亦友的情意人生

《语文哲思与教育人生》第二章"我的名师缘"专门讲述"心中倾慕名师""与名师结缘""与小语界'四大名师'的深情厚谊""与中青年名师的忘年交"。杨先生说："20世纪八九十年代，小语界最活跃、最有影响力的是被称为'四大名师'的支玉恒、于永正、贾志敏、靳家彦老师。我和他们交往很多，结下了深厚的情谊。"同时，以上名师的小学语文教学改革实践以及公开课、研讨课、赛课，都多次得到杨先生的点评和指导。2021年，由《小学语文教学》杂志社杨伟策划的"全国十大青年名师丛书"（10册）由济南出版社出版，杨先生接受特别邀请，写了精彩纷呈的10份推荐语。在此，我情不自禁地引用其中一篇：

语言是人类最重要的交际工具。语言不交流，学语言何用？语言不运用，如何能发展语言能力？

鉴于当下语文运用漂浮化、模式化、形式化的倾向，他用自己的教学实践证明：指向语用让文本解读更深入；指向语用让词语教学更扎实；指向语用让诗词教学更丰厚；指向语用让散文教学更鲜活。归结为一句话：指向语用，让语文更语文。

"指向语用"是方向，是目标，看清方向，认准目标，是成长的起点。成长之路上，道路千万条，迂回是一种策略，拐弯是一种智慧，另辟蹊径是一种探索。

真做事，做真事，做自己喜欢的语文教学工作。他就是古城西安的青年教师——王林波。

诚如《语文哲思与教育人生》的整理者黄光辉在"导语"中所言，杨先

生"是老一辈语文教育专家的知音好友，是中青年语文教学名师的良师益友，是语文教坛新秀的引路人"。真心仰慕、诚心敬佩、倾心感谢杨先生的，何止百千万人？以师为师，师者之师，这就是杨先生亦师亦友的情意人生。

杨先生在自序中写道："回望自己曾经走过的路，反思自己曾经做过的事。80多年的岁月，苦乐相伴，酸甜自知。记忆中留下的多半是甜蜜而美好，也有苦涩和伤怀。这就是我们这一代知识分子的真实写照。"

《语文哲思与教育人生》是一部讲述一位潜心小学语文教育教研的老专家的成长史，一部记录专心小学语文教育教研的老一代和新生代专家的交往史，一部反映中国小学语文教育改革历程的发展史，一部见证小学语文课程（课程方案、课程标准、课程教材）进化的改革史。

最后，赋诗一首，以作结语：

久有教育梦，常怀报国心。

千言万语讲，论实重知行。

一字一句说，亦师亦友情。

小语大专家，杨公享盛名。

李向农

2024年立秋后于恩施利川凉雾乡云山谷寓所

（李向农，华中师范大学教授，博士生导师，原副校长。第二届、第三届教育部高等学校文化素质教育指导委员会委员。2007—2018年任教育部高等学校中国语言文学类专业教学指导委员会委员。）

序 二

　　杨再隋先生在我的眼中，就是一本厚厚的大书。古人说，会读书者把厚书读薄。孔子把《诗经》读成一句话叫"思无邪"。我读《论语》，读成一句话是"成为君子的学问"。那么杨再隋先生在我的眼中，如果要把他读成一句话是哪一句话？我认为就是"当代君子，大家风范"。

　　君子有君子的形象。

　　杨再隋先生在我心目中的形象是什么？我以为就是孔子的弟子称赞孔子的"温良恭俭让"。温，温文尔雅；良，善良美好；恭，恭敬万物；俭，节俭朴素；让，谦让有礼。

　　君子的形象还是什么？用孔子自己的话说，就是"文质彬彬，然后君子"。这里的"文"是后天的文化，这里的"质"是先天的本质。一个人，只有当其先天的本质和后天的文化和谐统一的时候，才显得文质彬彬。

　　每次跟杨再隋先生在一起，我都深深感受到他儒雅学者的风度、文质彬彬的气质。他是那么率性率真，时常发出朗朗的笑声。他的每一句话都发自肺腑，发自真心，让人如沐春风，如饮甘霖。

君子有君子的品格。

君子更为动人的是他们身上高尚的品格。杨再隋先生身上具有怎样的品格？我以为：

第一，君子怀德。

在杨先生和老中青三代名师的交往当中，你可以看到杨先生对斯霞、袁瑢、霍懋征等老一辈名师的尊敬崇拜，和于永正、贾志敏、支玉恒、靳加彦等中年名师之间那种真挚深厚的友情。杨先生对中青年名师的关爱、提携、奖掖，让我们深深感受到他身上美好的品德，那是不带任何私利的对知识、对人才的尊重。有人说，一个人的朋友圈最能反映这个人的人品。杨先生广交天下名师，充分体现了他宽广的胸襟、气度和格局。

第二，君子博学。

杨先生具有扎实的童子功。他出身书香门第，父亲是省立中学的校长，母亲是大家闺秀，他从小就接受了良好的家风熏陶。上学之后，杨先生又是文艺演出队的骨干，在中学阶段担任过少先队大队长，考试成绩名列前茅，常常是第一、第二名，也多次获得演讲比赛的前几名，在湖南省立茶峒师范学校的时候就做同学们的小老师，得到老师的称赞；他的教育学和心理学的考试成绩尤其出色，在年级中名列前茅；还在学生会担任副主席兼学习部部长。先生 17 岁考入华中师范学院（现华中师范大学）教育系，是录取学生中年纪最小的一个。在大学阶段，他爱好理论著作和文学名著，阅读了大量古今中外名家名作。先生是一个博学多才的好学生，尤其喜爱诗歌朗诵，他的诗歌朗诵常常得到老师和同学们的交口称赞。

第三，君子不器。

君子不囿于一技之长，而是持经达变，做人做事，皆可因应而为。君子不器，这里的"器"是指一种器具、工具，但君子不是某一种器具、工具。杨先生在小学工作了 14 年，他热爱小学教育工作，深入每一个家庭，尤其是去调皮捣蛋的小孩家里家访，和孩子们交朋友。短短一学期，就得到了同学们的交口称赞："华师附小的杨老师真棒。"杨先生上课时，板书工整美观，语言风趣幽默，范读声情并茂。他还爱好体育和文艺，特别喜欢排球、游泳、画画，能拉二胡，能弹风琴，是一位多才多艺的文艺青年。他尤其擅长讲故事，用讲故事的精湛技艺赢得了孩子们的童心。几十年过去了，他的学生在回忆老师的时候，还会沉浸在当年老师所讲的那美妙的故事当中。

后来杨先生到大学工作，凭借他在小学 14 年积累的丰富的实践经验，可谓如鱼得水。他为大学生们讲授小学语文教材教法、教育美学，广受学生的欢迎。他刻苦钻研教育理论，联系教育实际，出版了多本教育著作。1987 年，杨先生被聘为全国中小学教材审定委员会小学语文学科审查委员会委员，担负起审查全国小学语文教材的重任。1993 年被评为教授，作为专家，他赴全国各地讲学，得到一线老师的广泛赞誉。

杨先生做小学老师，是杰出的小学老师；做大学教授，又是优秀的大学教授。因为他怀德，因为他博学，因为他务本，所以他不管在什么岗位上都能做得卓越不凡。这就是君子不器。

第四，君子成人之美。

我和杨先生的缘分，要追溯到 1989 年在成都举行的首届全国中青年教师阅读教学大赛。我作为江苏省的唯一代表参加全国首届教学大赛，杨先生是大赛的评委。那一年我参赛的课文是《白杨》，同届上《白杨》的有四位老师。比赛结束，我获得了一等奖。我本来和杨先生素不相识，但他逢人就夸我："江苏有个孙双金，素质好，是个才子。他的板书漂亮，朗读感人，教学具有魅力，是一位后起之秀。"每次在"千课万人"讲学，只要碰到杨先生，杨先生都热情地跟我打招呼："小孙好，最近好不好？我最近又听了你的新课《找春天》，那课上得真好。祝贺你，祝贺你！为你取得成绩而高兴。"

　　2016年12月，我们北京东路小学举行"12岁以前的语文"全国高峰论坛。在论坛上，除了我自己上课，还邀请了全国的一些名师来上课。我还想邀请一位在全国广有影响的教育理论方面的专家来进行有深度、有高度的讲学。请哪一位专家来呢？第一，这位专家首先要对我的教育教学比较了解；第二，要时时站在教育改革的前沿；第三，他对教育理论和教育实践有着广泛的话语权。思前想后，我觉得杨再隋先生是最为恰当的人选。我在电话中和杨先生联系，表达了我邀请他来讲学的愿望。杨先生听了之后非常高兴，一口答应了。他说："好好好，我一定来，一定来，向小孙学习。你先把教材寄给我，我来好好学习。"杨先生在那次会议上做了热情洋溢的讲话，他高度称赞了我们《12岁以前的语文》这套教材的编写。他说他几十年编教材、审教材，就想编这么一套既有中国传统文化，又有经典底蕴的适合小学生阅读的好教材。他感到我们《12岁以前的语文》就是一套他心目中的好教材，希望我们精益求精，把教材修改得更好，让几代孩子受益。得到杨先生的赞许，我们更坚定了编写好、推广好《12岁以前的语文》的决心和信心。

　　2021年的夏天，我和先生在成都又见面了。那一次，杨先生带着他的家人到成都讲学、度假。在会上，我和杨先生相处了一周左右的时间。杨先生非常热切地询问我的工作和生活情况，并且把他刚出版的一本专著《语文的味道——杨再隋语文教学心语》赠送给我。我捧读杨先生的专著时思绪万千。从1989年和杨先生相识相知开始，到2021年，30多年过去了，先生的变化不大，还是那么健康、爽朗，思维还是那么清晰，语言还是那么美妙、幽默、风趣。看着杨先生《语文的味道——杨再隋语文教学心语》中精彩的文字，我衷心地祝愿先生学术之树常青。

最后，请让我用孔子最得意的门生颜回对孔子的评价来结束这篇短文。颜回是怎么赞美他的老师的？他说"仰之弥高，钻之弥坚"，"欲罢不能"。杨先生是一座高山，让我们高山仰止。杨先生是一个宝矿，有取之不尽用之不竭的精神财富。

祝愿杨先生的教育理念代代相传，泽被他人！祝愿杨先生福如东海，寿比南山！

孙双金

（孙双金，首批正高二级教师，享受国务院特殊津贴专家，语文特级教师，"情智语文"倡导人，南京市金陵中学附小校长，南京师范大学兼职博士生导师，江苏省小学语文研究会学术委员会主任。）

自 序

　　1958 年我大学毕业，至今已 66 年了。回望来路，虽有坎坷，但不遗憾。因为我 40 岁时，幸运地沐浴在改革开放的春风暖阳里，从而激情焕发，积极地投入到教育改革的大潮中。

　　1979 年春，我被委派参加湖北省教育厅特级教师评审小组，历时两届。1987 年，应聘担任全国中小学教材审定委员会小学语文学科审查委员会委员，参与审查过多套小学语文教材、语文教学大纲和语文课程标准。2004 年退休后，主编过两套国标本小学语文教材。其间，写了几本书，发表了多篇文章，还应邀到全国各地包括边远山区支教。也许是天道酬勤，我虽已耄耋之年，依然头脑清醒，耳聪目明，提笔著文，即席发言，都能顺利完成。

　　其实，在小学语文界，我又是一名特殊的老兵，是一名当过十多年小学教师又当过 30 多年大学教师的老兵，是一位在高校从事小学语文教材教法教学和研究，一生痴迷于语文教学的一名老兵。在高校，最受青睐的当属理论性强的学科。作为应用型学科的小学各科教材教法，虽是必修课，但属"小儿科"，而我对小学语文教材教法却是情有独钟，初心不改，从不动摇。人生苦短，生命有限，我想，我要是能在小学语文教材教法的研究上，取得一丁点儿成绩，就不负此生了。

我不是学语言文学的，但我从小对文学感兴趣。我读的是教育系，教育学、心理学、教育史是主修学科。在大学四年的学习中，我发现这些学科和语文水乳交融，密不可分。学科语言的表现力直接影响学科的学术质量。难怪近代中国著名的教育家如蔡元培、陶行知、叶圣陶等，都是当之无愧的语言大师，他们的著作具有强烈的表现力、感染力和亲和力。再看国外，马卡连柯是苏联著名教育家，他的《教育诗》堪称文学名著。更不必说法国大哲学家卢梭的《爱弥儿》了，这是举世公认的文学名著。同时，我在对国内外文学作品的涉猎中发现，许多作家的文学作品中都蕴含着教育学、心理学的元素。他们在作品中揭示人生，剖析人性，刻画心理，真是含意深邃，意味绵长。从某种意义上说，文学和教育学都是关于人的学问，都是为着人的发展，只是方式各异而已。

语文啊！奔流在历史长河中的语文！融入人的血脉中的语文！爱不够的语文！挥之不去的忧思！

课程改革，众所瞩目，既给我们带来希望，也促使我们思索。不可否认，颁布新课标，修订新教材，对提高教学质量起到了重要的作用。例如，学生的口语能力提高了，批判能力、创新意识都有所增强。但是，语文教学作为母语教学，在中国有几千年的文化传统。在语文教学中，如何传承和弘扬中华优秀传统文化，贯通古今文化的血脉；又如何传承革命文化，在儿童的心田里播种红色的种子；如何面对新时代的少年儿童，深入了解他们的兴趣、爱好、需要、愿望和梦想，掌握他们身心发展的特点和规律；还有如语文教学如何面对信息化时代，适应网络环境；等等。对这些，我们既缺乏充分的理论准备，也缺乏相应的应对策略。

当下，中小学生学习压力很大，他们在名目繁多的考试旋涡中挣扎，在沉重的作业负担下喘不过气，在考试"指挥棒"的敲打下艰难行走。没有了兴趣爱好，缺失了个性发展，消减了创造精神。语文课改虽有一定的世界眼光，但少了些中国特色。一些老师们耳熟能详且行之有效的教育理念和策略，如"启发式""少而精""精讲多练""熟读精思""读写结合"等都淡出了课改的视野。而从西方舶来的不少新名词、新概念、新理论，被视为金科玉律，堂而皇之地进入了课堂，让老师们挖空心思去揣摩、猜度，力争尽快去适应、迎合。这不仅是方法论上的本末倒置，而且是认知和实践的逻辑颠倒。语文教育的优良传统，包括近现代中国语文名家的教育理念，当下还有多少人知道？夏丏尊、叶圣陶、张志公、蒋仲仁、陆静山、李伯棠、袁微子、朱作仁，早已被人们遗忘，连被称为"一代师表"的斯霞、袁瑢、霍懋征等教育大家，许多年轻教师竟也不知其何许人也。

在语文教学中，普遍缺乏良好的评价风气。课后点评，大多是"抬轿子、吹喇叭"，不当的溢美之词太多、太俗、太腻，使某些自视其高的教师飘飘然，在赞美声中自我陶醉。一旦有某位点评者说了直话，指出了缺点，就不高兴，甚至产生抵触情绪，个别人还当面反驳，强词夺理，拂袖而去。

其实教学既有优点也有缺点才是正常现象。有时，正是缺点衬托了优点。对此，我曾撰文指出，"这堂课最大的缺点就是没有缺点"，得到不少老师的响应。

如前所述，语文教学缺乏反思意识和反思能力。为此，本世纪初，我发表了《在反思中前行——对当前语文教学的思考》和《困惑中的思索——对当前语文教学中几个问题的反思》等文章。古代哲人主张的"反求诸己"，很有见地，语文教学也要善于"反躬自问"，透过教育去发现现象背后存在的问题，在不断自我矫正中前行。还要善于将自己的教学经验，通过实践检验和理论概括上升到教育理念的高度，否则就难以认识和掌握教育教学的规律。在《困惑中的思索——对当前语文教学中几个问题的反思》一文中，我对"学生主体""语言训练""语文和生活""认知和感悟""体会、体验"等概念提出了自己的观点，有针对性地对某些概念的误读进行了辨析。例如关于"学生主体"，这是当前教学中的热门话题。如何确立学生的主体地位、发挥学生的主体作用，是提高语文教学质量的首要问题。在文章中，我指出，学生主体是教学活动中的主体，是特定双边活动中的主体。不要脱离特定的语境去抽象地、孤立地论述主体，否则就会因强调学生主体而忽略了教师主导，因强调"以学定教"而忽略了"以教导学"。所以我又撰文指出："重学岂能轻教？"本来，主体、客体及其中介都是哲学概念，将这些概念移植入教学活动未尝不可。但如果我们不对这些概念进行教育学式的转化，就可能被引入复杂概念的莽莽丛林之中。

如今，语文课改取得的成绩有目共睹，在某些方面甚至有长足的进步。我指出的若干问题可能有些偏颇，但都是出于对语文教学的爱护和对语文教学发展前景的美好期待。因为有爱不够的语文，才会有挥之不去的忧思。忧思不是消极悲观，而是具有忧患意识。对存在的问题不回避，不退缩，迎难而上，迎接挑战，以不负国人，不负新时代。需要解决的问题很多，要从根本上做起，即以人为本，返本归真，以语为本，追根溯源。

语文教学以生为主，以育人为本，应追本溯源，回到生命的源头，返回生命的童年，找回生命的童真。这将有助于认识人的本性和语文的本质。说到底，语文是反映人性、抒发真情、倾吐心声的学科。语文教学的源头，其实就是人性、人心。教育就是唤醒人性、美化心灵的艺术，而不是铸造灵魂的模具。

　　人的生命中，许多特质是与生俱来的，更多的是后天习得养成的。其中不少特质是教不会的，更不能自外而内地揳入。例如天性、悟性、灵性等都不靠后天的习得，而是靠文化去滋养、爱心去滋补、教育去激活。有学者论及："人性中的原始旨趣是什么？由于人性在不同的文化中会变形、会扭曲，我们只能回到童年，去深入观察那些重要的、与生俱来的生命品质，并在成人（包括自己）身上去查看那些生命品质如何被压抑，如何变形，又如何复苏。"①

　　在真实的言语情境中，为着交流的需要，孩子们凭借天性脱口而出的语言，常常是最富儿童情趣、最具个性化的语言。不久前，我看电视节目《潮童天下》，主持人面对三四岁的幼童，先出示一幅运动员跳高的图画，问："他们在干什么？"孩子答："看谁摔得最狠。"之后再出示一幅足球赛的图画，孩子答曰："是一群人在追一个球。"主持人又出示一幅田径场上接力赛的图画，孩子笑答："不就是好多人想把棍子送出去吗？"最后，主持人出示了一幅打乒乓球的图画，孩子答得更妙："两个人推来推去，谁都不想要这个小球。"俗话说"童言鸟语，百无禁忌"，在无禁忌的宽松和谐的氛围中，儿童无忧无虑，无拘无束，方能口无遮拦，妙语连珠。

① 黄武雄.学校在窗外［M］.北京：首都师范大学出版社，2009：111.

有学者说："人总是以拥有语言的方式而拥有世界。"儿童亦然。从上述儿童拥有语言的方式中可以看到，他们全无规矩，更无章法，想说什么就说什么。可以说，儿童拥有语言的方式，正在于没有任何方式。有的虽然悖于常理，但却显露童真，富于童趣，在我们面前呈现了一个和成人视角迥然不同的儿童世界，这是一个看似无序却有序、看似无理却有理的感性世界，也是一个现实与幻想自由转换的世界。

遗憾的是，我们往往用成人自己拥有的语言方式去取代儿童的语言方式，用成人自认为规范的语法去取代儿童本真状态的语言，轻率地用红笔修改和删除儿童鲜活俏皮的语句。殊不知，我们纠正和删去的正是儿童的天性和悟性，被取代的可能正是儿童自己特有的思维方式和言语表达方式，遭到割舍的正是儿童语言和智慧的自然生成，最终剥夺了儿童的话语权。让儿童提早成熟，表明教育的不成熟。当"天真烂漫的儿童变成了老态龙钟的学究"时，教育就结下了苦果。

语文教学从儿童生命的源头出发，才能顺应生命的自然生长，顺应言语的自然生成，沿着生命之源的自然流向，顺着生命之溪的自然流淌，让生命之花自然绽放。语文教学从生命的源头出发之时，语文教学就翻开了新的一页。

回望自己曾经走过的路，反思自己曾经做过的事。80多年的岁月，苦乐相伴，酸甜自知。记忆中留下的多半是甜蜜而美好，也有苦涩和伤怀。这就是我们这一代知识分子的真实写照。

感谢黄光辉老师的通力合作。他的提问给人启发，使我不由自主地打开话匣子，把深埋心底的思绪表达出来，体验着从未有过的快感。为整理此书，他除与我利用网络连线之外，还亲自驱车千里，远赴武汉与我畅谈，使我感动不已。

我要感谢华中师范大学李向农教授拨冗作序，感谢双金校长的序言和周一贯先生及崧舟、化万、亢美、新凤、昆霞、董琼、科平等老师的评论，其中的溢美之词对我既是鼓励，也是鞭策。

特别感谢谢先军同学。他是大学生自主创业模范。多年来，他尊我为师，我视他为友，彼此无话不谈。2022 年冬，我突发疾病，生命垂危，是他动用一切资源，不仅让我转危为安，也使本书得以顺利完稿。

口述中还有错漏，恳请老师们批评指正。

杨再隋

2024 年 5 月于华中师范大学

目　录

导　语

　　在当今语文教育界，尤其在广大小学语文教师的心目中，杨再隋先生可称得上是泰斗级的专家，是语文教育界的常青树、不老松。他是老一辈语文教育专家的知音好友，是中青年语文教学名师的良师益友，是语文教坛新秀的引路人。

　　杨先生是一位具有丰富的小学教学实践经验，又在师范院校任教语文教材教法多年，且多次参与教育部教材建设的课程专家。他的专业是教育学，在大学里却研究了一辈子小学语文。他是语文教育的多面手，杂志投稿、著书立说、编写教材、解读课标、研究教法、培训讲座、课堂指导，样样在行，行行通晓。

　　每次课程改革，他都身先士卒投入其中。最近一次课程改革，先生虽已耄耋之年，但依然是课程改革的积极参与者、强力促进者、智慧引领者。

　　先生的文章文采飞扬，妙笔生花；先生的讲话妙语连珠，金句频出。这次整理口述实录，无论是面对面交谈，还是云端连线，先生的讲述都感情充沛、逻辑严密，大处着眼、小处切入，精妙灵动、生动活泼。

　　聆听先生的讲话，我们深刻感受到先生严谨深邃的理性思维与激越大气的语言表达，这对我们既是一种心智启发，又是一次审美体验。

　　亲爱的读者，让我们去认真领悟先生的语文哲思，走进先生的教育人生吧！

黄光辉

我的教师梦

我的名师缘

我的课程观

我的教材观

我的儿童观

我的课堂观

我的语文美育观

我的教师素养观

第一章

我的

教师梦

〉〉 父母的
言传身教

黄光辉（以下简称"黄"）：杨老师，您好！您已耄耋之年，依然身板硬朗，思维敏捷，笔耕不辍，真是让晚辈们羡慕。您出身于书香门第，从小就受到中华传统文化的熏陶和感染。在童年时期的生活中，父辈们对您的成长有着怎样的影响呢？

杨再隋（以下简称"杨"）：我出身于教育世家，父亲青年时代曾追随梁漱溟先生从事乡村建设。他 30 岁担任黔江中学校长，35 岁担任四川省立五中（现重庆市西阳一中）校长，终身从教。母亲出身书香门第，她儿时父母双亡，辍学在家，会背诵《幼学琼林》《增广贤文》和若干古诗词，熟读《红楼梦》，对书中故事情节十分熟悉。我小学四五年级时对《水浒传》《三国演义》《说岳全传》很着迷，对《红楼梦》不感兴趣。我所知道的《红楼梦》的故事，几乎都是在我母亲"摆龙门阵"时听到的。

黄：故乡的风土人情、亲人的言行举止濡养着一个人，沉淀下来的特质将伴其一生。父母对一个人的影响更是深入灵魂。杨老师，父亲、母亲对您的教育在您身上留下了什么印记呢？

杨：童年，我对"严父慈母"这个词语感受最深刻，体会最真切。父亲常年在外工作，一年难得回家一次。即使回到家，也是板着面孔，不苟言笑。

他对晚辈要求十分严格，有不满意、看不顺眼处，就大声呵斥，声色俱厉，让人十分难堪。回忆童年时期，父亲从未当面表扬过我，我也从未看见过他的笑容。当然，他也以身作则，晨起练字，上午看书或吟诵《古文观止》中的名篇，他很喜欢诸葛亮的前、后《出师表》，常常高吟《滕王阁序》《岳阳楼记》《醉翁亭记》这些名家之作。他特别欣赏鲁迅的杂文和邵力子的文章，对文章中的精彩段落用红笔标记，让我反复阅读。

　　稍有空闲，父亲便教我诵读古诗。我七八岁时已能背诵《千家诗》和《唐诗三百首》中的若干篇。父亲除要求我背诵五言绝句和七言律诗外，还要求我背诵一些长篇诗歌，像李白的《蜀道难》、杜甫的《兵车行》、白居易的《长恨歌》等。父亲一般是先教生字、难字，带着我读几遍后，便让我自己反复诵读，直到熟读成诵为止。我现在还清楚地记得，读小学六年级下学期时（那时是春季入学），正逢寒假，一天，父亲让我背诵《长恨歌》，事发突然，我没有心理准备，背诵中有几处"打梗"。当我背完最后一句"天长地久有时尽，此恨绵绵无绝期"时，心里一直打鼓，十有八九要挨骂了……突然，我脑子里冒出一个念头，何不主动出击呢？于是，我怯生生地问："我能提个问题吗？"父亲答道："当然。"我问道："诗中明明写的是唐明皇和杨贵妃的故事，为什么诗的首句是'汉皇重色思倾国'，而不是'唐皇重色思倾国'呢？"（父亲不知道我在五六年级已经读完了《隋唐演义》《薛仁贵征东》《薛刚反唐》，还有《郭子仪得宝》这些小说，对安史之乱有粗略了解，知道诗中的"渔阳鼙鼓动地来,惊破霓裳羽衣曲"是指安禄山在渔阳起兵叛唐。而诗句"马嵬坡下泥土中,不见玉颜空死处"指的是唐明皇从长安仓皇出逃至马嵬坡时，三军兵谏，诛杀奸相杨国忠，逼其堂妹杨玉环自尽。）父亲听完我的提问后，一时语塞，也忘了训斥我，竟拂袖而去。我相信以父亲的学识，不假思索就可以解答这样的问题，但要用浅显的语言让一个不满11岁的儿童心领神会，并非易事。何况他压根儿没想到这个在他面前一向小心拘谨的孩子，居然提出了一个有理有据、也很有趣的问题，这是他始料不及的。后来，听母亲说："你父亲对我说，孺子可教也。"这大概是我一生中在父亲那里得到的唯一一次表扬吧。

和父亲相反，母亲是真正的"慈母"，我们相处时间最长，我受她的影响最大。母亲自幼父母双亡，也许是受她自己的成长经历的影响，母亲一直以来都自立、自强。所以，她对我的教育基本上是"无为而治"，让我"率性而为"。无论我与邻家小伙伴们上山爬树摘果，或是下河游泳嬉戏，母亲从不责备。读三年级时，我跟几个农家小孩别出心裁地进行骑牛比赛。当我爬上牛背后，有人在牛屁股上抽了一鞭，牛便奔跑起来。我骑的是一头水牛，当跨过一条水沟时，由于牛蹦得太高，我从牛背上摔了下来，导致右臂骨折。即使这样，母亲也没责备我，只是说："水牛怎么能骑呀！隔壁六满公家有马，你让他教你骑马吧！"果然，右臂痊愈后，我跟六满公学骑马，练习了几手骑马的基本功。1997年夏，全国小语会在呼和浩特召开阅读教学研讨会，会后组织老师们游览大草原。大家看见我骑马奔跑，快、慢、停、转，操纵自如，颇为惊讶。这正是我童年时代练习过骑马的缘故。

在我的一生中，母亲几乎没对我说教过。上完小学，我即将离家，到一百多里外的龙潭中学上初中。上学前夕，母亲还是于心不忍，喃喃自语："刚满11岁呀！能照顾好自己吗？"也许，正是她多年对我的"无为而治""不管不问"，造就了我的独立生活能力。小小年纪的我，从容应对各种生活压力，顺利地完成了初中两年的学业。1950年春季，我由龙潭中学转入秀山中学（凤鸣书院），寒假里参加了秀山中学文艺演出队，到秀山许多偏僻乡村宣传党的方针政策，还担任过秀山中学少年儿童先锋队大队长，获得过全校时事政治考试第一名和演讲比赛第二名。1950年冬季初中毕业，复读一个学期，1951年秋，我考入湖南省立茶峒师范学校高（三）班。

"儿行千里母担忧"，秀山县城至茶峒仅百里之遥，但风土人情各异。鉴于我童年时代的"放任"，母亲叮嘱我一定要"把稳着实"。这可能是母亲第一次，也是唯一一次的"说教"。她说："无论学习、生活都要脚踏实地，不跳步，不踩空，一步一个脚印，稳稳当当前行。在前行中，人的一生肯定会遇到困难，甚至会跌倒，也可能走弯路，这都不要紧，关键是要有定力、有决心，不灰心，不气馁，不怕挫折，认定目标勇敢前行。"她还给我讲了一个小故事：

一个人挑了一担瓷器，走在小路上，不小心摔了一跤，一担瓷器摔得稀巴烂。路人惊呼，向他投以同情和怜悯的眼光，但这人十分镇定，很快把箩筐、扁担整理好，头也不回，又继续往前行了。路人问："喂！你怎么不看看你摔的瓷器？"他答曰："有什么好看的！摔坏了就没有用了，还不如赶快攒钱，再去做一趟瓷器生意呢！"

故事很短，也不曲折，但却蕴含人生哲理。人的一生，哪有不摔跤的！但只要我们脊梁不弯曲，精神不退缩，思想不颓唐，善于吸取教训，就一定能到达目的地，取得好成绩。

〉〉 立志
做一名好老师

黄：杨老师，您完成初中学业后，毫不犹豫地选择了师范学校，是不是受父亲的影响，从小就有着"做一名好教师"的想法呢？

杨：可以这么说吧。我5岁上小学，11岁读初中，14岁考入湖南省立茶峒师范学校，就立志做一名教师。茶峒师范学校地处川、湘、黔三省交界之"边城"，即作家沈从文笔下的边城。学校依山傍水，风景优美。其前身乃国立茶峒师范学校，师资力量很强，不少学科的骨干教师不仅在湖南各县首屈一指，即使在川、黔也是出类拔萃。例如教代数的吴茂琛老师，教教育学的汤克定老师，教语文的刘福齐、唐剑老师，教地理的刘彬老师。他们对教材的重点、难点烂熟于心，对学生的疑点、盲点了如指掌，加上他们都有很强的语言表达能力，使同学们如沐春风，如饮甘泉，大家都如饥似渴地自觉学习。

班上有几个苗族同学，性格纯朴，学习刻苦，但由于基础较差，听课很吃力，作业不会做。班主任让我和另外两位同学做"小先生"帮助他们补习功课，辅导他们完成作业。放暑假我们三位同学还留在学校专门辅导几位苗族同学的学业，到秋季上学时，他们的学习成绩都有很大的提升，我们也得到老师的表扬，深感做一位"小先生"是多么幸福！

1954年1月学校发给家长的成绩单

看到苗族同学学习进步，我心里很高兴，同时自己的学习成绩也得到了提高，各科成绩都有进步，尤其是教育学、心理学的成绩在全班名列前茅。

由于我学习勤奋，成绩优秀，加之乐于助人，工作负责，学校领导、同学推选我为茶峒师范学校学生会副主席兼学习部部长（主席为苗族同学）。社团工作虽然多了，但我很快乐，这也是我一生最难忘的时光。记得星期天休息，我总会和几位同学向农家借一条小船泛舟沱江，中午就在江边野炊。有时又和一些同学爬上河对岸的高山，大家齐声高歌，振臂欢呼。学校操场边有座几百米高的小山，叫香炉峰，也是同学们常常聚集的地方。

黄：杨老师，您的学科成绩门门优秀，特别是教育学、心理学还名列前茅，您的教育理念的萌芽，也许就从那个时候开始了吧？

杨：哈哈，那还算不上是什么教育理念的萌芽。倒是在茶师读书期间教育实习的一件事，对我触动很深。

1954年，我所在的高（三）实习队在茶师附小实习。其间，我作为实习生代表，执教了一堂公开课。记得是四年级下学期的教材，课文是《一棵大树》。我准备得很充分，查阅了很多资料，教案写了好几页，上课前自己感觉胸有成竹。但是教学经验几乎没有，对学生学情也不了解，真正到了课堂上，两眼一抹黑，整堂课几乎是我唱独角戏。提了两个问题，学生答不上，我只好自己回答。前松后紧，拖了堂。下课后，我心情沮丧，十分自责。课后评议时，老师说我基本上完成了教学任务，同学们说我新兵上阵勇气可嘉，也有一些可取之处。但我自知，这是一堂失败的公开课。我的教育学、心理学，还有语文、语文教学法的考试成绩都在90分以上（那时文科能考85分以上就是优秀了），但都是纸上谈兵，要将书本知识转化为教学能力，谈何容易！需要教育者在教育实践中摸爬滚打，不怕失败，不惧挫折，不断总结经验，不断反思前行。这些都是我的切身体会，也促使我后来决心投入教育实践，重视理论与实践相结合，虚心学习名师教育理念。

〉〉 师大求学
如饥似渴

黄：杨老师，从茶峒师范学校毕业后，您就到了华中师范学院深造，这段时间的求学经历，对您而言想必具有特别深远的影响，这是一段怎样的求学经历呢？

杨：谈不上是深造，应该算是一段特殊的求学经历吧。

1954年秋，我被选送参加当年的高考，顺利考入了华中师范学院教育系。那一年我17岁，是班里年龄最小的学生。当时，报考教育系并非我的志愿。记得我当时的第一、二志愿是中文系和历史系。被教育系录取，是学校调剂的，我虽然心里嘀咕，也只好服从分配。

1954年夏季入学的时候，武汉突遇洪灾，不少路基、桥梁被洪水淹没。我和几位同学步行、乘车、坐轮船，几经辗转，好不容易才在夜晚抵达武昌汉阳门码头。好在学校迎新工作细致，我们很快就被安顿下来，地点是武昌昙华林城外分部。

开学后，我才知道教育系历史悠久，根底很深，师资很强，当时以拥有八大教授而闻名。其中有留学美国哥伦比亚大学的黄溥教授（系主任，著名哲学家、教育家杜威的学生）；留学德国的著名心理学家朱希亮教授；留学法国的著名哲学家、逻辑学家詹剑峰教授；留美归国曾担任过浙江大学教育系主任的王倘教授；留美学者，著名青春心理学家戴惠琼教授；著名中国教育史家，原中华大学教育系严士佳教授；等等。那时还没有设置硕士、博士点，也无科研课题，老师们一心扑在教学工作上，真的是"学而不厌，诲人不倦"。除了上课，还有课堂讨论和答疑辅导。那时，我正值青春年华，思维敏捷，求学若渴，在年级里，我的学习成绩总是名列前茅，除了认真学好老师传授的知识外，还特别留心学习老师的思维方法、治学经验和学术风范。

大学二年级时，我担任班上学习干事，并被推选为教育科学研究小组副组长（组长是张恩宠同学，后为心理学教授），常常把同学们的答疑卡片送到老师家里。在和好几位教授的交往中，我跟詹剑峰教授走得最近。师母查老师任教于武汉市第十四中学，对我也十分热情。有时，我也向詹教授请教一些哲学问题，他总是耐心解答。他家里的藏书很多，尤其是线装古籍很多。

后来他出版的《墨家的形式逻辑》《老子其人其书及其道论》等蜚声海内外，都是他数十年废寝忘食、呕心沥血之作。在我们同学的心目中，詹剑峰教授不仅是学术大家，他宁折不弯的学术品格更是受到同学们的尊敬。

黄：杨老师，您大学期间各门功课都十分优秀，这种扎实为学的精神对青年一代很有指导意义。如果说专业知识的沉淀成就了您颇具深度的思想，课余生活的诸多兴趣爱好则充盈了您有趣的灵魂。能跟我们分享一下您大学期间的课余生活吗？

杨：大学期间，我除了认真学好各门功课，课余时间打篮球、打排球、游泳外，就是一头钻进阅览室和图书馆，最喜欢读文学、哲学、美学书籍和文章。那时（20 世纪 50 年代）美学界朱光潜、蔡仪、宗白华、王朝闻等的争鸣文章常见诸报刊，只要发表，我必读之，并做摘录。他们的美学观点，我未必全懂，但很感兴趣，这也为我 30 年后在教育学院开设教育美学课扎下了根基。

除阅读一些理论书籍外，我还喜欢阅读文学名著。20 世纪 50 年代，中苏关系处于"蜜月期"，苏联文学译著很多。当时，我从校园图书馆借阅了很多苏俄作家的著作。诗歌有《普希金诗集》《马雅可夫斯基诗选》《莱蒙托夫诗选》等。小说如《钢铁是怎样炼成的》《卓娅和舒拉的故事》《青年近卫军》，还有高尔基的自传体三部曲、阿·托尔斯泰的"苦难的历程"三部曲以及肖洛霍夫的《静静的顿河》，也读了列夫·托尔斯泰的《复活》《安娜·卡列尼娜》《战争与和平》，陀思妥耶夫斯基的《被侮辱与被损害的》，等等。除苏俄作家的作品外，我还读英国莎士比亚的戏剧、法国雨果的《悲惨世界》、意大利拉法埃洛·乔万尼奥里的《斯巴达克思》和爱尔兰女作家伏尼契的《牛虻》等。

对当代中国名家名著，我读了一些鲁迅先生的作品，想读但读不出味道，反倒是对《青春之歌》有感觉。当时大学师生公演巴金的《家》，轰动江城。我就认真阅读了《家》《春》《秋》，还写了几篇随想录。当时著名诗人郭小川的诗歌在大学被广为传诵，如《投入火热的斗争》《向困难进军》。贺敬之的《西去列车的窗口》《雷锋之歌》和闻捷的新疆组诗也受到了大学生的欢迎。此外，如田间、袁水拍、何其芳、流沙河、公刘、李广田的诗也在大学生中传诵。在一些学生会、团委举行的文艺晚会上，诗歌朗诵很受欢迎。诗歌在心中引起的共鸣使我们难以忘怀，并成为鼓舞我们前进的力量。

那时候我对诗歌也产生了浓厚的兴趣，自己也写诗，自娱自乐，或送给好友一阅。

黄：杨老师，在师大求学的那几年，国内外教育动态方面的教改信息，是否也会引起您的关注与思考呢？

杨：是的，这方面感触很深。记得在大三时，我写过一篇题为《如何发挥学生学习的主动性和积极性》的文章，几经修改之后，投寄至某教育期刊，不久即被退回。编辑还在稿件上写上了"不符合本刊要求，不予采用"。退稿本在我预料之中，但对稿件未提任何意见就快速退稿，使我颇感意外。当时，我自认为写作能力尚可，写一篇观点明确、层次清楚、文从字顺的文章也不难。而且我查阅了大量资料，转引了几个一线教师的教学实例以佐证我的观点。为什么会很快被退稿呢？嗯！还是"旧病复发"：理论和实践两张皮，文中所引用的教学实例如贴膏药，并未跟理论相融合。真的是"纸上得来终觉浅，绝知此事要躬行"！在大学，我系统学习了凯洛夫的《教育学》，也认真阅读了夸美纽斯的《大教学论》和洛克的《教育漫话》。教育学考了高分，但对真实的教育生活一无所知。看教育实践如远眺朦胧的高山，雨雾笼罩，"不识庐山真面目"，全凭主观的想象和推断。写这样不切实际的文章，怎么可能被刊物采用？

这件事使我进一步明白，教育实践的"无字之书"可谓博大精深，与教育著作的"有字之书"同等重要。从此，我更加关注国内外教改动态，花时间阅读了一些省级教育刊物，从中捕捉到一些有用的教改信息。

> 》 | 备尝小学教育实践的
苦与乐

黄：杨老师，您大学毕业留校后不久，又被分配到华师附小工作，对您而言，这 14 年的小学任教经历，在往后漫长的教育人生中具有怎样的重要意义呢？

杨：1958 年秋，我大学本科毕业，那时我 21 岁。

和其他院系不同，以培养中师教育学、心理学教师为己任的教育系，毕业生就业十分困难。不少学生被分配到商业部门从事和教育专业无关的工作。为此，学校暂时停办了教育专业，只保留了几个教研室，以满足公共课教学的需要。一时无教学任务的老师纷纷到中小学工作。我也于 1963 年秋，被分配到华师附小，担任五年一贯制实验班四（二）班的语文教师和班主任，兼任全校高年级美术教师。从此，我开启了人生中第一段下沉基层、走进儿童心灵世界的教育生活。

去小学一线教学，起初我是十分犹豫的，使我最后下定决心的是我的同班同学旷习模。他比我大 6 岁，留校后任教师党支部书记。1983 年任教育系副主任，是国家教委特聘的教育专家。他恳切地对我说："搞教育要想有所成就，只在书本上讨学问是不够的，必须下到学校。组织上让你下到基层教小学，这是最好的安排。你学习成绩好，加之多才多艺，年轻有为，在我们班上，你是最适合教小学的。我深信，若干年后，你一定会成功！"真的，他的每一句话都撞击着我的心灵，激励、鼓舞着我的一生。

人生苦短，生命有限。人这一辈子，不可能总是顺风顺水，一帆风顺，只要我们甘于平凡，乐于奉献，从基层做起，从小事做起，坚持不懈，永不气馁，即使在基层干些小事，也可能做出大贡献。

黄：作为一名教育工作者，深感最大的幸福莫过于得到家长和师生的喜爱与认可。这一点上，您几乎可以说是做到了极致。从高校教师到小学教师这种角色的转变，其实是最大的考验。您是怎么成功做到的呢？

杨：从大学到华师附小，我任教的第一个班级是五年一贯制实验班四（二）班，担任语文教师和班主任。通过了解，我知道班级中不少学生是处长、科长和书记的子女，也有几个学生的家长是大学教授和副教授，家长们对子女的期望值很高，对任课教师也很挑剔。而我的教学任务是让学生在五年级毕业时赶上甚至超过六年级毕业生的水平，压力是很大的。回想前几年，一些大学部各系老师为过"教学关"分批到附中、附小工作。到中学执教的老师尚能应付，而到小学任教的大学老师，大多是高兴而去，扫兴而归。究其原因，文化知识储备充裕，对教材也吃得很透，但对小学生的身心特点茫然无知，课堂上不会组织教学，更不会调动学生的学习兴趣，加之大学教法和小学教法有着天壤之别，遇到突发情况，教师便束手无策了。

前车已覆，后车当鉴。开学初，我已经做好当一名小学教师的准备工作。八月初，听说附小要举办夏令营，我主动要求参加，以便熟悉老师和部分学生。开学前一周，我对班级部分学生进行家访，拉近和学生的距离，特别是对几

个从五年级留级下来的学生进行重点家访，鼓励学生振作精神，从头再来，我相信他们一定会学好。还希望家长尽力配合，要鼓气，不要泄气。开学伊始，我已经大致了解班级学生的情况，跟几位调皮、淘气的学生交上了朋友。

南宋爱国诗人陆游说得好："汝果欲学诗，工夫在诗外。"在生活中要办好一件事，也常常如此。我在课外下的功夫，恰恰对上好课有帮助。同学们对我不再陌生了。课堂上，学生看我板书工整美观，语言幽默风趣，范读声情并茂，大家不仅喜欢我，还很敬佩我，回家对家长说："华师附小新来的杨老师真杠（棒）！"

黄：您不光完美地转换了教师角色，还很快地建立起了师生之间的深厚情谊，这靠的是什么秘诀呢？

杨：由于在大学里系统学习过儿童心理学和教育心理学，知道儿童有好动、好玩、好奇、好问的特点，我便"投其所好"，尽可能在课余时间或假期和孩子们一起玩，在玩耍中建立起师生之间和同学之间的感情。

那时，我才20多岁，充满青春活力，喜爱体育运动，是教育系教工篮球、排球代表队的主力队员。从小会游泳，各种泳姿都会一点儿。特别爱美术，系里出墙报总是我画刊头，写标题。也会拉二胡和弹奏风琴，这些都让我具备了跟孩子们亲密交往的条件。通过活动我也逐渐拉近了与孩子们的距离。他们刚满10岁，天真烂漫，聪明活泼，但大都出身知识分子和干部家庭，平时娇生惯养，很少跟外界接触，我就带他们到东湖学游泳，戏水于碧波之间，孩子们欣喜万分。后来许多学生回忆童年时代，都说是杨老师教会他们游泳的。有一位在省政府任过职的学生回忆道："童年时，我胆小怕事，总是学不会游泳。一次，杨老师把我托起来，抛向水中，我手足无措，呛了两口水……后来居然会游泳了……"他感慨地说："人生如学游泳，不呛水，是学不好游泳的。"

当然，最受学生欢迎的还是讲故事。那时，电视尚未进入居民家庭，周六晚上虽有露天电影，但已不能满足孩子们的精神需求，而听故事就成了仅次于看电影的文艺活动了。

我从小喜欢听故事，也喜欢给小朋友讲故事，脑子里早就装满了各色各样的故事。我深知，给小学生讲故事，不仅是娱乐，而且是教育活动。所以，故事题材主要节选自国内外已有定论的小说。国内长篇小说如《红岩》《林海雪原》《粮食采购队》《新儿女英雄传》等，国外的如《青年近卫军》《牛虻》《奴隶英雄》等。有时也从期刊《故事会》中选取，自己再加工改编。有时也将古代故事，如《姜子牙渭水垂钓》《小哪吒大闹龙宫》《孙膑和庞涓的故事》，以及从《三国演义》《水浒传》《西游记》《镜花缘》中选出来的精彩片段，讲给学生听。

我讲故事的特点是：人物形象鲜明，从外貌到心理，从行动到语言，我都着力刻画，给学生留下深刻印象；场景描述有声有色，起到烘托人物、渲染气氛的作用；故事情节曲折动人，从中巧设悬念，故布玄机。由于每次故事会时间有限，讲到关键处，我就会采用章回小说的做法："欲知后事如何，且听下回分解。"这时，全班听故事的学生几乎都会齐声喊道："讲下去，讲下去！"可是，下课铃声响了，学生也只好双手一摊："好吧，下次再听！"

由于我讲故事深受欢迎，先在本班讲，又应邀到别的班讲，后来对全校学生讲。星期天，还被邀请到师大的大礼堂给中学生和部分大学生讲。记得有一次讲的是姚雪垠著的《李自成》节选故事，反响很大，之后，我还被邀请到别的学校讲故事。不久，我就成了同学们心中的"故事大王"。

真的是"有心栽花花不开，无心插柳柳成荫"，令人意想不到的是，我教的四（二）班被评为全校的"红旗班"，在举办的同年级四个班级的作文比赛中，前四名都是四（二）班的学生，其中一人还是留级生。这不但引起了我的思考，也得到了学校领导的关注。在当年的一次全校教师大会上，从师大教务处下派到附小担任教导主任的姚建栋老师（毕业于福建师大教育系）在报告中将我的语文教学总结为"杨氏教学法"。同时，也把教五年级的柯于学老师的语文教学概括为"柯氏教学法"（以引导学生对课文的精彩赏析和朗读为特色）。其实，当时我的课堂教学并未形成完整的方法体系，更没有形成相对固定的教学模式，但我"歪打正着"，取得了意想不到的效果。

从我讲故事到孩子们痴迷地听故事，我领悟到：为什么不把每堂语文课都上成故事会呢？跟讲故事一样，一堂课有开头，有过程，有结尾；中间有衔接，有过渡，有反复，也有曲折。其中也有神来之笔，有巧布迷局，有意料之外的惊喜，有假定的各种故事结局。让学生像听故事一样，有怀疑，有猜想，有倾听，有推断，有中巧计、误入圈套后的悔悟，也有出迷宫、豁然开朗的欢悦……当然，这一切都离不开课文，离不开扎扎实实的语言文字训练。

50多年后，我带过的班级小学同学聚会，常常邀请我参加。大家虽已年过花甲，有的已近古稀，相见难得，相逢甚欢，津津乐道的依然是我当年讲过的故事。我常想：人的一生难道不是一个故事吗？有蓝天白云，风和日丽；也有乌云密布，风吹雨打；有时走在洒满阳光的大道上，有时又行走于布满荆棘的山间羊肠小路间；有时是"山重水复疑无路"，有时是"柳暗花明又一村"……命运多舛，世事难料，如同故事情节一样，每个人走的路不一样，每个人对待生活的态度也不一样，结局也不一样。每个人都有故事，都在讲自己的故事。我给学生讲故事，也是在讲自己的故事，是衷心希望每一个学生都能够感受到快乐的童年，演绎出精彩的人生故事。我教的1965届学生聚会，特邀我和几位任课教师参加，并制作了《师恩难忘》的视频在会上播放，使我激动不已。

在华师附小从教 14 年，我教语文，教美术，甚至教体育，也编过补充教材，还被派去省里参加教学指导书的编写工作。真的是不惧摸爬滚打，敢尝酸甜苦辣，不仅积累了教学经验，也积累了生活经验。我想，这些曲折但是丰富的经历，也许更能锻炼人的意志品质。

〉〉 一辈子在大学里
研究小学教育

黄：我想，这就应该是师生双向互动、心灵互通的教育。杨老师，这段任教经历，对您后来专注于小学语文教育教学研究，有怎样的启发和帮助呢？

杨：光阴似箭，日月如梭，我在华师附小将近 14 年的生活匆匆过去了。1977 年春，我回到了停而复办的华中师范学院教育系，开启了我从基础教育回到高等教育的另一种教育生活。

1977 年，北师大朱智贤教授及其助手携《儿童心理学》手稿专程来我系征求修改意见。我根据在一线教学所积累的一些经验和对儿童的了解，在会上做了发言，引起朱教授及其助手的关注。1978 年我与刘芹茂老师合作，由我执笔撰写了《春风杨柳马列传——记董必武同志创办武汉中学的教育实践》一文，刊登在教育部主办刊物《人民教育》的显著位置，引发了强烈的社会反响。是年冬，董必武夫人何莲芝在武汉东湖百花村热情接见我和刘芹茂同志，当面对我们给予嘉许和鼓励。

1979 年春，我被委派参加湖北省教育厅特级教师评审小组，到武汉市及地、州、市、县评选特级教师。再次下到基层，我感到十分亲切。评审小组一行看了不少学校，也听过一些老师的课，开过几次社会各界人士和家长座谈会，使我深深感受到：教师队伍，藏龙卧虎；教学生活，气象万千；课堂教学，各有特点，各具风采。

在湖北一个偏僻的小县城京山县（现湖北荆门京山市）里，评审小组听了县实验小学杜呈鸾老师的语文课后，掩饰不住内心的惊喜，大家异口同声："难得听到一堂好的语文课！"而我更是从杜老师的教学中看到了自己的身影。我曾经想做而没能做的事，杜老师都做了，我做过但做得不完善的，杜老师做完善了。我深深体会到，教育实践是教育理论的肥沃土壤，教育规律的共性，正寓于万千教师的教育个性和特色之中，这才是有生命力的活的教育学，于是我萌生了学习名师、研究名师的想法。

1979 年初夏，我陪同我的老师宋岭梅教授出席北师大高惠莹先生主编的高校教材《小学语文教学法》审稿会，得遇高校许多前辈。会议期间，我还跟中央教科所、人教社几位先生一起筹备全国小语会。我受命和东北师大麻凤鸣、金和德先生起草会章，我还要起草倡议书。筹备期间，我们登门拜访了著名文学家叶圣陶先生和著名语言学家吕叔湘先生，聆听他们对我国语文教研方向和发展思路的意见。其间还跟语文界名流蒋仲仁、陆静山、袁微子、张田若先生等共商学会成立大事。1980 年 7 月，全国小学语文教学研究会在大连正式成立，全国语文界名家、大师欢聚一堂，盛况空前，从此，语文教学研究便掀开了新的一页。

这次大会上，我呈送的论文是《小学作文教学与观察力的培养》，文章由我和华师附小语文教师徐荣娣合写。徐老师在作文教学上有丰富的实践经验，她给我提供的许多学生作文素材，给文章增色不少，使文章在理论与实践的结合上具有一定特色，因而受到参会者的青睐，并刊登在 1981 年春上海《小学语文教师》创刊号上。

黄： 杨老师，我了解到，您在高校任职期间开设的小学语文教材教法、教育美学等课程很受学生欢迎。这种课程理论性很强，往往显得枯燥乏味。之所以深受学生欢迎，一定与您在小学一线的教学经历与积累的实践经验分不开吧？

杨： 是的。1980 年秋，我首次给教育系 1978 级学生讲授小学语文教材教法，出乎我的意料，竟然受到同学们的欢迎。同学们反映，该门学科和教育学、教育史、心理学相比，理论层次不高，但注重联系实际，许多鲜活生动的实例老师能信手拈来，对教学法原则进行了生动演绎。

的确，从教育系课程设置的结构看，作为应用型学科的各科教材教法恰恰是那些理论型、学术型学科的必要补充。同学们给我的评价，更加激发了我一生从事语文教学研究的信心和决心。我想，如果只是把理论束之高阁，供人赏玩，而无用武之地，如此"理论"学之何益！

从此以后，我一心扑在教学工作和教育科研上。在教学上，我主讲小学语文教材教法后，又开设新课——教育美学，试图把美学移植到教育学中，以发掘教育内容的形象之美、情感之美、逻辑之美，以及教学形式的韵律之美、和谐之美、灵动之美和序列之美。

在教育科研上，我在教育系副主任旷习模教授的支持下，在京山师范学校陈友才、京山实验小学刘光瑾两位老师的全力帮助下，和旷习模教授通力合作，开展了对湖北省特级教师杜呈鸾语文教学的研究。1985 年 2 月，《语文教学探新——特级教师杜呈鸾语文教学经验研究》一书由湖北教育出版社正式出版，不久即获中南五省教育类优秀图书奖和华中师大首届优秀科研成果奖。结合我发表的其他论文和在教学上取得的成绩，1985 年我被学校职称评审委员会正式评为副教授。

20世纪80年代，改革开放的活力激发了广大教师投身教改的热情。我也积极投身其中，参与了全国各省不少语文教研活动，结交了朋友，开阔了视野。1987年，我被聘为全国中小学教材审定委员会小学语文学科审查委员会委员。1988年，我与雷实老师合作，撰写了《当代中国小学作文教学风格》一书，由广西人民出版社出版。从省特级教师评审小组成员到被聘为全国中小学教材审定委员会小学语文学科审查委员会委员，从此我走上了16年漫长的教材审查之路。

第二章

我的名师缘

〉〉 心中倾慕
名师

黄：杨老师，在小语界，许多名师与您一直保持着很深的情谊，您与名师们是如何结下这些不解之缘的呢？

杨：从小我就立志做一名合格的教师，所以特别仰慕名师。我虽不是名师，但机缘巧合，我一生都在和名师打交道，跟国内很多名师结下了不解之缘。

1979 年春，我被委派参加湖北省首届特级教师评审小组，历时两届。我深感高手在民间，不少优秀教师隐身于基层，许多闪光的教育理念蕴含在老师们朴实无华的经验中。其中印象最深的是湖北省首批语文特级教师——京山实验小学的杜呈鸾老师和武昌实验小学的殷善玖老师。

2022 年版语文课标在"学习任务群"中首提"思辨性阅读与表达"，不少语文界同人认为这是新时代为培养创新型人才，对语文教学的新要求。也有人担心"思辨性"对小学生要求太高了。然而，40 多年前的 1979 年春，我们评审小组听的第一堂课——杜呈鸾老师执教的唐诗《山行》（杜牧），就是一堂思辨性阅读课。学生初读课文后，杜老师问：这首诗写的是什么季节？

生 1：写的是冬天，因为有霜。

生 2：写的是秋天，因为诗中有红彤彤的枫林。

生 3：写的是春天，因为诗中写了二月花。

…………

仿佛一个小石子抛在平静的湖面上，立刻溅起圈圈涟漪。为了弄清"写的是什么季节"，激发孩子们探究的欲望，杜老师让学生小声吟诵课文后进行讨论。讨论到"枫林""霜叶""二月花"应代表什么季节时，学生们各持己见，争论不休。其中有一位同学发现了诗中"红于"二字，在通过下文予以理解后，大家恍然大悟，全班几乎异口同声："是秋天，秋天！"还有一位同学大声补充："是深秋，深秋，是枫叶披霜的季节！"内容读懂了，疑问解决了，全是孩子们在思辨中自己读懂的，谁说小学生不会思辨呢？

武昌实验小学的殷善玖老师是湖北省首批语文特级教师。我听过他执教的一年级上学期的说话课。殷老师在课堂上以激趣之妙、引导之巧、点拨之功，让那些上学不到两个月的小学生欢呼雀跃，个个争先发言，童言无忌，妙语连珠，令人惊诧不已。

在这批语文特级教师中，名气最大的当数武昌县华林小学的刘中和老师。他针对小学生普遍怕写作文的现状，主张降低难度，减缓坡度，让学生在作文课上不再"紧锁眉头，咬断笔头"，而是"舒展眉头，喜上心头"。他以"片段作文"练习为突破口，认为"先把作文的零部件打磨好，再组装成一篇作文就不难了"。经过多年实践，他班上的学生作文水平普遍提高。在全国小学生作文期刊上，经常看到他班上学生发表的作品。班上相继成立小作家协会等组织，更加激发起学生写作文的热情。有时，学生犯错，最怕的处罚是不让写作文。有位被"处罚"过的学生说："看到别的同学都在写作文，我心里痒痒的，难受极了！"

刘中和老师在南方各省影响很大，人称"武汉刘作文"。他的论著出版前，我在北京恭请著名作家、96岁高龄的冰心老人题写书名，她欣然应允，写下了"让孩子们欢欢喜喜写作文"11个字，让我感动不已。

黄：*杨老师，说到刘中和老师，您让我想起了1985年春，您组织名师*

团队到我们边城秀山讲学，那时我刚任教不到一年时间，第一次目睹了您和名师的风采，自此与您结下了几十年的缘分。回头看来，真是何其有幸！几十年过去了，您对当年带领名师团队送教的这段经历，是否还有很深的印象？

杨：记得 20 世纪 80 年代，我与刘中和老师应邀赴湘、黔、川、渝等省市偏远山区讲学，并上示范课。先后到过重庆市的秀山县（这也是我的家乡），贵州省的松桃县、黎平县，湖南省的凤凰县、吉首市等地，受到老师们的热烈欢迎。记得有一次在贵州省松桃县讲学时，正逢五天一次的赶集，街上人山人海，叫卖声不绝于耳，但礼堂里座无虚席，鸦雀无声。当时，参会的县委书记说："语文观摩研讨会的纪律比政府开会的纪律还好！"

20 世纪 90 年代，我跟刘中和老师，还有著名特级教师黄建业老师组成三人讲师团，多次应邀到四川万县（现重庆市万州区）、德阳、广东湛江、汕头以及海南海口等地讲学并上示范课。活动安排一般是黄老师执教阅读课，刘老师执教作文课，我是在他们开课前做有关语文课改的学术报告，主要内容是传播课改新理念，交流各地课改新经验，也反思语文教学的各种弊端，提出改进的意见，并在阅读课和作文课后及时进行点评。这样的活动安排，让老师们在一天半的时间里，既可看到阅读、作文教学课改的新面孔，从现场观摩中学习课堂教学的新策略，还可以从点评中学习如何评价别人和自己的课堂教学。再结合学术报告，了解全国课改的新气象，尽快转变教学观念，投身全国课改的新潮流。

记得有次在广东湛江南海舰队大礼堂举办活动，参会的有 1400 多名老师。一天半时间，无一人缺席，会后反响十分热烈。湛江市教育局吴郑珊局长说："活动效果出乎意料地好，但未能参会的老师们意见很大，纷纷要求再行举办活动。"尽管我们很疲倦，依然在会议结束后的第二天，再次举办了研讨活动，同样受到了老师们的欢迎。

在下沉基层的研讨活动中，印象最深的还有在四川万县（现重庆市万州区）举办的一次观摩研讨会。大约是1995年初夏，我们三人讲师团应万县地区教科所付开国所长邀请，赴万县举办了一次别开生面的教学观摩研讨会。我做了一个多小时的报告后，由黄建业老师执教四年级课文《手》，再由刘中和老师在同一个班执教作文课，让学生写"手"。一读一写，读写结合，从读学写，联系生活。十多分钟后，学生当堂展示写作成果。有学生写道：

我弟弟那双手，就像两片灰色的梧桐树叶……

我爷爷的那双手，青筋暴露，就像许多虫子爬满了手背……

还有学生展示了一个相对完整的片段，题目是《妈妈的那双手》：

妈妈有一双特别的手，手掌手背圆鼓鼓的，手肚儿像白里泛红的蚕茧儿，十分美丽。

妈妈打算盘的时候，五根指头都在动，你简直看不清楚她的手是怎么动的，一大堆账目一会儿就算清楚了。

妈妈的手十分麻利，一大盆衣服，妈妈使劲地搓着，只听见呼哧、呼哧的声音，一会儿就洗好了。

妈妈的手十分柔软，当她抚摸着我的时候，我感到格外轻松愉快。妈妈的手还特别有劲，妈妈打我的时候，比爸爸打得还疼。

这次活动效果奇佳，参会的一千多名老师都感到收获很大，希望多举行这样的活动。在最后的点评中，我特别强调读写结合是中国语文教育的优良传统，在现代又有了新的发展。在教学实践中，需找准读与写的最佳结合点，让读与写在提高认识能力，尤其在发展思辨能力上相结合，在学生情感的触发、发展、高潮中相结合，在进入审美过程、获得审美感受中相结合，读中学写，学中促读，使读与写互促共进。

在我早年接触的湖北省特级教师中，除上述几位之外，湖北荆门市教科

所所长张开勤老师，也给我留下了终生难忘的印象。他是一位痴迷于语文教研且颇有建树的学者。开勤，如其名，思想开放而十分勤勉。早在20世纪70年代后期和80年代初期，沐浴着改革开放的春风，他不辞辛劳，参观访问国内不少名校，经常跟省内外教研专家交流沟通。同时，他多次在荆门市举办以教改为主题的学术会议，邀请全国知名专家，如中央教科所著名课程教学论专家胡克英等到荆门传经送宝。他对当时风行一时的"注音识字，提前读写"实验、"小学作文序列化研究与实践"、"阅读教学中的'思路教学'"等颇感兴趣，曾将其引进到荆门市的一些学校，都取得良好效果。

鉴于当时一些陈旧的教学思想被改头换面后进入学校，视学生为容器的填鸭式教学这一僵化模式也时常抛头露面，语文教学中讲风不息、练风不正的现象比比皆是。一些似是而非的教育理论和教育实际相距甚远，各种研讨会上的"高谈阔论"并不能改变教育实践中的"依然故我"。对这些现象，开勤心知肚明，试图改变现状，而又难以突破。此时，他挺身而出，大胆借鉴黑龙江矿业学院（现黑龙江科技大学）和哈尔滨师范大学几位老师提出的"学导式"原理，结合教学实践，写出了20多万字的专著《学导论》。开勤的贡献在于对"学导式"原理做深入剖析，强调学为主体，导为主线，能为主标，在教学活动中，实现以教为主到以学为主的转变，以授为主到以导为主的转变，以教法为主到以学法为主的转变，初步形成了一套与之相适应的教学方法、教学结构、教学评价体系。初稿完成后，开勤来武汉征求我的意见，请我作序。当晚，我偕开勤拜访国学大家、中国历史文献研究会会长、华中师大张舜徽教授，请他题写书名。张先生很高兴，立即展纸挥笔，写下"学导论"三个苍劲有力的大字，使我们深受鼓舞。

〉〉 与名师
结缘

黄：多年来，您始终活跃在教育改革的前沿阵地，奔走于全国各省市的小语教坛，也收获了许多弥足珍贵的亦师亦友的挚交。杨老师，从跟省内名师的交往，到与全国名师结下很深厚的缘分，其间一定有很多动人的故事吧？

杨：我与小语界的名师们有颇多交往，主要通过两条渠道：一是参加全国小学语文教研会，在学会的各类研讨活动中结识了许多名师；二是被聘为全国中小学教材审定委员会小学语文学科审查委员会委员后，结识了国内影响最大的一批名师。

1991年，在全国中小学教材审定委员会小学语文教材审查组，因原组长高惠莹先生身体欠佳，我被委任为组长（召集人），主要是要我"有事弟子服其劳"。小组中有斯霞、袁瑢、霍懋征这样的语文界一代师表，有李吉林、朱敬本、戴宝云这样的全国知名语文教育大家，还有陆志平、倪文锦等著名语文教育家以及著名语言学家季恒铨、著名诗人金波和著名特级教师翟金华，等等。

黄：被世人称为"一代师表"的斯霞、袁瑢、霍懋征等名师，在全国教育界有着很大的影响力，请给我们说说您与她们交往中的教育故事吧。

杨：那我就先说说南京师大附小的斯霞老师吧。她出生于1910年，比

我母亲大三岁，在我心目中就像我的慈母。她以爱为核心的教育理念和人格魅力，使我产生了发自内心的敬仰之情。斯霞老师把自己的一生奉献给祖国的教育事业，用爱心去滋润孩子们的心灵。她终身倡导的"爱的教育"感动了无数的老师和学生，影响了几代人。她勤勉自律，务实求真，深钻业务，精益求精。她创建的"随文识字"，主张"字不离词，词不离句"，至今仍被广大教师奉为经典。更难得的是她成绩卓著，荣誉集于一身，却从不显露，待人接物，真诚可亲。她辞去南京市教育局副局长的职务，宁愿一辈子做一名小学教师。她年届九十，还要每天到学校去听课，辅导青年教师。她对我说："如果哪一天听不到孩子们的欢笑声，我就睡不好觉。"的确，她已把自己的心和孩子们紧紧地贴在一起，育人是她的生命，"爱"是她生命中的灵魂。

20世纪80年代初，中国教育学会原副会长张健（陶行知的学生）在大会上赞誉斯霞老师是"小学教育界的梅兰芳"。我想，斯霞老师不仅在语文教学上具有梅先生的艺术造诣，而且还有梅先生"蓄须明志"的操守和气节。

追溯到20世纪60年代，教育界某些人为迎合当时的一股社会思潮，有位署名"敢峰"的在《人民教育》上发表《谁说教育战线无战事？》的长文，在全国教育界掀起了一波批判母爱教育的热浪。真的是飞来横祸，冤哉枉也！但斯霞老师内心强大，信念坚定，从不认为自己爱孩子也爱错了。走自己的路，让别人说去吧！

记得我当时读到敢峰的文章时，也难以理解，心有不平，但谁敢唱反调？中国知识分子中真还有这样的勇敢者，那就是在华中师范学院读书时比我高两届的老邓同学。他以"读者来信"的名义，给《人民教育》发稿，旗帜鲜明地指出："母爱是资产阶级独有的吗？难道无产阶级没有母爱？苏联大作家高尔基的长篇小说《母亲》不也是在歌颂母爱吗？在教育领域里批判'母爱'，必将导致教师不敢爱学生。没有爱，还是真正的教育吗？"每个提问都重重地撞击着人们的心灵。老师们虽然不敢公开评论，但产生了强烈的共鸣。据闻，当时在湖北襄阳任教的老邓同学因为此文受到了极大的冲击。几十年后，当我将此事告诉斯霞老师时，她内心沉重，喃喃地说："难为邓老师，太难了，太难了！"并请我寻找邓老师的详细地址。我回到武汉，曾拜托在襄阳工作的朋友，请他们寻找邓同学。虽经多方努力，仍杳无音信，可能他早已辞世，斯霞老师听说后痛惜不已。

2000 年，庆祝斯霞老师九十华诞活动在南京隆重举行，我们教材审查组全体成员参加了活动，并赠送一个特制磁盘，磁盘上的斯霞半身像下书写着"一代师表"四个大字。

袁瑢老师是全国著名特级教师，曾任上海实验小学校长。她大学肄业后，全身心投入小学教育事业，呕心沥血，孑然一身。她品德高尚，学识渊博，多种荣誉集于一身，但她从不自满，无论做什么工作都认真负责，一丝不苟。我和她在教材审查组相处的十多年中，每次开会，她都是熬夜起早，认真审读教材。由于视力不好，她的写字速度很慢，但她总是一笔一画工工整整地填写审查意见。

在教学中，她实中求活，活中求变，变中求新。她执教的许多课例，至今仍被广大语文教师奉为经典。

袁老师的课优点很多，给我印象最深的是她独到的眼光，她总是能在别人容易忽视之处发现语言训练的闪光点。

在执教《少年闰土》一课时，经过师生共同梳理之后，她挑拣出"猹""獾猪""刺猬""鹁鸪""秕谷""弶""钢叉""胡叉""胯下""祭祀""值年""五行"等 12 个词语，让学生将词语分类，一类是学生生活中未曾经历过的比较陌生的词语，如"祭祀""值年""五行"，另一类词语学生虽然不熟悉，但通过查阅词典可以自行释义。其中关于"秕谷"一词，老师问："什么叫'秕谷'？"学生答："是指干瘪的谷子。"本来到此就可以了，但袁老师追问："干瘪的枣子能叫秕枣吗？"学生想了一会儿，说："不叫秕枣，只能说枣子。"老师问："为什么？"生答："秕字是禾木旁，只能修饰谷子。"

在执教《称象》一课时，文中有"准确"一词，一般来说，学生结合上下文是很容易理解的。但袁老师却由此延伸出另外两个词——"正确""明确"，让学生做比较。乍一看，三个词的意思差不多，都有一个"确"字，但仔细推敲则不然。大家讨论后才明白："准确"重在"准"字，丝毫不差；"明确"重在"明"字，明白清楚；"正确"重在"正"字，没有错误。接着老师举例说："做数学题计算要准确。""你讲的道理很正确。""你说的意思很明确。"通过比较，学生不仅辨析了词义，而且学会了分析、比较，进行了思维训练。

在执教《珍贵的教科书》一课时，课文第 11 自然段里有 6 处省略号。一般来说，学生读读课文就够了，但袁瑢老师却要求学生通过读书谈谈这 6 个省略号各表示什么意思。我在点评袁瑢老师这节课时这样写道：

想想省略号表示什么意思，学生只有在读懂课文之后才能回答。袁老师不仅让学生带着疑问去读课文，而且接续了作者断了的思绪。作者想要表达的未尽之意、未了之情都包含在省略号的 6 个小圆点上。

我在该课的"总评"中写道：

袁老师要求学生对生字的认真书写，对词义的准确把握，以及对学习方法的具体指导、学习习惯的细心培养，常在别人不留意处下功夫，在细微处"做文章"。似涓涓细流，如和煦春风，学生正是在这一字一句、一笔一画、一点一滴的潜移默化中，受到深刻的影响。

我想，认真细致的教风，不仅是一种教学态度，而且是一种优秀的教学品质。

袁瑢老师受到全国语文教师的爱戴。她七十华诞时，来自全国各地的语文教师集聚北京为她庆生。主办方约我请人写一首诗作为此次活动的示范教材。我思索再三，最后约请著名语言学家、华中师大中文系晏炎吾教授为袁瑢老师写诗。大会上由袁瑢老师的崇拜者、著名特级教师支玉恒执教。现将该诗抄录如下：

贺袁瑢老师七十华诞

晏炎吾

奉将鸠杖上经闱，

绛帐风和乳燕飞。

兰薰飘香桃李笑，

华亭无处不春晖。

这堂课，支老师上得很成功，甚至产生了轰动效应，引起了老师们的共鸣。这首诗也是写给以袁老师为代表的全国小学教师的。袁瑢老师很感动，特拜托我转送给晏教授一支高级金星钢笔。当我将钢笔转送给晏教授时，他很高兴，笑道："客气了，做个纪念吧！"如今，晏炎吾教授早已仙逝，袁瑢老师也在 94 岁高龄时驾鹤西去。念此，我不禁怅然。

霍懋征老师和斯霞老师、袁瑢老师一样，是教师的楷模，是一代师表。她是全国首批特级教师，是我国高学历人才（1943 年毕业于北京师范大学数理系）从事小学教育的先行者。

"没有爱就没有教育"是霍懋征老师教育理念的精髓，她坚信"没有教不好的学生"，她娴熟运用"激励、赏识、参与、期待"的教育策略，让

每一个学生都得到充分发展。她境界很高，教艺精湛，富有远见卓识。早在20世纪50年代，她就提出了"数量要多，质量要高，速度要快，负担要轻"的教改思路，把着眼点放在激发学生兴趣、开发学生智力、培养学生能力、提高课堂教学质量上。

我和霍懋征老师在全国中小学教材审定委员会共事十多年，她虽然年事已高，对自己的要求却十分严格。她说："把好教材审查关，就是对国家、对人民负责，否则有愧于下一代。"除了对教材的编辑思想、特色和语言文字严格审查外，我们把教材中的插图定位为"课本图画"，是教材的有机组成部分。霍老师对课本图画的审查尤为严格，达不到要求的一律重画。正是由于霍老师和斯霞、袁瑢老师的严格把关，我们小学语文教材审查组在16年中没有出现过任何错漏，更无一人举报。

在语文教学中，霍老师始终坚持"育人为本"的正确方向，践行"文道统一"的原则。其特点是自然渗透、相机点拨、熏陶感染、润物无声。

霍老师在执教《手术台就是阵地》这篇课文时，扣住课文中"三天三夜"和"六十九个小时"这些看似平常的词语。从"对伤员来说是怎样的六十九个小时"到"白求恩在什么环境中工作了六十九个小时"，再到"白求恩以什么态度工作了六十九个小时"的讨论中，学生思维活跃，课堂气氛热烈，高潮迭起。既是语言的运用，也是思维的训练，还是思想品德的教育，三者和谐统一。此情此境，不正是"工具性和人文性统一"的最佳状态吗？

霍老师执教《我的战友邱少云》一课时，课文里有两段话：

烈火在他身上烧了半个多钟头才渐渐熄灭。这个伟大的战士，直到最后一息，也没挪动一寸地方，没发出一声呻吟。

敌人全部被歼灭。看看时间，从发起冲锋到战斗结束，才二十分钟。

两句话里都有一个"才"字。霍老师抓住"才"字引导学生通过上下文深入思考，反复琢磨这两个"才"字有什么不同，跟当时战友们的心情有什么联系。通过讨论，大家明白了：第一个"才"字证明邱少云为了战斗的胜利，强忍着烈火烧身的巨大痛苦，熊熊烈火，竟然烧了三十多分钟才熄灭。在战友们的心里，这三十多分钟是何等漫长！而后一个"才"字，证明邱少云的战友们怀着无比悲愤的心情，为了给亲爱的战友报仇，仅用了二十分钟，就取得了战斗的胜利！通过对两个"才"字的推敲，邱少云的英雄形象，战友们的真挚感情，在作者笔下都得到了升华，充分显示了语言的表现力、思想的震撼力、情感的穿透力。

霍懋征老师在语文教育中不愧是继承、发展、创新的大师。例如板书设计曾是中国语文教学的优良传统之一，但近些年来几乎淡出了课堂，许多年轻教师竟不知板书设计为何物。我们不要求每课必有板书设计，更不要求挖空心思，花费太多时间去精心制作板书。但不能否认，好的板书设计简洁、美观，一目了然，既浓缩了课文的主要内容，又点明了作者的写作思路，其实就是一幅简单明了的思维导图。

课文《东郭先生和狼》讲的是东郭先生救了狼，狼却要吃东郭先生，最后东郭先生在老农的帮助下把狼打死了，告诫人们不能怜惜像狼一样的恶人。霍老师设计的板书如下：

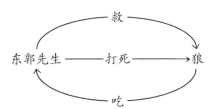

再如《林海》一文的板书设计：

由于板书在教学过程中常起到提纲挈领的作用，又由于图式记忆在人的大脑皮层中留下的痕迹很深，多年后，学生大多不记得老师说了些什么，但板书却深深地刻印在他们的脑海里。

我在听了霍老师执教的《月光曲》一课后，做了点评：

教学中，教得活，主要表现在教师善于引导，巧于点拨，注意新旧知识的联系，注意语言训练和思维训练的结合；学得活，主要表现在学生的思维活、语言活、想象活以及课堂气氛活。

活，是在求实基础上的求变、求新，是教学变革和教学创新的起点。教学正是在实与活的相互交替中唤醒学生沉睡的心灵，激活内生性的潜质，让学生学得主动积极，学得生动活泼，学得兴趣盎然，越学越想学。这就是霍懋征老师的教育理念和教育实践给我们的启示。

〉〉 与小语界"四大名师"的
深情厚谊

黄：杨老师，听说20世纪八九十年代，您与当时小语界被称为"四大名师"的支玉恒、于永正、贾志敏、靳家彦交往很深，能说说您与他们之间是如何交往的吗？

杨：好的。20世纪八九十年代，小语界最活跃、最有影响力的是被称为"四大名师"的支玉恒、于永正、贾志敏、靳家彦老师。我和他们交往很多，结下了深厚的情谊。

在"四大名师"中，有一位自称为"一介布衣"的人，他就是支玉恒老师。他本是一名体育教师，曾是河北青年足球队前锋，后改行教语文。他虚心学习，刻苦钻研，才华横溢，思想丰盈，俨然是小语界的"前锋"。

支玉恒的崛起是小语界的奇迹。"奇"在何处？他人是有鲜明个性的人，语文是有鲜明特色的语文。他的个性特点是倔。但支玉恒的倔不是固执，更非偏执，而是执着、坚定、坚守、坚韧。

1989年10月，全国小语会首届课堂教学赛课大会在成都举行。正式赛课之前，大会主办方请支玉恒执教展示课《第一场雪》（峻青）。这堂课别开生面，在语文教学中刮起了一股旋风。我作为观摩比赛评委，情不自禁，

赞叹不已，深感支老师把"读"的功能发挥得淋漓尽致，让语文教学的魅力展现得多姿多彩，实在难能可贵。语文教学中的"读"，过去研究得很多。但如支老师这般娴熟地运用却很少见到。他对"读"的要求是有层次的：第一遍读，主要是让学生了解内容梗概；第二遍读，主要让学生理解课文；第三遍读，则是让学生吟咏揣摩。这既是对语言文字的深入理解，又是对语言文字的反复玩味。"读"中的轻、重、缓、急，虚、实、浓、淡，刚、柔、隐、现，均紧扣语言文字，而又不离整体形象。语言幽默风趣，教态庄重自然。支老师要求学生把雪"读得很大很大"，把山村静夜"读得很静很静"，把雪景"读得很美很美"。看来，学生只有把自己置于课文情境之中，让自己和作者心灵相通，同作者一起去观察、去体会、去想象、去思考，方能活生生地显出语言文字的"形"，美滋滋地读出语言文字的"味"。下课铃响了，孩子们还沉浸在美丽的雪景中。

支老师执教的语文课，是名副其实的教师指导下的学生读书课。学生在"读"中求懂、求通、学会、会学。"读"是我国传统语文教学的精粹。由于汉语言文字本有的音韵美、意境美、形象美以及文章思路的逻辑美、文章结构的严谨美，都需要通过有指导、有要求的反复吟咏，品尝"文中味"，悟出"文外味"，回味出语言文字、文章的余音、余韵和余意来。支老师抓住了"读"这个基本训练方式，以读引思，以读悟法，从读学写。以"读"为基础、为纽带，使语文教学的其他多项训练也得到了落实。

我在观摩支老师执教的《第一场雪》后的点评中这样写道：

这是一幅构思精巧、意境深远的图画，一曲节奏明快、轻松优雅的乐章，一首情感浓烈、言语畅达的诗歌。是一堂将形象性、情感性、愉悦性集于一体，具有审美特征的小学语文课。

支老师对教材钻研之深，对学生的心理变化了解之准，对教学过程的调控之巧，对学习情境的渲染之妙，使本课既张扬了学生的个性，又彰显了语文的魅力。

2005年11月，我在湖北宜昌观摩支老师执教《匆匆》一课，他又把"读"推向了一个新的高度。他引导学生用心去读文句背后的意思，用心去倾听作者的心灵絮语，用心去诵读语言文字的文外之意、弦外之音，用心灵去倾听读书之后埋在心灵深处的真情实感。整堂课，老师讲得很少，只是在关键处点拨，在淤塞处疏通，在沉闷时点醒。学生则是自读、自悟、交流、互评，这样，学生把生涩的文章读浅了，把凝固的文字读活了。最后当学生用简洁的语言写出自己的感受时，在旁边看课的老师们都惊讶不已。小学生们不仅懂得要珍惜时光，还懂得要珍惜生命，珍惜人生。铃声响了，孩子们还不愿下课，纷纷要求支老师再上一节课。谁说语文教学没有魅力呢？

我跟支玉恒老师交往已30多年了，他对我很尊重，我对他很敬佩。他曾在一篇文章里把斯霞老师、袁瑢老师和我视为一生中感恩的三个人，使我惭愧。

1998年，我随斯霞、霍懋征、袁瑢、朱敬本老师到哈尔滨参加活动。同行的有支玉恒、于永正、靳家彦等老师。夜里12点，支老师敲我的门，请我到斯老师房间开会。大家到齐后，才知道是让我们给他们的教学提意见，尤其要指出缺点。会上，支老师深情地说："白天，我们上完课后，你们几位老师的点评都讲了很多优点，感谢你们对我们的爱护。现在夜深人静，请在座几位老师不讲情面，对我们几位的课多讲缺点，今晚我们几位就是来听缺点的。"言语真诚、恳切，使我们十分感动。

支玉恒的人生际遇，从一个侧面反映了中国当代知识分子的命运。衷心感谢思想解放，感谢改革开放，使一些满腹才华的知识分子找到了正确的人生坐标，焕发了生命的活力，无怨无悔地把自己的聪明才智献给了祖国的教育事业。

于永正老师多才多艺，琴、棋、书、画样样精通，尤其擅长京剧青衣。每当上完课，老师们都会要求他演唱京剧《霸王别姬》或《苏三起解》。真的是字正腔圆，悠扬婉转，使听者如痴如醉。演唱完毕，于老师还要俯首弯腰，两手相扣，道一声"谢谢！"，引得全场大笑。

20 世纪 80 年代中期，我和于永正相识于潘自由教授主持的"按言语交际需要改革语文教学"这一实验中。1986 年 3 月 12 日，于永正老师在江苏省徐州市鼓楼小学执教说话课，题为"创设情境说话"。课后我应于老师之请，为该课做了点评。的确，当儿童沉浸于真实的语境之中，就会心动而语出，情动而辞发。每个孩子都会按捺不住，情不自禁，此情此境，孩子脱口而出的语言确实天真无邪，美妙无比。至今我依然认为，这是我国小语史上最经典的说话课和言语交际课。在对该课的总评中，我这样说道：

由于老师的精心设计，儿童在一定的语言环境中，跃跃欲试，不吐不快。当儿童的表达欲望被激发起来的时候，兴之所至，妙语连珠，情之所至，妙笔生花。谁能相信这是一年级的儿童说的、写的呢？谁又能不相信，这种充满稚气、无拘无束的表达方式是只有一年级儿童才有的啊！

本世纪初，教育部人事司在南京举办"于永正教学法"研讨会。会上，于永正老师执教苏教版三年级课文《小稻秧脱险记》。我应邀在大会上做《于永正语文教学的特色是什么》的主题报告，并点评于老师的示范课。会后，教育部人事司教师工作处处长对我说："想不到小学语文的学问这么深啊！"我笑着说："许多人终其一生研究小学语文教学，也难见大成效，我不过知其皮毛而已。"

于永正老师执教《我的伯父鲁迅先生》一课后，我做了如下点评：

因势利导、自然成趣是于老师课堂教学的基本特点。这里的"势"是学生接触文本后，语言发展的态势和学生心理变化的态势，这里的"导"是于老师在吃透两头（教材、学生）之后对教学活动巧妙的组织和引导。

于老师以心灵触动心灵，用情感点燃情感，以智慧培育智慧。在教学过程中，学生的言语活动贯串始终。语言是心灵之窗，是情感之扉，是智慧之桥，师生之间、生生之间，师生和文本之间，在平等对话中，各自用言语唤起生活的记忆，体验多彩的人生，也用言语搭建起学生、教师、作者的心灵之桥。

整个教学过程像潺潺溪流，活泼而欢快地流淌着。其间有弯弯拐拐，也有跌跌宕宕，还有淤塞回流，但于老师"料事如神"，在迂回处疏导，在关键处点拨，浓淡虚实、轻重缓急都顺乎自然，做到了化繁为简，变难为易，举重若轻，游刃有余。

于老师特别注重学生对基础知识和基本技能的把握，常常不放过一笔一画的书写、一字一词的解析，这充分说明于永正老师既有精湛的教学艺术，又有扎实的教学功底，这一切都源于于永正老师具有正确的育人观和儿童观。

于永正老师已经离开了我们，但他留下了许多珍贵的理念，留下了"儿童的语文"，留下了许多掷地有声、发人深思的教育箴言。其中有一句是："我教了一辈子书，最后把自己教成了孩子！"平凡的话语，包含着多么深刻的教育理念和人生哲理！

靳家彦老师任职于天津市南开小学，乃当今小语教坛才俊，全国著名特级教师。我俩相交于 20 世纪 80 年代，距今已近 40 年了。想当年家彦以《跳水》《田忌赛马》《翠鸟》等几个经典课例风靡全国，为广大语文教师所仰慕，同时也遭到个别同行嫉妒，但家彦泰然处之，并以优异成绩获得"天津市劳

语文哲思与教育人生

动模范"和"全国教育系统劳动模范"光荣称号。20 世纪 90 年代，国家教委副主任柳斌主编大型丛书《中国著名特级教师教学思想录》，我被委派为小学语文卷主编。每个学科要在全国遴选出 10 位著名特级教师。入选者由主编提名，在广泛征求意见后，由教委领导审定。我思考再三，决定破格推荐靳家彦作为天津市小语特级教师的代表人物，将其教育理念收入小学语文卷。相对年轻的靳家彦老师，不仅跟老一辈名师斯霞、袁瑢、霍懋征同列书中，还和自己的师傅——北京第一实验小学的 90 多岁的王企贤先生并列。这是多大的荣耀啊！该丛书出版后，反响甚佳，荣获中国图书大奖。我作为家彦的好友，没有埋没这位小语界难得的英才，内心颇感慰藉。

家彦老师的教学语言简洁、鲜明生动，在小语界享有盛誉。他的语言智慧、语言艺术、语言魅力，也是一本精美的教科书，不但发挥了教师的语言示范作用，而且给予学生丰富的精神养分。

家彦一生倡导"导读"，其实他的语文教学特色不是"导读"二字能概括的。家彦以他善良、真诚、豁达的禀性和他独具的悟性、灵性，创造了当代的"靳氏语文"。"靳氏语文"既得王企贤老师的真传神韵，注重传统语文教育中的炼词造句，又注重对课文整体形象的把握和主题的提升，还深受天津地域文化，尤其是说唱艺术的熏陶，使家彦在语文教学中将汉语的音韵、节律和意象、意味发挥得淋漓尽致，充分展现了语文教学的魅力。

我曾听过家彦执教的《有这样一个小村庄》，课文语言简明易懂，但含意颇深。这样的课文很难让教师有"用武之地"，但家彦执教的课却是有声有色、有滋有味。我在课后总评中写道：

课文是学生自己读懂的。学生在读中感悟，在读中理解，在读中感受语言的精彩，在读中体会作者的思想感情，在读中揣摩作者的表达方法。教师则因势利导，逢山开路，遇水搭桥，和学生一道，巧解词语，妙悟人生，敞

开心扉，放言高论。通过语言这个中介，师生走进了文本，走进了生活，也走进了彼此的心灵。

靳老师善于捕捉课堂上的"生成性课程资源"，有时借题发挥，让学生拓展思路，放飞想象；有时又返回文本，紧扣词语，破解蕴意，感受作者遣词造句的巧妙；有时又旁敲侧击，从看似平常的句子中，讲出不平常的含意。出乎意料，又在情理之中。

家彦病休多年，我跟他多年未谋面。但我从家彦爱徒李卫东老师的口中，常常得到他的相关信息。我深信，以家彦的坚强品格，无论遇到什么挫折，都能从容应对。

贾志敏老师是上海著名特级教师，跟我有 30 多年的深厚情谊。我们曾同居一室，倾心交谈至深夜，我们也曾在多地同时参会，彼此珍重。早年他以作文教学闻名全国，他对吴立岗教授引进的苏联作文教学流派——素描作文，进行了"中国式"改进，推出了一系列经典作文教学课例，让当时沉闷的小学作文教学刮起了"贾志敏旋风"。在作文课上，学生即景写作，再也不会"紧皱眉头、咬破笔头"了。更妙的是贾老师当堂对学生的现场作文进行修改，堪称一绝。贾老师深厚的语言文字功底和敏锐的语感，使许多老师为之折服。

不仅是作文教学，贾老师的阅读教学也颇有特色。由于贾老师一生醉心于语文教学，甚至可以说，语文教学就是他生命的一部分，所以他的语文课已升华为一种教育境界。我在听过他的课后，有感而发，即兴写了一篇短文，题为《课为其人》，内容如下：

古人谓：文如其人。其实，课亦如其人。一堂好课，折射心灵世界，浓缩人生精华，散发人格魅力，凸显生命价值。

2007 年 11 月，贾志敏老师在湖北宜昌市开发区上作文课。开课前，贾老师声情并茂地对在场的师生说："刚才开发区的老师对我说，贾老师，我们班绝大多数学生都是农民工子弟，好些是刚从农村转来的，胆小不敢发言，真是给您添麻烦了。我听了十分感动。我一辈子在上海教书，从没给农民工子女上过课，今天能有机会给他们上一堂课是我一生的荣幸，怎么是添麻烦呢？……"说着说着，贾老师声音哽咽，泪光闪闪，全场鸦雀无声。与会师生倾听到贾老师发自肺腑的声音，感受到心灵的震撼。

歌德曾经说过："不是我作诗，是诗在我心中歌唱。"在接下来的教学中，仿佛不是贾老师在做课，而是课在他胸中激荡。他很快进入了状态，找到了感觉，姑且称之为"课感"吧！他的每一句话、每一个动作、每一个细微的表情，都是在传达这样一个信息："孩子们，我爱你们。我一定要让你们学好。"贾老师在课间巡视，弯下腰来和孩子们交谈，态度那么温和，言语那么亲切。他表扬一个孩子的字写得很好，跟孩子一样漂亮。同时，他又不厌其烦地纠正学生的"读书腔"，指出几个学生读书掉字、添字、语气不连贯等毛病，还不断提示学生注意读书时的姿势。

谆谆教诲，循循善诱，课堂气氛热烈而又和谐。这一切都是贾老师在不经意间做出来的，因势利导，顺其自然，教学时的火候、分寸都拿捏得很准确。

当时我就在想，这不就是理想中的教学境界吗？人与课的融通，心与课的交汇，情与智的结合，教书与做人的一致。这就是人格化的教学……

贾志敏把自己一生的心血毫无保留地献给了小学教育事业。可以说，语文是贾老师的生命，儿童是贾老师的命根。2016 年，贾老师已经病重，但他仍不辞劳苦，远赴新疆，给边疆儿童上课。之后又返回河南，刚巧我也在河南郑州，跟贾老师相遇在《小学教学》编辑部举办的语文教学活动中。我看他面带病容，行走不便，他坐着，想站起来跟我握手也十分艰难。不一会儿上课了，当他站在讲台上面对几十个学生时，仿佛换了一个人似的，精神焕发，声音洪亮，举手投足看不出是病重之人。正如他的弟子徐俊在一本书中写的：

离开了讲台，先生真的是一天也活不下去了。在先生卧床的那些时日，先生手足不能动了，不会说话了，偶尔睁开的眼睛也空洞了。但当我们给他读课文，读他写的文章，给他讲课堂上的一些事的时候，他的眼里便有了些许光彩，床头仪器上的心率线，也有了活跃的波动……食指也会轻轻地划着我的手心。

贾老师辞世的前几个月，他的二儿子文骏专程到武汉我家，请我到上海参加贾志敏教育理念研讨会。车到上海后，我们立即赶到医院，当我看到病床上的贾老师时，内心无比沉痛。他已经不能说话了，我握着他的枯瘦的手，他两眼紧盯着我，虽相对无言，但千言万语尽在心头。我们俩的眼里都闪着泪花。我又一次经历了和老朋友的生离死别。三个月后，贾老师永远地离开了我们。

黄：杨老师，您与名师的这份情谊深深地感动了我们。您觉得支玉恒、于永正、靳家彦、贾志敏等这些名师和青年教师相比，究竟有哪些不同之处呢？

杨：的确，当今青年教师们的教育生态环境和老一辈教师当年的生长环境有天壤之别。然而正是老教师们经历了时代的巨变、社会的转型、历史的沧桑，品尝过人生百味，感受过世态炎凉，他们的生活阅历、人生体验，厚实了他们的生活底蕴，丰富了他们的文化内涵，积淀了宝贵的精神财富，使他们对于生活的理解，对于人生的感悟，其深度、广度、力度都是年轻人所无法比拟的。而这些都将自然地融入他们对文本的认识和理解之中、对教育本质的诠释之中。我多次听过这些老师的课，总感到他们的教学背后还有许

多深沉的内涵，平实颇感厚重，淡雅似觉深沉。课上完了仍有余音、余韵、余味任你咀嚼和回味。

语文课是人生的舞台，在舞台上老师们展示生命的精彩，体现人生的价值。人生就是一本教科书，一堂好课就是浓缩了的人生，人生如斯，课如其人。

黄：除了当时的"四大名师"，一定还有其他名师与您也有很多交往，能再给我们说说您与其他名师交往的故事吗？

杨：说完了小语界"四大名师"，我想说说张化万老师。如果要评出当代"五大名师"的话，张化万老师应是第五人的不二人选。化万老师出生于1945年9月，只比小语界"四大名师"中最年轻的靳家彦小一岁，但他成名很早，刚过40即被评为浙江省特级教师，并任浙江省特级教师协会副会长，是近些年崛起的浙派名师团队中的领军人物。

张化万老师在小语教学尤其是作文教学领域成绩卓著。从20世纪80年代起，张老师的"玩玩说说""谈天说地""科学探究"作文，给沉闷的小学作文教学送来了"清凉的风"。他倡导"把玩进行到底""玩出精彩作文"，对于改变普遍存在的作文教学无趣、无味的现状和学生厌烦作文、害怕作文的心理，起着不可估量的作用。

玩是儿童的天性，将玩引入教学活动乃是一种符合儿童心理的正确的儿童观和教学观。这跟西方的美学家们提倡的"游戏精神"不谋而合。

张化万先生心中的"玩"，已不是一般意义上的玩耍，也不是对儿童生活简单粗糙的复制。它源于生活，又高于生活，是对儿童生活的提炼和改造。"玩"能寓教于乐，激发兴趣，开发智能，引发创新，又有利于激活言语机制，让学生乐于表达，善于表达。

我跟化万交往已30多年了，我邀请过他到武汉传经送宝，我也多次应化万之邀，到杭州市上城区参加小学语文教研活动。他的学品、师品都给我留下了深刻的印象，特别是他乐于助人、提携后生的精神使我十分敬佩。

2003 年 10 月，我在给"张化万语文教学研讨会"的贺信中写了这样一段话：

> 张化万先生的语文教育理念十分丰富，正如他的名字一样，"一"可以"化万"，"万"又必归"一"。"一"乃语文教育的本体。说千道万都是为了提高学生的语文素养，这就是语文教育的本体本色。顾此，则可能衍化、繁衍出多姿多彩的语文教育艺术之花，结出丰硕的语文教育之果；舍此，则将使语文教育变调、变味、变质、异化。"一可化万，万必归一"，这就是语文教育研究的辩证法。

〉〉 与中青年名师的
忘年交

黄：杨老师，您与当今小语界的许多中青年名师也有着密切的交往，不少后起之秀在成长、成才、成名的过程中，都得到了您的指点与帮扶，有很多青年名师还与您成了忘年之交。您也给我们说说青年名师成长中的故事吧。

杨：指点与帮扶可谈不上，但在全国比我晚一辈的名师中，确实有不少人跟我成了忘年之交。

先说说孙双金老师吧。孙双金老师任南京市北京东路小学校长，他虽行政工作繁忙，但对语文教学的研习从不停息。1989 年全国小语会在成都市

举办首届全国中青年阅读教学大赛，孙双金执教的《白杨》一课，闻名一时。当时，我是大赛评委，和其他评委一样，为他独具特色的语文课点赞。

20世纪90年代初，湖北省教育学会举办语文教学观摩研讨活动，我邀请孙双金老师上观摩课，他执教《落花生》一课，产生了轰动效应，尤其是课中的"思辨性阅读活动"，在孙老师的启发下，学生各持己见，争论不休，课堂气氛十分活跃。我在课后的点评中，对此做了充分肯定，同时也提出疑问："为什么同学们在赞美花生朴实无华的同时，几乎都去贬损树上挂着的苹果和石榴呢？世界之大，无所不包，正因为世界的无限包容，才使得万千世界如此多姿多彩……"会后，双金还找我讨论了这一问题，认为我的观点更具有时代感。

本世纪初，双金在武汉外国语学校礼堂执教二年级课文《找春天》。如何调动低年级学生学习语文的兴趣，激发他们思想和语言的活力，显示出双金深厚的教学功底。这堂课不仅是一堂读书课，也是一堂听、说、读、写的综合实践课。孙老师引导学生在语言文字中自己去"找"春天。通过大家的努力，同学们不仅找到了春天美丽的景色，而且找到了春天的"温暖"，感受到春日暖阳、雨露滋润下的生命的活力。

2016年12月，我应孙双金老师之邀赴南京参加他主编的《12岁以前的语文》读本研讨会，在会上，我做了发言：

之前，由于经济转型、文化多元，各种社会思潮涌动，反智主义、消费主义、娱乐至死、利己主义等成为时尚。网上各种正面、负面，真的、假的，灰色的、黑色的，甚至黄色的新闻肆意传播，软文化、快餐文化、小段子甚为流行，而小学生恰恰缺失文化选择和文化批判能力，少年的叛逆心理，使他们对负面新闻更感兴趣，从而导致部分小学生心理脆弱，心灵空虚，思想麻木，精神倦怠，甚至心浮气躁，行为莽撞，情感冷漠，法治意识淡漠。有部分小学生则表现为头脑简单，思想浅薄，他们还生活在书本上，生活在童话中。然而学校是社会的一部分，社会上刮起的尘埃会吹进校园，吹进教室，世俗的灰尘也会蒙住学生的双眼，看不见的细菌，会侵袭学生娇嫩的肌肤，甚至会腐蚀学生的灵魂。

如何在学生 12 岁以前给他们提供营养丰富又无污染的精神食粮，给学生的人生打好底子，孙双金老师主编的《12 岁以前的语文》应时而出，这是孙双金老师教育理念、教育智慧和教育情怀的结晶。

《12 岁以前的语文》这套读本，是学生语文学习的有机组成部分，是一套以诵读文学经典和古诗为主体的涵盖中外儿童文化经典的学生读本。

读本呈现文化，传承文化，反映人类文化，主要是中国优秀文化的基本成果，读本关注传统文化和现代文化的联结，中华文化和世界文化的沟通。可以说，真正继承和弘扬中华优秀传统文化的，才能真正融入现代，也才能真正走向世界。

读本重视结构优化，既具有纵向的阶梯递进，又具有横向的统整联结，这种多向式螺旋形发展的状态，反映了读本结构的基本特征。当然读本结构不像实体那样具有固定性，而是具有可变性，使用时要视各地文化背景、学情状况而进行变通处理。

我参与审查全国小学语文教材 16 年，编写教材 15 年，30 多年来，我总在想，我们能为后代留下点什么？看到这套读本，由衷感到欣慰，谢谢孙双金老师，谢谢参与编写读本的老师们。

2021 年夏天，我和孙双金相聚成都，我将新著《语文的味道——杨再隋语文教学心语》赠给双金，他十分高兴。

王崧舟老师，浙江上虞人，长期从事小学语文教学实践，现就职于杭州

师范大学。在我的印象中，崧舟是近几十年来我国语文教育界最具创新精神的代表人物之一。他执教的《枫桥夜泊》《墨梅》《红楼春趣》《桃花心木》等课，已成为许多学校的文化典藏，成为广大小学语文教师的教学范式。他倡导并实践着的"诗意语文"，把中华语文的意蕴之美、韵律之美、情感之美、形象之美展现得淋漓尽致。实践"诗意语文"，既需要适宜的课文，还需要教师有一定的基本功，所以并非适用于各地各人。为此，也引起一些"非议"。2018年初春，我给崧舟发短信：

去年，我在北京拜访老友——著名诗人金波。几年未见，倍感亲切，兴之所至，倾心交谈。他说，人的一生读过许多书，真正能积淀于心的是诗意，是以简洁优美的语言为载体的最精粹的思想和情怀。"诗意语文"并非把语文课都变成诗歌课，而是引导学生去感悟语言文字背后的诗情画意。这就是思想的高度、思维的深度和语言的亮度。当然，都应是符合儿童认知水平的"度"。

崧舟很快回复我：

您的厚赞实不敢当，我会将您的话当成激励、鞭策，守望诗意，不懈精进。

曾经风靡一时，并在中央电视台《实话实说》栏目播放的《亲情测试》，是崧舟在语文教学上的开拓创新之作。播出后，社会反响强烈，有褒有贬，不少人在肯定的同时也说出了自己的忧虑。我却认为这是语文教学园地的奇葩，不仅具有欣赏价值，而且蕴含着深刻的人生哲理，给人启迪，值得深思。2011年我特邀崧舟到湖北宜昌，请他再上一次《亲情测试》，可能是最后一次了，课后我即兴点评：

表面看来，这是一堂悲从中来、不忍卒视的很特别的语文课，但毕竟是一次心理测试，不必大惊小怪，更不要小题大做。

老师本意是，先不给学生说幸福和快乐，而是让学生真切感受到失去亲人的悲伤和痛苦后，自己感悟出爱才是人类最美好的感情，失去了爱是人生最大的痛苦。亲身体会到拥有爱并感受到这种爱，才会是一个幸福的人；真正懂得珍惜这种爱，并学会去关爱他人，才会是一个善良的人。

眼下，孩子们太单纯了，他们生活在幸福中，而不知幸福为何物！万事万物都是相比较而存在的。当孩子们亲身感受失去亲人的痛苦时，自会去珍惜当下的幸福。

2015年5月，我特邀崧舟到我的家乡——重庆市秀山土家族苗族自治县传经送宝，让1800多名山区语文教师目睹他的风采，见识了当代小学语文教学改革的新风貌，亲身感受到精湛的教学艺术所展现的语文教学的魅力。

会议结束，我陪同崧舟游览了沈从文笔下的边城——茶峒，看到崧舟行走在河边，沉浸在边城秀丽的景色中，我想，崧舟不就是这风景中最美的风景吗？

比孙双金、王崧舟小几岁的薛法根老师乃江苏吴江人，是语文界既特别勤奋又具有创新精神的后起之秀。他创造的"组块教学"，把零散的教学内容设计成有序的板块。这些板块是按照语文内在的规律进行整合而成的"相似块"，如语言相似块、情感相似块、形象相似块等。组合"相似块"的过程，就是学生分析事物、发现联系、梳理整合的思维过程。"相似块"不是静态的凝固的板块，而是流动的、不断变化的板块。因为学生的思维活动不会停止，吸收、筛选和吐纳信息的活动就不会停止。这不仅大大提高了学习的效率，而且促进了语言和思维的发展。

法根的课，简洁平实而又灵活机敏，为广大语文教师所倾慕。在杭州"千课万人"活动中，我现场观摩了法根执教的《半截蜡烛》一课，并做了如下评点：

法根老师执教《半截蜡烛》一课，用三个板块组合展开教学过程，板块

不是课文内容的罗列，而是将运用语言和理解语言巧妙结合，具有流动性、变化性、发展性的特点。板块是整体语境中的板块，板块自身也是一个整体。三个板块逐层递进，相互联系，避免了常见的分析课文碎片化倾向。

板块一，通过描述词语，让学生练读 6 个词语，了解词语之间的联系，从而初步了解课文的主要内容，在整体的背景上，引导学生描述由这"半截蜡烛"想到了一个什么绝妙主意，这个主意妙在哪里。

板块二则是紧扣课文一波三折、扣人心弦的故事情节，让学生了解故事的主要人物、主要情节，学生在正反人物的矛盾冲突中用复述的方法交替讲述。复述是 20 世纪五六十年代我国语文教学经常采用的学习方法，近年淡出了课堂，薛老师将此方法运用于有曲折情节的小说教学中，适用而有效。试想，如果学生能讲故事了，必然熟悉了故事的主要内容；如果学生讲故事讲得精彩，说明学生已能运用精彩的语言去描述跌宕起伏的紧张情节和难以预料的人物命运。其间，让学生学习文章交替叙事和重点描写的表达方式，把了解文章的基本特点融入其中。

板块三，关注命运。这是故事情节的合乎情理的发展，也是人物精神境界的升华。随着故事内容曲折起伏的铺排、展开、变化、发展，学生已把情感投射到故事人物的命运中去，产生情的共鸣、心的共振。在这个板块中，教师依然没有忽视表达方法的学习，提出问题："文章中哪些地方让你紧张得惊叫？是用的什么方法？"此时，教师让学生进行小练笔，写一写自己的感受。由于学生已进入故事情境，思维被激活，情绪也被调动起来了，所以能够全情投入，自然思路打开，多点开花。有的写空气的凝固，衬托情节的紧张；有的写烛光中的黑暗，烘托出烛光的摇曳，预示着人物命运多舛；有的写冰凉透心的寒风，说明当时社会的冷酷和人们心情的不安；等等。

三个板块由分到合，组成了文章的整体，这既是主要内容的整体，也是文章结构的整体，还是人物形象和人物命运的整体。文章中反面人物的凶残狡诈，正面人物的临危不惧、急中生智，两相对比后，英雄形象更鲜活了。

如前所述，法根老师师法自然，尊重自然规律，熟谙儿童学习语文的特点，因而在教学中能因势利导，顺势而为，随机应变，变中求新。他的课目中有人，心中有学生，接地气，讲实效，所以能"落地生根"，落在中华语文的沃土上，落在儿童的心田里，生根，开花，结出丰硕的果实。

2017 年 5 月，我曾邀请法根到我家乡讲学，并做示范课，受到 1800 多名边区教师的热烈欢迎，并得到很高的评价。法根也深感边区教师的好学和纯朴，也为边区的山清水秀所陶醉，居然流连忘返，在秀山县住了两个晚上，他高兴地说："这么多年在外地讲学多次，这还是第一次在一个地方待了两天两晚。"

2017 年 5 月跟法根一同去秀山讲学的还有虞大明老师，他是张化万先生的高徒，也是我的忘年之交。只要我到杭州，他必来看我。他到武汉，我们也多次见面。大明是语文界难得的全能型人才，曾获得浙江省中小学教师才艺大赛金奖，他对语文教学刻苦钻研的韧劲，如同他练习马拉松一样，坚持不懈，锲而不舍，终有所成。

我听过大明不少语文课。2012 年在杭州听他执教《麦哨》，之后又在茅盾的故乡桐乡市听过他执教的《珍珠鸟》，还听过他执教的《小镇的早晨》等。大明对教材钻研很深，用心良苦，为了执教《小镇的早晨》，他专程到"小镇"上去拍了一组小镇早晨的录像。他在处理教材上，善于从大处着眼，从整体入手而又不放过细节，以收到以小见大的功效。我曾评价他的课："大气而见灵秀，平实又显聪慧，豪放而不失雅致。"

大明倡导快乐教育，并将这一理念贯彻在语文教学的全过程中。他执教

《麦哨》一课，通过读，把学生带进了乡村的田野，让学生感受大自然别样的风情，体验自由自在的童年生活。孩子们高兴地吹着麦哨，让"呜卟，呜卟"的鸣叫声飘荡在课堂上空，还想象着去吮吸"茅茅针"的甘甜、清凉的滋味，向往着到铺满青草的土坡上去翻跟斗、竖蜻蜓……当我看到孩子们真情流露，听到孩子们无拘无束的言语交锋，我真切地感受到，孩子们的悟性被唤醒，灵性被激活了。这是一堂生动活泼、多姿多彩的语文课，也是一场思维、想象和言语活动的快乐的游戏。

快乐是什么？快乐是一种心态、一种心情、一种心境。快乐发乎于心，是心的充实、心的沉静，也是心的活跃、心的飞扬。欢声笑语固然是儿童快乐的主要表现形式，但在儿童学习活动中还有许多别样的快乐。快乐和悲痛相比较而存在，不懂得快乐的人自然不理解悲痛。大明执教法国作家雨果的《"诺曼底号"遇难记》时，课堂上播放的低沉肃穆的音乐，弥漫在悲怆的气氛中，孩子们发自心灵深处的叩问，至今仿佛仍在我耳畔回响：

船长，你为什么要与船同沉，难道你不思念你的家人，留恋这个世界吗？

大作家雨果，你为什么要将船长的形象比喻成一尊黑色的雕像呢？

…………

师生的心情是沉甸甸的，气氛是悲壮的。的确，悲剧往往具有震撼心灵的力量。在语文教学中，阅读一些凄美的悲情的课文，不仅可将悲壮化为力量，而且能培养学生的同情心，这是人间一切善与美的源泉。

快乐不是外力的施舍，而是发自内心的愉悦，教育所追求的不是心理上短暂的满足，而是精神层面上的赏心悦目和心花怒放。教学中儿童的快乐源于教学自身带来的快乐。大明倡导的快乐是学生欣赏语文、品味语文的快乐，是语文自身的魅力激发了学生的生命活力而带来的快乐。快乐体现学生主体精神的充分发挥，快乐让学生释放潜能，展露天性，去尽情表现自己的喜怒哀乐。大明以自己的真心和语文交流，和儿童的心贴近，让语文教学成为儿童生活的一部分，这是有情有趣、有滋有味的快乐的生活。

跟大明同为浙江省特级教师的盛新凤老师，是一位具有开拓精神的创新型教师。2003 年，我应浙江嘉兴教研室邀请赴嘉兴讲学，得遇新凤，还听了她的示范课，留下了极深的印象。她稳重而又灵动的教学风格，形成了自由和谐的课堂气氛，点燃了孩子们的激情，也打开了学生言语的闸门。我已经很久没有看到这样的课了。不久，她首创了"和美语文"，并在湖州地区实验推广，成效十分显著，受到了老师们的欢迎，也得到全国各地的呼应。我曾于 2011 年 11 月 22 日给在山东举行的"和美语文"研讨会写过一封信，大意如下：

扎根于优秀传统文化的土壤，沐浴着新时代的阳光雨露，"和美语文"应运而生绝非偶然。浙江湖州有着深厚的文化底蕴，湖光山色，给这座江南城市增添了闲适、恬静、淡定的雅趣。这样的自然环境和人文氛围，铸就了盛新凤温婉而又执着的性格。在 20 多年的教学实践中，盛新凤细心揣摩，反复琢磨，博采众长，"和美语文"终于破茧而出，并以其清新、恬淡、优雅的教学风格，获得了小语界的认同和赞誉。

作为一名年轻教师，盛新凤以她特有的悟性，首创"和美语文"。什么是"和美语文"呢？

语文教学中的"和"，是各种关系和联系的联结与交融，是多种矛盾的对立统一。"和"是一种文化现象，也是一种精神状态和生命状态。朴实无华、自然得体、优雅适中的"和美语文"是教学中的一重新境界。当然"和"不是静止的、凝固的，它始终处于变化和发展之中。可以说"和"是变化中的统一，"不和"是统一中的变化。在语文教学中，正是这种"和"与"不和"

的交替冲突，促进了学生认知、情感、人格的发展和语言能力、思维能力的提高。

"和美语文"中的"美"是因"和"而美。故有"圆融之美""圆转之美""圆润之美"，还有"平和之美""中和之美""融合之美"，进而派生出"文雅之美""淡雅之美""典雅之美"，力求做到"语言美""意蕴美""意境美""情致美"。"美"从何来？"和美语文"主张在融通中下功夫。无论是两极融通还是多极融通，都要给融通创造相宜的氛围，提供融通的契机，使得师生双方都能充分发挥主动性和积极性。

在盛新凤看来，在语文教学中，"和"是一个过程，是不断交融通达的过程，"和"是一种状态，是一种始终处于互动与互构中，充满生命活力的状态。在教学中，由于两极之间相互作用，相互吸引，将使教学中主体的自动变为群体的互动。即两个对立事物之间的相互呼应，相互补充，相互建构，从而揭示事物各要素的内在关系和联系。

如前所述，"和美"作为一种教育现象或教学状态，融通、和谐、圆融、优雅等也都是发展变化的，产生了已知与未知、预设与生成、具象与抽象的矛盾。此时，旧的平衡被打破，融通、和谐的状态被消解，事物又回归于不融通、不和谐的状态。继而又开启了新一轮的化解和转化，使之逐渐进入融通的状态，这就是"和美语文"的辩证法。

正是由于"和美语文"始终是流动的、变化的，甚至是飞舞的、曼妙的，这就给老师们留下了变通创新的空间，使老师们能在"和美语文"的旗帜下，"赤橙黄绿青蓝紫，各持彩练当空舞"，从而彰显出自己独特的教学风格。

20年前，我邀请盛新凤参加我主编的湘教版小语教材的编写和北京外研版小语教材的编写，她都能出色地完成编写任务，每逢节假日，我都能收到她亲切、诚挚的问候。

严杏老师是广东省珠海市香洲区景园小学的语文教师。

2001年，我应北京教育学院邀请，在国家级骨干教师培训班讲课，学员中有来自湖南湘潭的严杏，我们相识在课堂上。

次年，我应湖南教科所语文教研员米仁顺之约，赴湘潭参加全国青年教师阅读教学大赛前的备课活动，再次跟代表湖南参赛的严杏相见。她的虚心、敬业、真诚、纯朴给我留下了深刻的印象。在她获得全国一等奖后不久，我请她参加由我主编的湘教版小语教材的编写，从接触中，我深感严杏不仅业务强而且人品好。表面看来，她性格温婉，但内心坚强，认准了的事，不达目的誓不罢休。凡是交给她的任务，她都会认真负责，竭尽所能，圆满完成。其间，我带她到武汉、广州、珠海、北京上示范课，结识了语文界许多名师，使她开阔了眼界。后来，她被调到广东省珠海市香洲区景园小学任教，直至现在。从小学语文教师成长为著名特级教师，从小高到中高再到正高级教师，在十多年的时间里，她实现了人生华丽的转身。这是她努力上进的结果，也是许多人帮助的结果，更重要的是新时代的春风暖阳催生了一代新人的茁壮成长。

严杏重情重义，多年来，我们以文相交，不仅是学术上的交流，也是心灵上的沟通和精神上的相遇。每逢节假日她都会来信问候，如同女儿问候老父亲一般，使我感到特别温暖。在她的著作《严杏讲语文》（语文出版社2021年版）中，还特意写了我们的师生情谊，书中讲到，她曾建了一个名为"偶然"的博客，我给她写了一段话：

"偶然"的博客是师生之间、教师之间、教师和家长之间交流的平台。真挚的感情，清新活泼的语言，透出智慧，显露优雅，表现出一位教师的博大胸怀。许多话语撞击心扉，拨动琴弦，读后让人动容。

平实中显出高雅，偶然中包含必然。人的一生，会遇到许多偶然，可能会视而不见，也可能稍纵即逝，我希望"偶然"能抓住偶然，力争把闪烁智慧之光的偶然变成必然，时不我待，机不可失啊！

看到"偶然"每天工作到深夜，精神可嘉，但千万要珍惜身体啊！

有学者说过："有真性情，才有真情趣；有真修养，才有真境界。"严杏是性情中人，她从不自我陶醉，更不满足于现状，她总在思考，总在探求。她悟出的"野花教育观"，有很强的针对性。当下，一些经济发达地区投入大量经费，建设起一批十分壮观的现代化中小学，硬件设备一应俱全，但管理思想落后。其实，打造的不过是一座美丽、舒适的"温室"，培养出的是娇嫩的"温室的花朵"。女学生娇滴滴，男生也慢慢"阴柔化"了，试问，这样的学生能克难而进吗？能遇挫则强吗？长大后能做一个有信仰、有本领、有担当的社会主义接班人吗？

严杏认为，小学生虽然是祖国的花朵，但不应只适应于舒适的环境，而应如野花一样，去经风雨，见世面，即使是吃点苦，也不要紧。当然，"野花教育"并非放任自流，任其发展，教学活动正是在开与合、放与收、松与紧之间，保持必要的张力，在把握适宜的火候中，显示出教师教学的功力和底蕴。对此，严杏做出了示范。

严杏老师的教学基本功扎实，她的朗读自然平实，曾在全国小学语文教师素养大赛中获得大奖。后来，她践行的"诵读语文"教改实验也取得了不菲的成绩。我曾以《审美的课堂，诗意的人生》为题，做了推荐：

如何让语文成为审美的、诗意的、富有魅力的课？全国各地的教师们做了有益的探索，其中广东省珠海市的著名特级教师严杏老师经过近20年的探索，已经开花结果了。

如果问严老师：语文教学的秘诀是什么？她会爽朗地回答："诵读。"

简简单单的两个字，浓缩了她语文教学的精粹；这简简单单的两个字，也是她20年来苦心求索、博采众长的结晶。简单而丰富、朴质而优雅、平实而自然，也许是严杏老师语文教学风格的基本特征。

读，是读者和文本最直接、最有效的对话，是学生在语文课堂上的主要实践活动。严杏老师的诵读教学，继承了我国语文教学的优良传统，又被赋予了新的时代内涵。她的诵读不拘章法，因文而异，随心所欲，自然成趣。通过诵读，让学生读出画面，读出理解，读出感悟，读出韵致。用严老师自己的话说，诵读到极致处，就是"说"，自然、平和、质朴、生活化地"说"。这是读书和生活的联结、读书和心灵的交融，是读书的一种新境界。这时，人和书已融为一体，读书变成了心灵的絮语、灵魂的呼喊。在严杏老师的课堂上，学生不是在奉命读书，而是主动感受着书中的形象、情感，是书在阅读学生的心灵，学生的情绪活跃如大海波澜，静谧如平静湖水。心中的情感醇化而升华为生命的节律，组合成音乐的和谐。这就是审美的语文、诗化的语文。

在严杏老师的课堂上，师生情绪始终是流动的、曼妙的。许多美妙的语言、鲜活的思想喷涌而出，产生出许多生成性的课程资源。教师因势利导，以导引之巧、点拨之妙，将学生带到魅力四射的语文星空，任想象驰骋，让言语飞翔，从而达到心灵的碰撞，组合成语文教学的美的交响。

课如其人。严杏老师善良、灵秀、温婉、智慧。她酷爱读书，痴迷教学，深爱学生。在她的课堂上，少见激昂慷慨，难有剑拔弩张，而是如春风化雨，如潺潺清溪，时时温暖着、滋润着孩子们的心灵。这正是我们期待的工具性和人文性的统一，是审美的、诗意的、富有魅力的语文教学。

严杏在书中写道："教授在文字里有浓浓的温暖和期待。"其实，这也正是严杏语文教学的特点。课堂上弥漫着温情暖意，让学生暖心、舒心，同时又充满着对学生的真诚的期待，让学生体会到诗情画意，看到绚丽的远方。

黄：杨老师，您的名师缘，我倒觉得是名师们与您有缘，这么多名师的成长离不开您的呵护与提携。这些年，您为我们农村地区多次搭建的"名师课堂"送教活动，更是对我们边区教育，特别是语文教育产生了深远的影响。

杨：我一直持这样的观点，中国教育的未来在希望的田野上。没有广大农村教育的普及与提高，中华民族素质的提高是不可能的。缺失了优秀教师扎根农村教育，农村教育的蓬勃发展也不可能实现。

你看，我的家乡——重庆市秀山土家族苗族自治县，不就有你这样的著名特级教师吗？你一辈子扎根农村，在乡村语文教育界辛勤耕耘，终于获得丰硕成果。

你生在农村，长在农村。师范毕业后，从教于多个农村偏远乡村小学，现就职于秀山县教师进修学校，任小学教研部主任。几十年来，你坚守语文教学园地，无怨无悔，不仅自己的教学成果累累，而且带出了许多徒弟。正是由于你成绩卓著，才被评为全国优秀教师、重庆市特级教师、重庆市小学语文学科带头人，并获得正高级教师职称，你是秀山有史以来第一位正高级小学教师。

我在秀山几个乡村小学听过你上的几节课，其中在清溪小学听到的那堂语文课《桥》，给我留下了更为深刻的印象。我原以为农村小学生胆小拘谨，面对有许多陌生教师听课的公开课，他们会举手发言吗？即使少数优生发言，也可能声音很小，而且吞吞吐吐……但清溪小学五年级学生的课堂表现，却颠覆了我原有的认知。课堂上学生争先举手，积极发言。情到深处，学生发言不但侃侃而谈，以理服人，还能声情并茂，以情动人。课堂气氛十分活跃。究其原因是你对农村小学生心理的透彻了解和对教材的深入钻研，使你在课堂上能拿捏准分寸，把握好火候，从"小切口"入手，把稳着实，逐层推进，让学生通过读、思、议、讲，逐渐悟出课文中心：一位心里装着群众、舍己为人的共产党员形象鲜明地浮现在学生的脑海里，永远活在学生的心中……

黄：杨老师，我的那点成绩，真的是不值一提，要说我对教育有些感悟的话，那一定离不开您长期以来的指导与帮助，于是，我才有了一些对语文本真的理解。

杨：我的名师缘，是我跟名师们在语文教学中结下的。除上述教师外，在武汉市的中青年名师中，董琼、唐静、张艳萍、陶佳喜、张农、周红缨、钱艳玲、夏琦云、杜珺、贺敬、熊春萍、王桢等，我都见证了他们的成长。他们是武汉市语文教学的排头兵，也是武汉市语文教学改革的生力军。

在全国的中青年语文名师中，我也有不少忘年之交，还给不少名师的著作写过序言。2021年，由《小学语文教学》杂志社杨伟策划的"小学语文十大青年名师丛书"（10册），由济南出版社出版发行，特邀请我写了推荐语。我对10位青年名师是这样评价的：

王林波

语言是人类最重要的交际工具。语言不交流，学语言何用？语言不运用，如何能发展语言能力？

鉴于当下语文运用漂浮化、模式化、形式化的倾向，他用自己的教学实践证明：指向语用让文本解读更深入；指向语用让词语教学更扎实；指向语用让诗词教学更丰厚；指向语用让散文教学更鲜活。归结为一句话：指向语用，让语文更语文。

"指向语用"是方向，是目标，看清方向，认准目标，是成长的起点。成长之路上，道路千万条，迂回是一种策略，拐弯是一种智慧，另辟蹊径是一种探索。

真做事，做真事，做自己喜欢的语文教学工作。他就是古城西安的青年教师——王林波。

史春妍

"让儿童喜欢！"多么朴实的语言，多么暖心的话语。掂量这句话，其中蕴含着深刻的哲理。

让儿童喜欢，是因为老师喜欢儿童。师生之间有爱的相互传递、心的彼此交融，更能体现爱的本质。

让儿童喜欢，教学有魅力，学习有兴趣，教师也变得更美丽。她喜欢识字教学，也让每一个学生热爱母语，喜欢汉字。多年来，她潜心研究，静心思考，努力探索"情理交融"的识字教学，取得了喜人的成果。正如潘文彬老师赞誉的："一位智慧的使者，她用自己的步伐和姿态行走在语文教育的路上，步履稳健，足韵悠然。"

让儿童喜欢语文，喜欢老师，是一种教育情怀，也是一种教育智慧，是每一位教师毕生的追求。史春妍就是让儿童喜欢的老师。

许嫣娜

语文有绚丽之形，有美妙之韵，有燃烧之情，有思想之光，而她却别具一格，咀嚼出语文甜甜的滋味。

甜甜的低段语文教师，甜甜的话语，甜甜的微笑，甜甜的心灵，自能教出甜甜的学生和甜甜的语文。

她让低段的语文课堂，散发出儿童生命拔节的甜味。用"蹲下身子的解读和360度无死角的倾听"去触摸儿童的心灵，使每个儿童都喜欢甜甜的语文。

王崧舟老师赞扬她："心无挂碍，空纳万境，这是初心，也是信仰。"我认为，甜甜的笑，是糖果老师的招牌表情；仰望星空，才是她人生永恒的姿态。

许身孺子，甘苦自知，一笑嫣然，袅娜娉婷。虽长途漫漫，仍笑语盈盈；看千帆过尽，仍童心暖暖。她就是自称为"糖果"，永葆青春之美妙的老师——许嫣娜。

孙世梅

当人文与科学、教学与生活、知识与心灵严重脱节，甚至撕裂，学生对世界缺乏整体认识之时，她呼唤：统整教学，走向融合的语文课堂。

教育的对象是人。人原本是肉体与灵魂、物质与精神、理性与非理性、现实与潜能的统一体。故而统整融合的客观基础在于人的完整性。人的完整性关照世界的整体性。

直面语文教学封闭、僵化之弊，她以统整教学让语文课堂走向跨越与融合。统整打破了语文学科与其他学科的壁垒，建立起学科与儿童经验世界的联系，使语文课堂在统整中实现跨越，在跨越中走向融合。

在小语园地上，她初心不忘，深情守望，二十几年坚守课堂，倾情教研，连自己也融化在这片土地上。她就是有思想有温度的教师——孙世梅。

李斌

他从万州乡村小学走出，二十年来，坚守小语园地。默默守望，静待花开；深耕细作，终获硕果。

大脑是人间最美丽的花朵，思考是人生最大的快乐。语用是思维和语言的双人舞，语境是思维和语言活动的大舞台。他呼唤：为思维而教，是舞台上奏响的最美妙的音乐。

他用智慧触发思维，点亮慧心，让思维的火花变成一团温暖而明亮的火焰；燃烧思维，提升思维，让思维之花结成丰硕的语言之果。

思想是风格的内核，风格是思想的浮雕。在探索教学风格的长途中，他迈出了坚实的步伐。他就是不改初衷、不忘初心的语文深耕者——李斌。

杨修宝

重构是对原有结构的置换和重组。头脑里多个表象的重构，会让想象飞舞，产生新奇而鲜活的形象；思维的重新组合，会激起智慧的碰撞，擦出创新的火花，点燃创新的欲望。

教学活动千姿百态，每一次改变和进步都是打破旧结构、重组新结构的过程，是由生到熟，又从熟到生，相互转化、不断发展的过程。教学中，他让"熟"沉淀在意识深处，带着"生"走进教育。面对学生，洞悉今天与昨天的差别，看到此法与彼法的利弊，不断超越自己，享受创新的乐趣，他发现，学生每天都是新的，工作每天都是新的。

教研路上，直道是捷径，跟着别人走，更能稳步前行。他却另辟蹊径，虽然山重水复，但看到了美丽的风景。他就是北国冰城的老师——杨修宝。

张学伟

"慧"教学是点醒悟性、诱发灵性、充满创意的教学；"活"课堂是思维活化、言语活跃、生动活泼的课堂。"慧"教学催生"活"课堂，"活"课堂促智慧生成。

读是学生和文本最直接的对话，通过读，读出形，读出意，读出情，读出味，读出神。同时，读出语感，读出美感，在低吟慢诵中获得智慧的启迪，感受语言的魅力。他用教学实践证明：朗读是语文教学中的一条常青藤。感悟和表达，审美和情感，思维和语感，都是叶、花、果，都在朗读中得以落实。

师承支玉恒，得"读式"之精髓。自称"洪七公"，乐做小顽童。侠骨柔肠，结缘知音，钟情语文，快意人生。他就是"读式教学"的传承者——张学伟。

鱼利明

当课堂上还有美丽的假话和正确的废话之时，当教学中各种样式的花哨包装还被视为时尚之时，他大声呼喊：让教学真实发生！

思想是教学的灵魂，真实是教学的生命。在真实的语境中，儿童学真知、吐真言、表真心、抒真情，进行真实的自主言语实践，这是语文教学的一重新境界。

只有真实，教学才会有魅力，既有"曲径通幽"的雅趣，也有"转角之美"的韵致；只有真实，教学才能更深刻，把厚厚的尘土拭去，让学生感受语文的厚重与深邃；只有真实，教学才会有深度，在多角度的大视野中去培育大写的人。

让教学真实发生，让学生"千学万学学做真人"。他就是戈壁滩上的白杨树——鱼利明。

徐俊

当狄尔泰感叹"由于理论与实践日益加剧的分裂，产生了多少无思想的生命和无生命的思想"之时，凝望语文，因为语文教学和儿童生命活动的隔离，又出现了多少无生命的语文和无语文的生命。鉴于此，他大声疾呼：还我言语生命教育。

言语生命教育是以语文教育为途径，认识生命，尊重生命，敬畏生命，提升生命质量的教育，是激发思想活力、唤醒生命潜质的教育。学生在生命拔节中的自由言说，也许是一种别样的呼吸。

他认为，课堂上教师应该用生命的灵性，去点燃学生的生命激情，让学生在生命的感动中，丰盈个性精神。

他就是那位外显聪明的"绝顶"，内敛绝顶的"聪明"，不拘一格，但坚守底线的老师——徐俊。

彭才华

庄子曰："天地有大美而不言。"他妙释《庖丁解牛》，让屠宰牛羊的力气活媲美"桑林之舞"，也媲美"咸池之乐"。在"游刃有余"中，享受挥洒自如的美感和快乐。

节奏是艺术的灵魂，旋律是音乐的血肉，他的教学张弛有度，起伏错落，疏密相间，徐疾相生，动静相谐，体现出和谐中的变化和变化中的和谐。连休止符也运用到教学中，给学生留下静心回味、反刍消化的时间。

歌以情生，辞因情动，语文如歌的核心就是一个"情"字。课到精彩处、情到深处时，学生总能率性而为，纵情放言，手之舞之，足之蹈之，这是多么美好的教学景象！

语文如歌，是生命之歌；如歌的语文，是诗性的语文。他就是语文教坛的歌者——彭才华。

黄：杨老师，您的名师缘分，拉近了我们与全国各地名师的距离。名师们营造的教学生态、诠释的教学文化、展示的不同教学风格，演绎出了生命的精彩。这给语文教育留下一种文化，留下一部部经典，意义非凡。谢谢您！

第 三 章

我的课程观

〉〉 语文课程的
新视野

黄：杨老师，当前，由语文学科走向语文课程是语文改革的总趋势。您作为我国语文课程研究的资深专家，请给我们讲一讲语文课程的内涵，好吗？

杨：好的。那我就从语文课程的新视野的角度，来谈一谈语文课程究竟是什么，我们又该怎样落实好语文课程改革。

一、语文课程是一种文化

语文课程负载文化，呈现文化，传递文化，反映人类文化的基本成果。因此，对语文课程的理解，有赖于对文化的理解。从一定意义上说，教材质量的高低，实质上是教材编者文化底蕴厚薄的反映；教学水平的差别，实质上也是教师文化素质高低的表现。文化底蕴越深厚，对语文学科本质特点的认识也越准确、越深刻。准确地把握就是科学性，审美地把握就是艺术性，科学性和艺术性的统一是语文课程的新境界。

当前，一是要找准传统文化和现代文化的契合点，活化传统文化，使之为现代服务；二是注意吸纳世界多元文化，拓宽学生的文化视野，导引中华文化和世界文化的沟通。每个人都是特定文化背景中的人，都是特定文化遗产影响下的人，师生亦然，不能脱离文化背景孤立地看语文教学中师生的言语行为，也不能离开文化去孤立地进行语言文字训练。每一次教学活动都是一次文化活动、一种文化现象。学生在文化的熏陶下受到感化、美化、净化，因此应着力建构新型的语文课程文化、语文教学文化乃至语文课堂文化，使语文教学具有一定的文化品位，体现一定的文化价值。文化是人的文化，所以要尊重人，相信人，张扬人的个性，发掘人的潜能，使语文课程成为以人为本、以学生发展为本的课程，成为"促进学生语文核心素养的形成和发展"的课程。

还要关注、尊重儿童文化。小学语文，首先姓"语"，因此要正确把握语文教育的特点，不能把语文课上成思想品德课、科学课或别的什么课。小学语文又姓"小"，是儿童的语文教育，因此必须了解儿童，研究儿童，懂得儿童文化的特点。儿童文化是一种诗性文化，儿童常常在现实世界和想象世界之间自由地转换，甚至模糊了幻想和现实的界限。我们决不要武断地指责孩子们的"无知"，正是这些想入非非的幻想、标新立异的见解，造就了崭新的儿童文化，显露出儿童的天性，这是智慧的花蕾，是创新的萌芽。

二、语文课程是生活

美国教育家杜威认为，教育即生活。不断发展、不断生长就是生活。教育过程就是一个连续不断的生长过程，是一个不断改组、不断转化的过程。由此，杜威特别关注儿童的经验，认为教育就是儿童经验的改造。

我国人民教育家陶行知把杜威的话倒过来说，认为生活即教育。有生活就有教育，生活含有教育的意义，教育乃生活的改造。生活决定教育，生活教育就是给生活以教育，用生活来教育。

这些言论给我们的启示是：不仅要容纳儿童的生活经验，还要改造、提炼儿童的生活经验。要把粗糙、零碎的儿童生活经验改造为与语文学习相融通的经验，以解决语文课程的抽象性、典型性和儿童生活的具体性、丰富性的矛盾。并把儿童经验作为"已知通向未知"的桥梁，让儿童感到亲切、亲近。

当然也要容纳教师的经验，并改造教师的经验，使之和教材贯通、和儿童靠近。

需要建构一种新型的教学生活，把教学过程还原为生活过程，把教学情境还原为生活情境，把教学活动还原为儿童的生命活动。生活是真实的生活，不是虚拟的生活；师生是生活中真实的人，不是戴着面具的人，是真心真意、有真情实感的人。儿童应是本真的儿童，教师应是本色教师。教师不是"做戏"，教学拒绝"作态"。在教学活动中，教师的话语应是生活化的话语，教师的动作表情应是生活化的动作表情。儿童也应是生活中的儿童，是天真烂漫、幼稚可爱的儿童。有的青年教师在课堂上板着面孔，压着嗓子和儿童虚以应对，试图建立自己的权威。其实，所谓"权威"，正是师生关系的屏障。为什么教师不露本相、显本色，以生活化的形象带给学生真心、真情呢？

三、语文课程是师生的生命和灵魂的一面镜子，师生都可以在"课程"这面镜子里"镜像自我"，认识自我，成长自我

人，不仅是个体的存在，还处在一定的关系之中，这种关系是社会关系的反映。在教学活动中，师生是平等的，学生的地位和权利是本应有的地位和权利，不是教师的施舍和恩赐。教师不是知识的唯一占有者，教师的话不是金科玉律，应允许学生怀疑、质疑，鼓励学生对教师的话语进行补充和纠正。从某种意义上说，教师不是在"教"学生，而是和同学们一起学习，一起探讨，也一起兴奋，一起激动。师生之间是平等的对话，是民主的交流，是自由的讨论。

在教学活动中，每一位教师和学生既是具有独特性、自主性的存在，又是特定关系中的存在。需要强调的是，师生在教学活动中的自主性、独特性，反映出师生都具有鲜明的个性。正是这些丰富多彩、各具特色的个性，形成了教学活动的多样性、丰富性和复杂性。可以说，没有个性就没有独特性，也不会有创造性。张扬个性既是教学新理念，又是教学新策略，有助于解决

教学要求的统一性、规范性和儿童个性的多样性、复杂性的矛盾。当前的教育，理论上不反对"发展个性"，但实际上对学生管得很紧，统得太死，没有给学生个性留下自由发展的空间。教师依然习惯于用统一的标准去要求所有的学生，用固有模式去规范一切教学活动。教学并不是完全按预定的方案行事的，常常因某种意想不到的原因，使教学过程或停顿，或迂回，或反复，或跳跃，因此，教师要善于和"不确定性"打交道，既要考察教学活动的有序性、规律性、和谐性、一致性，又要考察教学活动中的易变性、反常性、无序性、随机性、偶然性。要用有序性的原则、规律、明确的概念武装起来，在不确定性、模糊性、偶然性中进行探索。在教学活动中产生"不确定性"的原因，主要是"人"的不确定性。学生心理在不同的认知活动中会发生各自不同的变化，在不同的教学环节，面对学生的各种心理变化，教师的心理也可能会产生新的不确定性。教师的任务，不是去掩盖"不确定性"，而是利用出现的"不确定性"，启发学生的思维，激活学生的语言，活跃学生的情绪，调动学生的感情，在有限的时空里开拓无限的时空。

黄：回眸语文课改，本世纪初《全日制义务教育语文课程标准（实验稿）》问世，从此"教学大纲"被"课程标准"取代。2011年，《义务教育语文课程标准》正式颁行。历时11年，《义务教育语文课程标准（2022年版）》在2011年版的基础上重新修订后颁行。新课标将"核心素养内涵"列为课程目标之首，足见其在实施语文课程中的地位和作用。语文课程核心素养，要求学生逐步形成正确的价值观、必备品格和关键能力。请问杨老师，什么是语文课程关键能力？怎样培养学生的语文关键能力？

杨：首先要培养学生正确表达思想的能力。

语言是思想的直接现实。没有正确的语言表达，即使是思想的精华，也会因表达晦涩而产生歧义；反之，没有鲜明思想的语言，即使辞藻华丽，文

句优美，也只是空洞干瘪的语言。因此阅读文本时，一是理解正确，不主观臆断，不曲解文意；二是理解全面，不断章取义，不以偏概全；三是理解力求深入，不浮光掠影，不走马观花。

有了正确的表达，才会有顺利的交流。在语文教学中，要时时引导学生根据交际的需要，勇于发表自己的意见。学生正是在自主的言语交际中，不断矫正，反复练习，逐步提高表达能力的。

学生是成长中的个体，伴随着身心的健康发展，对语言表达能力的要求也应有所提高：一要规范，不生造词语，乱用术语，不滥用网络语，不在汉语中随意夹杂外语，更不要以使用奇异怪诞的语言为时髦；二要健康，不装腔作势、哗众取宠，不矫情做作、无病呻吟，不油腔滑调、巧言令色；三要真实，不口是心非、言不由衷，不夸大其词、歪曲事实，不闪烁其词、文过饰非。以上要求不仅能衡量一个人的语言能力，更是语言品质的试金石。

正确的表达源于正确的理解。误读必将导致错误的表达。人际交往中，倾听别人的话语，有时也会产生误读。课堂讨论中，连对方表达的意思还未听明白，就各执一端，强词夺理，最终无果而散。究其原因，有的是不分语境，断章取义，曲解了别人的意思；有的是"以己之心，度彼之腹"，把别人的好意当成了恶意；有的是感情用事，让情绪蒙蔽了心智，误解了别人的本意……因误读而生误会。此情此境，怎么会有正确的表达和正常的交流？

培养学生正确表达思想的能力（口头或书面），是中小学语文教学的一项基本训练，是中小学生必备的基本功。但是正确的表达有赖于积淀于脑的丰富鲜活的思想，有赖于缜密严谨的思维，也有赖于表达者的言语态度和言语品质。可是长期以来，语文教学以阅读为中心的观念根深蒂固。统编教材按读写双线安排，但重心依然是阅读。教学中，培养学生表达能力的意识十分淡薄，课堂上止于理解、疏于表达的现象比比皆是。学生发言，主要评判其内容是否正确、全面，很少关注学生用词是否准确、语句是否通顺、态度是否端正等表达的质量。长此以往，学生正确表达能力的培养岂不落空！

培养学生正确的表达能力，全在于平时的认真练习。在表达中学习表达，首先，要培养学生的逻辑思维能力。要求学生做到思路清晰，条理清楚，衔接过渡自然流畅。其次，要培养学生遣词造句的能力。用词要求准确、鲜明，在此基础上，力求生动活泼，造句要符合语用规则。最后，要培养学生的语感。有了良好的语感，就能敏锐而准确地辨析用语的优劣短长，真切感受语言的魅力。的确，培养学生正确的表达能力非一日之功，只有多读多写，天天练习，持之以恒，日积月累，才能收到良好的效果。

黄：是的，正确的表达需要符合逻辑的思维，也需要符合语言法则的言语表达。思维是学生自主的思维，别人是无法代替的，因此要特别注意培养学生独立思考的能力。那么我们如何培养学生独立思考的能力呢？

杨：我接下来就和大家谈谈"如何培养学生独立思考的能力"这个话题。

积累思想需要思维的深度参与，以便从若干事实材料中提取有用信息，形成思想观念，并以概念的形式储存于脑中。同样，表达也需要思维参与，以便把内化了的认识外显为口头语言和书面语言。正确的表达需要符合逻辑的思维，也需要符合语言法则的言语表达。

然而任何表达都是个人独特的表达。学生积累认识，丰富思想，都打上了个人独特的印记。如英国作家兰姆所说："你可以从别人那里汲取某些思想，但必须用自己的方式加以思考，在你的模子里铸成思想的砂型。"人类思想源远流长，文化遗产光辉灿烂。无论是学习借鉴前人还是当今他人的思想，都应进行思维的过滤，不是囫囵吞枣，也不能全盘接受，而是要加以鉴别，去伪存真、去粗取精，内化为自己的思想。所以独立思考是每个人必备的能力和精神品质。

阅读是读者以自己的生活经验、知识储备和文本内容及其思想相互融通后重新创造意义的过程。没有独立思考的阅读，不可能是个性化阅读。在语文教学中，如果没有个性化阅读，怎会产生独特的感悟、独特的理解和独特的体验！教师应引导儿童在多角度、多思路的阅读中，独立理解，自主判断，有独特观点，有新鲜思想，即使是众说纷纭，莫衷一是，也能独持己见。要让学生形成共识：宁要有缺陷的新思想，不要看似完美的平庸见解。

在语文教学中，过分追求统一，导致固化的思维、僵化的头脑，教训是十分深刻的。由于每个儿童的知识、能力水平参差不齐，家庭环境、经验背景各不相同，他们对同一事物的认识、对同一文本的理解肯定会有差异。因此，教师应鼓励儿童勇于发表不同的意见。不仅"求真"，还应"求伪"；不仅"证明"，还可"反证"；既可"求同"，亦应"求异"。在求知的道路上，应允许保留自己的意见，延伸到课外去讨论。

表达是儿童运用口头语言、书面语言抒发自己思想感情的言语实践活动。儿童面对同一情境和同一事物，由于生活经验背景的差异，观察的角度、表达的意图、思维的方法、表现的手法都会不同。儿童如能以独特视角去发现别人尚未发现的事物特征，并以与众不同的思路和表达方式表现出来，就有可能写出有创意的文章。否则，依样画瓢，生搬硬套，人云亦云，随声附和，其表达必定是千篇一律，干瘪枯燥。可以说，没有独立思考就没有个性化的表达。

对中小学生独立思考能力的培养，要从学生实际出发，由易到难，循序渐进。要让学生明白，独立思考，首先要多思考、会思考，在此基础上逐渐培养良好的思维品质，如独立性、新颖性、灵活性、批判性等。当前，中小学生普遍存在从众心理，随声附和，人云亦云，不敢标新立异，更不敢独持己见，渐渐形成了惰性思维和惯性思维，这是培养独立思考能力的心理障碍。

语文教学正是要通过学生的自主言语实践让学生去除惰性，打破惯性，敢于逆向思维，敢于"反弹琵琶"。当大多数人都习惯于在一条老路上行进时，要敢于另辟蹊径，独闯新路，甚至逆向而行，在漫漫长途中跋涉，在迂回曲折中求索。这既是一种能力，更是一种精神品质。

让学生学习独立思考，喜欢独立思考，善于独立思考，这样，学生的思维才会被激活，言语才会畅达，思想才会活跃。

黄：是的，丰富的思想自会产生丰富多彩的语言。没有思想的积累，就不会有丰富的思想。我们如何培养学生积累思想的能力呢？

杨：在语文教学中，让学生积累思想，也是在积累语言。丰富的思想自会产生丰富多彩的语言。

学生的思想源于多姿多彩的生活和广泛的阅读。然而，当今城镇学生大多住在单元楼房里，每天"家庭—学校"两点一线，成天埋头作业，应付考试。即使是农村，学生的父母外出打工，他们和爷爷奶奶也很少交流。单调而枯燥的生活，导致学生头脑简单，精神枯萎，感情冷漠。因此，要引导学生冲破围栏，走出校门，接触社会，深入生活，感受世界之精彩；观察自然，寄情山水，领悟大自然之奇妙。引导学生在复杂纷纭的社会现象和变化多端的自然现象中，从海量的信息中提炼有用的信息。继而让学生在复杂多变的社会现象中，分辨善恶、美丑、是非，提高认识生活的能力，并从中抽象出思想、认识、观点，从而积累思想，丰富思想，并储存在自己的脑海里。

在引导学生深入生活、认识生活、提炼思想的同时，还要引导学生广泛地阅读。古人提倡博览群书，鲁迅也主张："必须如蜜蜂一样，采过许多花……倘若叮在一处，所得就非常有限，枯燥了。"在阅读中，应引导学生通过语言文字去学习作者观察事物、认识生活的方法，同时也要了解作者的用语之妙和构思之巧。

《学习的革命》一书中曾提出："学校应该教什么？在我们看来，最重要的应当是两个'科目'：学习怎样学习和学习怎样思考。"看来，除了学习，还需要思维，尤其是深度思维，只有深度思维才能透视人间万象，揭示生活现象的本质，领悟人生的真谛，从中提高认识，凝练观点，丰富思想。

思想本是抽象物，由具象到抽象，从事实到概念，是认识过程质的飞跃，需要运用分析、综合、比较、归纳、判断等思维方式。因此在中小学，教师不仅要关注学生以具体形象思维为主的思维特点，还应遵循从具体形象思维向抽象逻辑思维过渡的规律。教学正在于提高过渡的质量，促使其顺利地过渡。

积累和丰富思想，不仅使人精神充实，而且使人感情丰富。语文教学正是让学生浅薄的感情变得深沉，单一的情感变得丰富，冷漠的感情变得热忱。由于思想和感情密不可分，高尚的思想带来美好的感情，丰富的思想带来丰富的感情。丰富的感情也会促使思想更丰富，从而点燃智慧的火花，激发创新的热情。

丰富的思想需要丰富的语言来负载、储存。语言作为思想的物质外壳，如果没有丰富而深刻的思想，怎会有与之相匹配的丰富多彩的语言！积累的思想越丰富，头脑中思想的板块就越多，思想的链条就越长。思想与思想之间既相互联结又相互碰撞，重新组合成新的思想板块，连接成新的思想链条，就会不断产生新思想，以保持思想的活力。同时为了表达丰富的思想，语言也随之丰富起来。思想和语言齐飞共舞，以促进学生的健康发展。

〉〉 | 夯实基础
着眼发展

黄：杨老师，语文课程致力于全体学生核心素养的形成与发展，特别是义务教育阶段语文课程的基础作用是显而易见的。实施语文课程应该如何夯实基础呢？

杨：我认为实施语文课程应该从如下几个方面夯实基础：

一、提升学生的语文素养，为学好其他课程打下基础

语言文字是人类最重要的交际工具和信息载体，语文学科是基础工具性学科，在学校，学生无论学习何种课程，都离不开语文。例如，数学课上，学生对数学概念的解读，尤其是对应用题的解读，离不开语文能力。音乐课上，歌词文句优美，被称为"能唱的诗"，学生对歌词乃至对曲谱的理解，都离不开语文。美术课上，要求学生具有较强的观察力、想象力和思维力，这和写作课的要求基本相同，图画是用线条色彩去描绘客观事物，写作则是用文字去描写大千世界。至于科学课、思品课，都需要借助语言文字这个信息载体，这不难理解。因此，我们要求语文学科和其他学科相互渗透。语文教师要有为学好其他课程打下基础的课程意识，其他学科的教师也要有"语文意识"，懂得如何借助语文这个工具，提高学生的学习能力。

二、学好语文，为形成正确的世界观、人生观、价值观，形成良好个性和健全人格打下基础

学生初涉人世，他们对世界充满惊异感，对事物满怀好奇心。可以说，好奇、好动、爱想象，尤爱幻想是他们的基本特点。小学生幼稚可爱，天真无邪，应让他们逐步懂得如何分辨是非真假，如何分辨善恶美丑。从小教给他们一些做人做事的道理，培养一些做人做事的好习惯，是十分重要的。到了初中阶段，学生处于少年期或青年前期，这是一个内心充满矛盾、躁动不安的年龄段，也是一个充满活力、积极向上的年龄段。中学生们常常在勇敢无畏与怯懦畏缩、胆大妄为与循规蹈矩之间，在积极进取与得过且过、特立独行与依赖父母之间摇摆不定，特别需要教师、家长的积极引导。在这个年龄段培养学生团结互助、诚实守信、艰苦奋斗的良好品质，加强公民意识教育至关重要。

三、学好语文，为学生的全面发展和终身发展打下基础

学生德智体美劳全面发展是党和国家对未来人才规格的要求。语文课程是学生学习运用祖国语言文字的课程，语言文字作为人类最重要的交际工具和信息载体，凝聚了民族精神和民族智慧。良好的语文教育因其文以载道，文道统一，对于健全人格、陶冶性情、滋养心灵、促进学生精神成长颇具优势。由于语文水平常常是智力发展水平的重要标志，学生在语文学习中，汲取民族文化智慧，培育创新意识，激发创新潜能，从而逐步提高智力水平。在语文活动中，尤其是在文学活动中，学生朗诵诗歌，欣赏歌剧，观看影视，聆听戏曲，通过艺术陶冶来培养审美情趣，提升人生境界。语文课程为学生的全面发展打下了基础，也将为他们的终身发展打好基础。义务教育是基础教育，在义务教育阶段，为学生奠好生命之基、生活之基，打好做人做事的基础，学生将终身受益。

上述一切，反映了"育人为本"的教育观，体现了学生是学习和发展的主体，有力地说明了育人乃语文课程之本。语文教育，不仅要使学生初步学会运用祖国语言文字进行交流沟通，而且要使他们成为具有思想道德力量、智慧力量和反省力量的健全人格的人，成为德智体美劳全面发展的人，只有这样的人才能担负起民族复兴、中华崛起的重任，在获得事业成功的同时，得到人生的幸福。

〉〉 语文课程的
新理念和新策略

黄：杨老师，关于语文课程的改革始终是语文教学离不开的话题。在语文课程新理念指导下的教学内容和教学策略有了哪些变化呢？

杨：课程是指教师指导下学习者学习活动的总和，强调学科内容和学生经验、体验的沟通，教学目标和教学过程的一致，学生、教师、教材、环境四要素的结合。课程关注师生关系的摆正，教学过程的优化，教学情境的创设，语文课外活动的开展，校园文化、社区文化的建设以及其他语文资源的开发等。显然，语文课程给我们展示了一个真正意义上的"大语文"观和语文大世界。

语文是和人的生命、人的思想、人的情感紧紧地联系在一起的。从这个意义上说，离开了人，语文就没有存在的价值。语文离不开人，它富于人性，包括人的自然属性和社会属性。语文为个体的人所掌握，显示个性，具有灵性，是智慧之泉，是创造之源。语文反映社会历史的变迁，积淀社会文明的精粹，闪耀民族文化思想的光辉。因此，语文又是民族之根、国家之魂。

语文课程本着以人为本、以促进学生发展为本的新理念，依托"文"来体现人的人生观、审美观、价值观。语文教学过程就是工具性、人文性相统一的过程，是人实现自我成长的过程，是激发人的生命力、创造力的过程，是在特定的时空中教师与学生积极的生命活动过程。

语文课程的性质决定着语文教学以学生为本的新理念，决定着语文教学在于揭示人性的真、善、美，显示人的本质力量的真正价值，也决定着教师是学习活动的引导者和组织者。

新理念的确立，给教师提出了更高的要求，要求教师更新课程观、学生观、质量观，要求教师提高自身素质，掌握新理念指导下的新的教学内容和新的教学策略。

由于旧观念的痕迹很深，教育观念的转变是很艰难的，有时甚至是很痛苦的。在历史的转折关头，有人被飞驰的历史列车在转弯处抛弃；同样，在教育理念的转变时刻，也有人由于因循守旧而被时代淘汰，这是一切事物发展的逻辑。

黄：杨老师，您一辈子在大学里研究小学教育，但对我们一线语文教学现状非常了解。面对新的语文课程标准的颁布，我们当前的语文教学应该做好哪些改变呢？

杨：我觉得教学改革首先是教学重心要转移。教学重心要从以教师为主转变为以学生为主，使学生成为认识和发展的主体。实现教学重心的转移，就应激发学生的学习兴趣，注重培养学生的自主意识和习惯，为学生创造良好的自主学习情境，尊重学生的个体差异，鼓励学生选择适合自己的学习方式。

当前教育界对"学生主体"谈得很多，但大多停留在理论层面上的"议而不行"，缺乏操作层面上的"行必有果"。如果仅此而已，实际上就是把主体虚拟化、抽象化。

在教学活动中，学生是一个个实实在在的具体的人，是一个个有丰富的精神生活、蕴含着生命潜能的人，教师应深入了解学生，参透学生的心理奥秘，尽可能地和学生拉近距离，使之感到亲近；和教材拉近距离，使之感到亲和；和教材所表达的思想感情拉近距离，使之共振共鸣。而常见的语文教学却是匆忙地将具体的抽象化、感性的理性化，把丰富多彩的生活经验一下子转化为"用符号表现的专门知识"。这正是杜威坚决反对的"把学习知识从生活中孤立出来作为直接追求的事件"。为此，语文教学必须关注学生的生活经验，以学生自己的生活为中介解决学生生活的多样性、具体性和教材内容的抽象性、概括性的矛盾。

语文教学就是要倡导学生通过自己的探究去获得独特的感受、独特的体验和独特的理解。教师要重新调整自己的角色行为，使自己成为学生发展的引导者和促进者，而不只是知识的占有者和阐释者，更不是神圣殿堂里那些冷漠的喋喋不休的"说教者"。教学是师生共同享有的快乐的生活，教室是师生共处的生活世界。当前，我们要在新理念指导下，重新建构一种新型的师生关系，重新建构一种新的教学生活。

黄：我们当前的语文教学策略是否也要有所改变呢？

杨：所谓"策略"是在教学理念的指导下，为达到教学目标所运用的方法、手段、途径的总称。由于语文教学综合性强，应开发与教材特点和学生实际相适应的语文教学策略体系。当前，对单个教学法的研究比较多。应该说，这些研究各具特色：有的是从特定的理论出发(有我国传统的教学理论，也有从苏联和西方引进的理论)，通过实证性研究，使传统的现代化、国外的本土化，对语文教学实践起到了有效的指导作用；有的是从本地本校的带有个性色彩的成功经验出发，经过提炼、加工、推广，是个性的共性化、经验的理性化、零散的系统化。虽然有的教学方法还缺乏理论构建，还带有经验色彩，但由于是土生土长的，具有一种天然的亲和力，使广大教师可望而又可即，比较容易看到效果。也有一些教学法实验研究兼而有之，既有自己的成功经验，又注重对传统的继承和对国外研究成果的借鉴，最终形成自己的特色。对这些语文教学改革实验，都应该给予充分的肯定和积极的评价。

当前，对教学策略研究的着力点，是把零散的个案研究体系化，把单个的教学实验研究置于一个大系统中加以整合。可以说，最有效的教学方法是针对教材特点和学生实际的多种方法巧妙组合。如何组合，孰前孰后，孰多孰少，反映教师的教学功力和教学艺术，因此课程标准强调要"灵活运用多种教学策略"。

〉〉 学生自主言语实践是
语文课程的生命线

黄：杨老师，根据语文教学自身的特点，您能不能就当下的语文教学现状，给我们提点教学方面的建议呢？

杨：语文教学要淡化教师的讲，强化学生自主学习的意识。教师的作用主要是引导，引导的方法主要是点拨。在课文的关键之处、过渡衔接之处以及表达的精彩之处，教师要善于画龙点睛、指点迷津，使学生学会举一反三。学生的自主学习，主要指变接受性学习为探究性学习、反思性学习、研究性学习，教师应放手让学生去尝试错误。错误常常是正确的先导，可以说，没有错误的认识，就显不出认识的正确；没有经过挫折的成功，就体会不到成功的快乐。教师还应让学生在自主的前提下，合作讨论，相互补充，自己去参与获得知识的过程。探究性学习允许学生选取不同的视角，采取不同的方法，获得不同的结论。由于每个学生的经验背景不同，兴趣爱好迥异，性格气质有别，教师应提倡结论的多样化，允许暂不做结论，把问题延伸到课外，让学生通过查阅资料、调查访问等方式去寻求解答。探究性学习体现个性化学习的特点。"空白"理论的提出者伊瑟尔认为，文本给读者留下不确定的空白，在阅读活动中等待读者用想象去填充，读者必须依靠自己去发现文本潜在的密码，这也是发掘意义的过程，读者在发掘和填充空白的过程中对文本进行再次创造，所以阅读是一种创造性活动。阅读又是一种体验性活动。加拿大学者大卫·杰弗里·史密斯认为："阅读世界，将世界铭刻在心，要求人们与世界协调或者说倾听世界，并要求大家听从生活最深处的共鸣。"阐释学主张对话，在读者和文本的对话交流中丰富文本和自我。在交流过程中，读者和文本实现了相互融合，这种融合就是一种独特的体验。阅读体验有两个特征：一是情感性。读者和文本的相互作用是以情感为基础的，情感贯串了整个阅读活动。二是整体性。阅读体验是以整体感知为基础的，而不是在对每一个字、词的分析上，因此要强调培养学生的整体把握能力。

　　教学中要变教师发问为学生提问，提倡教师少问，学生多问。这并不是要一概反对教师提问，而是摒弃那种琐碎的无思考价值的提问，摒弃那种不能激发学生想象力、思维力的提问，摒弃那种浅显的无回味余地的提问。"带着问题读"，这个提法本无可厚非，因为学习中循疑而进，"小疑则小进，大疑则大进"，是古训中的读书要旨。问题是"疑"从何来。是不是每一个段落都要学生带着老师提出的问题去读书呢？如果这段课文明白如话，学生一读就懂，有必要去提问吗？如果这段课文想象空间和思维空间很大，学生通过读、思、议可以自由发挥、自由延伸，教师何必要用一个问题框住学生，反而限制学生的思维活动呢？如果这段课文确实难以理解，学生不知从何入手，教师在课文的"节骨眼"上提出一个有思考价值的问题，让学生在读书中找答案也未尝不是一种好方法。

黄：杨老师，您说过："语文教学要让学生在读中感受、体会、体验、揣摩，要重感悟，重语感训练。"关于这方面的指导，您又给我们什么样的教学建议呢？

杨：语文教学指导，重心应放在读书上，教学中应要求学生自己读，自由地读书。当前，语文课上齐读太多，整齐划一，教师不便了解学生的朗读能力，不易发现学生读书中可能出现的问题，久而久之，还可能出现"滥竽充数"的"南郭先生"。因此，对齐读要适时、适度，不是不用，但不宜多用。

语文教学的一个主要任务是语言积累。佳词妙句、古诗、儿歌、精彩片段等，都应要求学生熟读成诵，内化成自己的语言。语文学习，不是先学语言规律再去说话、作文，而是通过接触大量典型的语言现象，自己去悟出语言的规律和法则。所以从一定意义上说，语文学习是"举三反一"的，即从大量语言现象中悟出语言运用的规律。在语文教学中，教师要引导学生在理解和运用语言的实践活动中学法、悟法。方法常常是知识转化为能力的中介，学生掌握了一定的方法，就为自主学习创造了条件。识字教学注重教给学生识字方法。阅读教学要求学生学会朗读、默读，默读应有一定的速度（每分钟 300 字以上)。学习略读，粗知文章大意，能联系上下文和自己的积累，推想课文中有关词句的意思，体会其表达效果。有条件的学校还要求学生利用图书馆、网络等信息渠道尝试进行探究性阅读。习作教学应注重培养学生观察、思考、表现、评价的能力，让学生在习作实践中学习观察的方法、构思的方法、表现的方法和自我修改的方法。"表现"这一概念，颇具深意。"表现"是学生在观察客观事物中将主观感受和客观事物相结合、反映个性心理的一种写作方法，是习作的个性化行为。作文教学强调"写真实"是正确的，但在"写真实"的前提下要引导学生善于表现自我，表现自己不同于他人的主观感受、主观体验。学生个性化作文是学生个性心理的独特反映，这种独特性常常迸发出创新的火花。

读的过程应是尊重学生主体地位、唤醒学生主体意识的过程，使学生真正成为读书的主人。制定读的目标，确定读的重点，选择读的方法，评价读的效果，都应在尊重学生的前提下，由师生共同商定。

总之，所有的课都应强调适合学生实际水平的自主学习，要改变那种逐词、逐句、逐段分析课文的方法，改为重点精读、非重点略读和浏览。改变烦琐分析、零碎解剖以及每课必分段、必概括中心的做法，培养学生整体把握的能力。让学生在通读的基础上理清思路，理解主要内容，体味和推敲重点词语在语言环境中特定的意义。引导学生在阅读中揣摩文章的表达顺序，体会作者的思想感情，初步领悟文章基本的表达方法。

黄：我们在语文教学活动中怎样才能把握好"学生自主的言语实践"这条主线呢？

杨：在教学活动中，自主和实践不可分割，自主是学生在言语实践中的自主，实践是学生的自主实践。紧扣这条主线我们要做到：

一、要看学生自主言语实践有无实效

我们要看学生读写训练是否得到落实，读的面有多大，读的效果如何；是否静心读书，潜心思考，读中是否有所理解、有所感悟，读后是否有所回味、有所积累；读是否能带动起听说读写的综合训练；等等。

二、除了要看言语实践的实效性，还要看学生思维活动的有效度

思维借助语言，语言促进思维，二者互促共进。教师要按照学生思维活动的特点，遵循由具体形象思维到抽象逻辑思维的发展规律，通过运用语言，逐步提升学生思维活动的水平。在教学中，倡导活化思维，防止思维固化、僵化；倡导深化思维，防止思维肤浅、飘浮；倡导拓展思维，防止思维狭窄、闭锁；倡导整合思维，防止思维破碎、杂乱。

三、不光要看言语实践的结果，还要看过程

学生的学习过程是学生语言和思维发展的过程，也是学生人格健全、精神成长的过程。过程展现学习方法，体现学习规律。过程是流动的、变化的、不断前行的，所以教学是否具有发展性是判断教学得失的重要标志之一。学习是由已知到未知的探究过程，只有从亲自尝试错误到发现错误，再到自我矫正错误，最后获得正确结论，才是学习的正常途径。

四、要看言语实践的效度和人文情怀的温度

语言是工具性和人文性相统一的课程。因此，语文教学要让学生通过语文，感受爱的抚慰和人文情怀的温度，以情动情，立言树人。

语文是人的语文，是散发心灵之光、人性之美的语文。教学中，不仅师生之间、生生之间有爱的温情，而且语言本身也有温度。汉字充满灵性，温润可亲；文章形象优美，气韵生动，意蕴隽永，是中华民族精神和智慧的结晶。

既有言语实践，又有人文情怀的语文课堂，必有师生之间心灵的默契和情感的共鸣，能让学生受到形象的感染、情感的熏陶和心灵的陶冶，让语文

课程既有情感的温度，又有思维的深度。

黄：杨老师，我们怎么才能做到让语文课程既有情感的温度，又有思维的深度呢？

杨：课程是人的课程，跟人的心性、情感密不可分。因此，课程不仅要让学生获得知识、技能，还应以净化、美化人性，健全学生人格为使命。课程的温度既表明课程自身蕴含的人文含量，也表明课程已营造出宽松、和谐的人文氛围。

课程负载文化，传承文化，蕴含一定的价值观。当下各门课程都在凝练核心素养，而核心素养中的核心就是价值观，回答该课程的特点和本质是什么，课程的育人目标和育人价值何在。例如，在高中课程中，语文强调审美鉴赏与创造、文化理解与传承，数理化强调科学精神与社会责任，生物强调生命观念，历史强调唯物史观，地理强调人地协调观，思想政治强调科学精神、法治意识与公共参与，信息技术强调信息社会责任，体育强调健康行为、体育品德，音乐、美术则强调审美感知、文化理解，外语强调文化意识和语言能力，等等。总之，要把核心素养中的核心价值观落细、落实，以实现教书育人的目标。为此，必须给课程灌注灵魂，课程有了灵魂，就有了生命，也就有了生机与活力，如此，才会有知识、能力的自主迁移，才会有知识重构和能力重组的生态融合，课程才会有自我调节、自我发育的创新机制。

黄：是的，这样的课程才有温度，教学才有魅力，学生对学习才会有兴趣，才会真切地感受到文字不是冰冷的符号，图表也不是僵硬的冻土，数字更不是凝固的线条。

杨：课程的温度有助于点燃学生的学习热情，是非智力因素，思维的深度则是学习的智力因素，两者有机结合，推动学习过程。

强调思维深度是针对当前教学中普遍存在的思维浅表化、简单化的现象

提出的。深度是符合学生身心发展水平的"深度"。当前，学生的思维只是在认识的浅滩嬉戏，在认知的表层徘徊，学习大多止步于记忆水平，遑论创造性思维了。教学似蜻蜓点水，如木偶探海，表面看来，学生仿佛在思考，在释疑，但只有思维的形式，而无思维的价值。

在我国高中课程核心素养的表述中，思维成为其中的关键要素。例如，语文是"思维发展与提升"，数学是"数学抽象"和"逻辑推理"，物理是"科学思维"，化学是"变化观念"和"平衡思想"，生物是"生命观念"和"科学思维"，外语是"思维品质"和"学习能力"，信息技术是"计算思维"。就语文而言，思维能力和思维品质的培养与提升必不可少；对数学而言，发展抽象思维、逻辑思维能力也不可或缺。

当前，教学中普遍缺乏符合儿童认知规律的思维深度，疑问多浮于表层而缺乏思维价值，老师也习惯于演绎思维，即按照教科书编写的逻辑，从原理、法则、概念出发，去搜寻具体的事实材料，以证明原理、概念的正确性，很少引导学生运用归纳思维，将若干具体的事实材料，甚至是零碎散乱的事实材料进行分析、综合，形成概念，进行逻辑推理，进而抽象概括，得出正确的判断。这种逻辑推理、抽象概括的能力，就是我们俗称的"高阶思维能力"。

由于思维的特殊功能和价值，各门课程都要重视培养学生敏于发现、善于观察、勤于思考的能力，使其能在错综复杂的事物的关系和联系中厘清头绪，分清主次，准确地找到解决问题的关键；也能在看似隐蔽的关系和联系中透过现象去揭示事物的本质；还能在变化莫测的现象里独具慧眼，力排众议，独持己见，坚持真理。

课程有温度，教师有爱的情怀，将会激活学生的思维和想象，激发学生的学习热情，调动学生的学习积极性。同样，教师选准了适合学生身心特点的思维深度，将有利于保持课程温度，营造放心、静心、暖心的学习氛围。

温度和深度二者相互影响，相得益彰，使学生的学习活动进入最佳状态。

黄： 2011 年语文课程标准正式颁行，标志着我国语文课改发展的新阶段。2022 年，新版语文课程标准面世，这是我国语文教育发展史上具有里程碑意义的事件。杨老师，新版《义务教育语文课程标准》在课程理念上主要有哪些变化呢？

杨： 面对日新月异的新时代，置身不断变革的社会大环境，在课程改革的紧锣密鼓声中，《义务教育语文课程标准（2022 年版）》（下文均称"新课标"）正式颁布了。这是我国语文课程发展史上的标志性事件。由于课标是指导教学和学业评价的依据，也是编写教材的依据，所以认真学习、深入领会新课标的理念和策略，是深化课程改革的当务之急，也是每一位语文教师当下的必修课。

新课标在 2011 年版课标的基础上进行了修订，表明课程改革的连续性和发展性。新课标完全认同 2011 年版课标中关于语文课程性质的界定，认为"语文课程是一门学习国家通用语言文字运用的综合性、实践性课程。工具性和人文性的统一，是语文课程的基本特点"。语文学科是工具性学科，在整个课程体系中处于中心地位。新课标基本沿用了 2011 年版课标的提法，表述为"语文课程致力于全体学生核心素养的形成与发展，为学生学好其他课程打下基础；为学生形成正确的世界观、人生观、价值观，形成良好个性和健全人格打下基础；为培养学生求真创新的精神、实践能力和合作交流能力，促进德智体美劳全面发展及学生的终身发展打下基础"。两相比较，只是补充了一些新的内容，更全面、更准确地阐明了新时代应该培养什么样的人，从小应打下什么基础。新课标还沿用了 2011 年版课标中"注重知识与能力、过程与方法、情感态度与价值观的整体发展"的理念。老师们耳熟能详的 2011 年版课标中的金句，也基本原封不动地保留了下来，如"倡导少做题、多读书、好读书、读好书、读整本书"等。其他如学段要求，也基本不变。以第三学段为例，新课标对学生识字能力的要求和 2011 年版课标要求大致相同，表述为"有较强的独立识字能力。累计认识常用汉字 3000 个左右，其中 2500 个会写。感受汉字的构字组词特点，体会汉字蕴含的智慧"。对学生阅读能力的要求也差别不大，表述为"能联系上下文和自己的积累，推想课文中有关词句的意思，辨别词语的感情色彩，体会其表达效果。在理解课文的过程中体会顿号与逗号、分号与句号的不同用法"。课外阅读量和2011 年版课标的要求完全相同，即"课外阅读总量不少于 100 万字"。新课标对习作的要求跟 2011 年版一样，表述为"能写简单的记实作文和想象作文，内容具体，感情真实。能根据内容表达的需要，分段表述。学写读书笔记，学写常见应用文"。其他条目的表述略有不同。

语文是社会生活的晴雨表，词汇的变化常常反映社会思潮的流向。新课标是课程改革与时俱进的成果。《义务教育语文课程标准（2011 年版）》自颁布以来，经受了教学实践的检验，受到了广大教师的欢迎。但由于我国经济文化发展极不平衡，教师专业素养参差不齐，各地学情差异很大。据查，在大部分乡镇学校"口语交际"形同虚设，"综合性学习"被一带而过。因此新课标在学段目标中，把"口语交际"并入"表达与交流"，将"综合性学习"并入"梳理与探究"。我认为这样安排符合实际，也是可行的。

除上述微调外，新课标将课程学段内容从学段要求中剥离出来，将2011 年版课标中的"学段目标与内容"改为"学段要求"，分设四个栏目，即"识字与写字""阅读与鉴赏""表达与交流""梳理与探究"，从第一学段到第四学段一以贯之。当然各学段要求均采用由低到高、由浅入深的螺旋发展的进阶式，不搞跨越式，不上陡坎子。

新课标借鉴《普通高中语文课程标准》的做法，新设"学业质量"板块，对学业质量标准做了具体的描述，使学生对自己的语文学业成绩有较准确和清楚的认知。何谓学业质量？新课标指出："学业质量是学生在完成课程阶段性学习后的学业成就表现，反映核心素养要求。语文课程学业质量标准是以核心素养为主要维度，结合课程内容，对学生语文学业成就具体表现特征的整体刻画。"有人说"学数学清清楚楚一条线，学语文迷迷糊糊一大片"，有时，校长发现五年级学生的作文比六年级学生的作文要好，竟说不清到底为什么。我想，如果我们对学生课程学业成就的表现特征做到心中有数，就可能查漏补缺，避虚就实，较快地提高学生的学业成绩。

黄：探究新课程的新变化，必须深入地领会课程理念的主要特点和基本精神。这次课标修订，新的变化主要体现在哪些方面呢？

杨：理念是课标的指导思想和实施课标的基本原则，是整个课程标准的中枢神经和指挥系统。最能体现课标新变化的正是课程理念。这次新课标的变化主要体现在以下几个方面：

一、立足学生核心素养发展，充分发挥以语育人、以文化人的功能

新课标借鉴《普通高中语文课程标准》的成果，在义务教育语文课程中，同样提炼了四个核心素养，即"文化自信""语言运用""思维能力""审美创造"。将"文化自信"置于首位，在于强调学生"通过语文学习，热爱国家通用语言文字，热爱中华文化，继承和弘扬中华优秀传统文化、革命文化、社会主义先进文化"，这些内容应占课程内容的60%~70%。为此，在单列的"课程内容"中，罗列了上述各类文化的主要内容。"课程内容"也不排斥反映世界文明优秀成果的外国文学名著、科普科幻作品、中外优秀儿童文学作品以及反映科技、自然、生活等方面的应用、说明、记叙类作品，这些大约占课程内容的30%~40%。这种安排旨在让学生认同中华文化，热爱中华文化，确立文化自信，进而培养民族自豪感，让凝聚着民族精神、智慧的中华文化融化在学生的血液里，渗透在学生的灵魂中。学生有了文化自信，自会产生学习文化的动力。由于核心素养的四个方面是一个整体，文化自信带来的文化自觉，必将促进学生语言运用能力、思维能力的提高和审美创造能力的发展。

总览新课标，"育人"贯串于所有环节之中。但是，语文课程中的"育人"，不是脱离课文的说教，而是通过语言文字的形象感染和情感熏陶，贯串于学生理解和运用语言的自主实践中。

二、构建语文学习任务群，让语文核心素养学科化、具体化、情境化，使课程目标得以落实

以学习任务群来呈现语文课程内容，是新课标的一大亮点。新课标指出："语文学习任务群由相互关联的系列学习任务组成，共同指向学生的核心素养发展，具有情境性、实践性、综合性。"学习任务群分为"基础型学习任务群""发展型学习任务群""拓展型学习任务群"，相互关联，逐层递进，反映了学生学习语文的主要路径和基本规律。

"基础型学习任务群"主要引导学生对语言文字进行积累与梳理，形成良好的语感，"发现汉字的构字组词特点，掌握语言文字运用规范，感受汉字的文化内涵，奠定语文基础"。

"发展型学习任务群"则是引导学生进行"实用性阅读与交流""文学阅读与创意表达""思辨性阅读与表达"，比如要求学生"通过倾听、阅读、观察、获取、整合有价值的信息，根据具体交际情境和交流对象，清楚得体表达，有效传递信息，满足家庭生活、学校生活、社会生活交流沟通需要"。

"拓展型任务群"主要引导学生进行"整本书阅读""跨学科学习"，比如要求学生选择合适书籍，运用阅读方法，交流分享阅读心得，"积累整本书阅读经验，养成良好阅读习惯，提高整体认知能力，丰富精神世界"。

　　语文课程内容主要通过学习任务群组织与呈现。从基础型到发展型再到拓展型，从第一学段到第四学段，由低到高，由浅入深，分解任务，细化内容，层级分明。这样不仅有利于课程目标、学段要求的落实，而且为学生质量描述和课程评价提供了依据。

三、增强课程实施的情境性和实践性，促进学习方式的变革

　　新课标将课程实施中的情境性和实践性并列，这在我国课程发展史上是一个创举。在高中课程标准的审议修订会上，课程专家们反复提到"学生的自主言语实践应置于真实的语言情境中"。说明在真实的语境中，为着交际的需要而进行的言语实践，才是真正有意义的言语实践。这些年来，课程教学论的研究重点，除了学生主体、教学过程之外，对教学情境的研究也得到特别的关注。在教学过程中，如何依托文本创设情境，怎样导引学生进入情境，又如何启发学生梳理境脉，让境脉的流向和思绪的延伸并行不悖，这是一个系统的教学流程。学生从情境交融到情理交融，从"动情"到"明理"，这一切都是以语言为载体的，都需要语言的调节。如何依托文本从创设情境到情理交融，以"动情"促"明理"，这一切也是以语言为载体的，也需要语言的调节。这样，学生不仅丰富了情感，活跃了思维，而且有利于提高言语实践的效率。

　　学生在真实语境中的自主言语实践，依然强调自主、合作、探究的学习方式。其中，"自主"是前提，合作是自主合作，探究是自主探究；"合作"是过程，言语实践需要在合作中相互交流，在合作中彼此倾听，在合作中实现智慧互补、资源共享；"探究"是运用已知对未知世界的发现、探索和研究，对小学生要求不宜过高，主要是培养学生探究的兴趣、意识和发现问题的能力。除此之外，还"引导学生注重积累，勤于思考，乐于实践，勇于探索，养成良好的学习习惯；关注个体差异和不同的学习需求，鼓励自主阅读，自

由表达；倡导少做题、多读书、好读书、读好书、读整本书，注重阅读引导，培养读书兴趣，提高读书品位；充分发挥现代信息技术的支持作用，拓展语文学习空间，提高语文学习能力"。

课程理念中还有"突出课程内容的时代性和典范性，加强课程内容整合"和"倡导课程评价的过程性和整体性，重视评价的导向作用"。内容虽各有侧重，但最终都指向以语育人，为着以文化人。

课程改革的得失成败，关键在教师。我们要认真学习、深刻领会新课标的精神实质，在教学实践中，结合校情学情，创造性地贯彻实施新课标，决不让一个地区、一所学校成为被新课标遗忘的角落。

黄：杨老师，在新课标行文中，"情境""梳理""整合"等词语多次使用，引起了大家的关注。请您就这三个关键词给我们做个解读，好吗？

杨：新课标中的"情境""梳理""整合"几个关键词语绝非孤立地存在，多次出现也并非偶然。如何在新课标的整体背景和总体结构中，在新课标各组成部分的内在联系中探寻其深层含义，感觉很有必要，也很有意义。

"情境"一词并不生僻，在我国古典文论和近代文学大师们的著述中都有不少精辟的论述。中外课程教学论对学习情境的实证研究和理论探索也取得了令人瞩目的成果。著名儿童教育家李吉林毕生倡导并实践"情境教学"，在国内外产生了很大的影响，对深化课程改革发挥了积极的作用。

此次新课标对"情境"一词情有独钟，据统计，该词共出现40余次。新课标在"课程理念"中明确提示"增强课程实施的情境性和实践性，促进学习方式变革"，要求"从学生语文生活实际出发，创设丰富多样的学习情境，设计富有挑战性的学习任务，激发学生的好奇心、想象力、求知欲，促进学生自主、合作、探究学习"。可见，创设好的学习情境，不仅对促进学生言语实践、提升言语实践的质量十分必要，对变革教师的育人方式和学生的学习方式同样具有十分重要的作用。

"情境"是什么？情境是客观环境和主观心境相融合的产物。客观环境必然影响主观心境。反过来，主观心境又影响人对客观环境的认知。刘勰《文心雕龙·神思》有言："登山则情满于山，观海则意溢于海。"如果人的心情好，眼前必是山清水秀、碧海蓝天。倘若心情沮丧，呈现在眼前的则是穷山恶水、枯藤老树。语言是表情达意的工具，人的言语实践活动都是在一定的情境中，随着交流的需要而产生的。

新课标在"基础型学习任务群"中，要求学生"在日常交际情境中学习汉语拼音和普通话"，"紧密联系学生的生活实际，结合识字内容，选择适宜的学习主题，创设学习情境；激发学生识字、写字、诵读、积累、探究的兴趣"。在"发展型学习任务群"中，要求"引导学生在语文实践活动中，通过倾听、阅读、观察、获取、整合有价值的信息，根据具体交际情境和交流对象，清楚得体表达，有效传递信息，满足家庭生活、学校生活、社会生活交流沟通的需要"，"应紧扣'实用性'特点，结合日常生活的真实情境进行教学"。在"拓展型学习任务群"中，要求"引导学生在广阔的学习和生活情境中学语文、用语文，提高交流沟通、团队协作和实践创新能力"。

新课标在"教学建议"中要求"创设真实而富有意义的学习情境，凸显语文学习的实践性"，强调"学习情境的设置要符合核心素养整体提升和螺旋发展的一般规律。语文学习情境源于生活中语言文字运用的真实需求，服务于解决现实生活的真实问题"。新课标进一步要求"命题应贴近学生生活经验和情感体验，抓住社会生活中常见但又值得深思的真实场景，创设新颖、有趣、内涵丰富的情境，设计多样的问题或任务，激发学生内在动机和探究欲望"。

真实场景，真实需求，真实问题，才有真正意义上的言语实践。没有真

实，场景是虚拟的；没有真实，需求是不存在的；没有真实，问题是假定的。只有在真实的情境中，才有真实的需求，也才有需要解决的真实问题。这样，才会有真实而有效的言语交流，也才会有真实而有意义的言语生活。

"梳理"是对人的思维方式的形象化表达。梳理，本义是用梳子去梳顺头发，比喻把复杂纷纭的事物或问题通过整理，厘清头绪，分门别类。为此要运用分析、综合、比较、判断、归纳等思维方法，将其中相关联的事物或问题进行鉴别，分类整理，为今后知识、能力的结构化打下基础。

新课标多处使用"梳理"一词，据统计，"梳理"一词也出现了40余次。"梳理"一词的高频率出现，显然与发展核心素养中的思维能力有关。由于语言现象比较复杂，学生日积月累的语言材料逐渐增多，教师需要引导学生经常梳理，使之条理化、明晰化。新课标在"学段要求"中将"梳理与探究"和"识字与写字""阅读与鉴赏""表达与交流"并列，意味着"梳理与探究"在学生语文学习中的常态化。将"梳理与探究"置于三者之后，意在说明，"梳理与探究"贯串于"识字与写字"和"阅读与鉴赏"的过程中，也贯串于"表达与交流"的过程中。从第一学段到第四学段，学习内容由易到难，由浅入深，逐层递进，以培养学生的思维能力，促进学生语言能力的发展。所有这一切都离不开学生的语言运用，离不开学生的言语实践。

新课标在"基础型学习任务群"的"教学提示"中指出："创设学习情境；激发学生识字、写字、诵读、积累、探究的兴趣，并注意将语言积累、梳理与体认社会主义先进文化、革命文化、中华优秀传统文化相结合。"可见梳理、积累与体认是融为一体的。或者说，通过积累、梳理有助于学生体认中华先进文化，促进文道统一，实现以语育人、以文化人的目的。

同时新课标还指出："诵读、积累与梳理，重在培养兴趣、语感和习惯。引导学生增强语言积累和梳理的意识，教给学生语言积累和梳理的方法，注重积累、梳理与运用相结合。"

在中小学，学生重视诵读，熟读成诵，正是为了积累于心。头脑中的语言材料积累得多了、丰富了，就要进行梳理。通过梳理，条分缕析，分类组合，将散乱的系统化，将零碎的统整化，为高中的言语建构打好基础，也为探究活动做好前期准备。因此，要从小增强学生积累和梳理的意识，教给他们简单可行的方法，为的是培养学生良好的读书习惯，从而使其获得言语直觉，形成语感。

新课标把"积累"放在"梳理"之前，颇值深思。积累是梳理的前提，没有语言积累，脑子空空，想法简单，何以梳理？由于少年儿童大脑皮层的暂时神经联系不多，痕迹不深，因此便于积累，且不易遗忘。学生在诵读积累上从小练好童子功，将会终身受益。

新课标将"梳理与探究"作为学生学习语文的重要环节，也有讲究。学生为什么去梳理？当然是为了探究。即运用梳理对积累的材料进行思维加工，以概念形成判断，经由判断，通过符合逻辑的推理，再到一个新的判断，实现从已知到未知的探究，这是人的认知活动的基本规律。对小学生要求不宜过高，但也无须望而却步。统编版三年级语文教材中，有关"预测"的单元是学生进行梳理、探究的初步操练。实践证明，10岁左右的小学生，不仅读得饶有兴趣，而且还尝到了"预测"的甜头。可惜在四、五、六年级的教材中，缺失了这样的思维训练。

新课标在"核心素养内涵"中提到的"学生在语文学习过程中的联想想象、分析比较、归纳判断等认知表现"，其实就是梳理探究的过程。在这个过程中，学生需要运用直觉思维、形象思维，例如感知、感悟、联想、想象等。也要逐渐学会运用逻辑思维，例如分析、综合、归纳、判断、推理、概括等。到高年级还要学习运用辩证思维，例如对立统一、量变与质变、否定之否定

等，甚至还需要进一步做到在思维活动中不拘一格，求变、求新，多角度思维、逆向思维、求异思维，在思维创新上勇敢尝试。

总之，学生所有的思维活动都是言语运用中的思维活动，这种思维活动既有助于促进学生思维能力的提高，也有助于其语言能力的发展。

"整合"是现代课程理论中的常用词语。在学校，学生主要是通过课程学习去认识整个世界的。然而在现代课程建构中，课程被分割成各个互不相关的学科，每个学科又把知识、技能切割成小块。实践证明，这种碎片化的课程结构，已影响到学生对世界的整体认知。所以，实施课程一体化和跨学科课程建构，已成为当前课程改革中无法回避的课题。

对此，新课标不仅要求"充分发挥跨学科学习的整体育人优势，增强跨学科学习的计划性和目标意识"，还在多处强调本学科内部各要素的整合和学科之间的融合。据统计，新课标使用"整合"及"综合""融合"等近义词，有五六十个之多，足见课标修订者的良苦用心。其实整合也是一种思维方法，即将若干有关联的和看似无关联的事物，按内在逻辑组合成一个整体，以发挥其整体的优势。

新课标中，关于"融为一体""统筹安排""综合运用""整体规划""集中体现""整体刻画""整体交融""综合效应""深度融合""整体提升"等和"整合"含义相近的概念在多处出现。其中突出的有以下几个方面：

一、核心素养四要素的整合

核心素养，意在培养学生终身必需的关键能力和必备品格。而人原本是肉体和灵魂、物质与精神、个人与种属的统一体。因此，在学生的言语实践中，整合核心素养是实施语文课程的必然要求。

核心素养四要素是一个整体。其中，语言运用能力的提高和思维能力的发展相辅相成，互促共进。学生在真实语境的言语实践中，真切感受语言的智慧之美，倾心领略蕴含在语言中的思想魅力，必将增强文化自信，逐步提高审美欣赏的能力。而具有文化自信和审美能力的学生又会产生学习祖国语言文字的热情，从而增强发展思维能力、提高思维品质的信心和决心。在实施语文课程时，针对不同学情、不同内容，对核心素养的培养应有所侧重，但语言、思维、审美、文化自信是融为一体的，这一切都是以学生的言语实践为基础，在学生个体语言经验形成和发展过程中逐步实现的。

二、听、说、读、写能力的整合

听、说、读、写是语文的基本能力。在学校，读写能力是学习的重点，对听说能力的培养也不可忽视。读是对书面语言的理解，写是用书面语言去表达。前者是吸纳，后者是倾吐。无论是吸纳还是倾吐都需要思维的参与和情感的伴随。阅读时，聚精会神，口诵心惟；写作时，奇思妙想，妙笔生花。在教学中，教师要引导学生从读学写，以写促读，使读写能力都有所提高。著名教育家丁有宽倡导"读写结合"，自编教材，长期实践，成效显著，应予继承和发展。

由于听、说、读、写之间具有内在联系，应充分发挥其相互促进的作用。新课标在"总目标"第五条中要求"学会倾听与表达，初步学会用口头语言文明地进行人际沟通和社会交往"，说明已把听说能力的培养纳入语文课程的范畴，以适应现代社会对提高人的听说能力的要求。新课标还要求"学会运用多种阅读方法，具有独立阅读能力。能阅读日常的书报杂志，初步鉴赏文学作品，能借助工具书阅读浅易文言文"，"能根据需要，用书面语言具体明确、文从字顺地表达自己的见闻、体验和想法"。

为整体提升学生的核心素养，新课标在"教学建议"中提示我们："注重语文与生活的结合，注重听说读写的内在联系，追求语言、知识、技能和思想情感、文化修养多方面、多层次发展的综合效应。"

三、学习情境、学习内容、学习方法、学习资源的整合

在课程实施中，学习情境、内容、方法、资源的整合，是在学生的言语实践中进行的动态的整合，即按照课程目标，将课程内容（包括课程资源）置于一定的学习情境中，选择运用恰当的学习方法，结合生活实际，针对学生身心发展的特点和知识能力的状况，展开生动活泼而又扎实有效的教学活动，让学生在自主的言语实践中真有所获、确有所得。简言之："要求明确，内容集中，情境真实，方法灵活，彼此兼顾，力求整合。"

面对当前信息化、网络化的现状，新课标要求"积极利用网络资源平台拓展学习空间，丰富学习资源，整合多种媒介的学习内容，提供多层面、多角度的阅读、表达和交流的机会，促进师生在语文学习中的多元互动"，还要努力"探索线上线下相结合的混合式语文学习。要正确认识信息技术对阅读习惯、写字能力、深度思考等可能产生的影响，扬长避短，使用适度，避免网络沉溺"。

除上述之外，还有语文学习和儿童家庭生活、社区生活的整合，语文课堂教学和课外语文活动的整合，语文学科和其他学科的跨学科整合，群文类学中的同类课文的整合，等等。

整合不是简单的相加，更不是无规则的混合，而是在揭示事物各要素之间的关联性之后的有规律的整合。将若干事物归类，触及其"类"，其他皆可通晓，谓之"触类旁通"。这也是我国优秀传统文化中行之有效的学习方法。

新课标中的"情境""梳理""整合"三个词语，词序如此排列，标示着语文学习的一般规律，即在真实的情境中，通过对语言现象的梳理，实现目标、内容、方法、评价在学生言语自主实践活动中的动态整合。

黄：新课标确实呈现了许多我们尚不熟悉的思想观点、新鲜词语和呈现

方式。杨老师，关于新课标的学习与落实，您对我们有什么样的建议呢？

杨：《义务教育语文课程标准（2022年版）》已正式颁布。如何将新课标的新理念内化为教师的教学思想，将新课标的新策略转化为教师的教学行为，并在教学实践的土壤上开花结果，对广大语文教师来说，既是机遇，又是挑战。

新课标要求教师"应理解核心素养的内涵，全面把握语文教学的育人价值，突出文以载道、以文化人。把立德树人作为语文教学的根本任务，清晰、明确地体现教学目标的育人立意"。为使教师深入领会、准确把握新课标在变革育人内容和育人方式上的主要特点和基本规律，新课标在"课程实施"板块特设"教学研究与教师培训"部分，对加强教研、提高教师素养提出了明确要求。

毋庸讳言，教师是新课标的贯彻者和实施者，是课程改革的践行者和推动者，是教学活动的设计者和组织者。一所学校课改的成败取决于教师队伍整体质量的优劣，一门学科课改的得失取决于任课教师素养的高低。为此，新课标要求教师"坚持终身学习，提升专业素养"，包括文化素养和教学素养。前者主要指教师应具有丰富的语言学、文学、教育学、心理学等学科知识和中华优秀文化积淀；后者则要求教师准确把握语文教学规律，并具备一定的课堂实践能力。除此之外，还要求教师"适应时代要求，提升信息素养"，能"合理利用网络资源，将语文教学的传统经验和现代信息技术有机结合"，以提高学生语文学习的效率。

为提升教师素养，新课标要求教师"紧紧围绕课程标准实施和教材使用过程中出现的突出问题，立足学情，因地制宜，以研究的态度探索问题的解决办法，提高教学研究水平。要注意收集、借鉴优秀课例，在观摩和反思中增强自己的实践智慧，提高教学能力"。为此，要聚焦关键问题，推进校本

教研，并以教研组为依托，围绕语文课程内容深入钻研教学方法的选择和运用、教学活动的组织与开展、学习任务群的设计和实施等。还要"有计划地开展主题式校本教研活动，提高教研品质"。在校本教研的基础上，还应"加强区域教研，推广典型经验"，提炼教学范式，有的还需跟踪指导，开展合作研究，"及时发现、总结、推广本区域语文教学改革的典型经验，发挥其辐射和引领作用"。

新课标还要求充分发挥我国基础教育学段教研制度的优势，"将语文教师培训和语文学科教研结合起来，实现研修的一体化设计与实施"。几十年来，尤其是改革开放以来，我国基础教育研究成绩斐然，其特点是接地气、务实际、讲实效，教学理论和教学实践紧密结合，教研活动和师资培养紧密结合，课堂实景观摩和课后教学点评紧密结合，使老师们学有范式，以例明理，既学到了有价值的经验，又提升了教学理论素养。特别要指出的是，各地教研员不仅有丰富的教学经验，而且具有一定的教学理论素养，在理论和实践的结合上卓有成效，是真正的教学专家，充分发挥教研员的作用是教学研究和教师培训获得成功的保证。

教研无止境，学习无尽期。我们要有深入实际、敢闯新路的胆识和智慧，还要有坚持不懈、克难前行的决心和毅力，如此，教研工作方能看到成效。

第 四 章

我的教材观

〉〉 我的
教材情结

黄：杨老师，您在高校从教期间，一直从事教材教法的教学与研究，也编写过不少教材。您一定有很深的教材情结吧？

杨：是啊！16 年的教材审查工作经历和 15 年的教材编写生活，使我对教材有更为深刻的认识，同时怀有深深的情结。

教材、教法密不可分，如果教法游离于教材之外，教法就虚化飘逸了。这个观点根植于心，源于 20 世纪 50 年代我在华中师范学院教育系主修的教材教法课。

大学二年级，我主修的课程除教育学、心理学、教育史外，还有宋岭梅教授执教的小学语文教材教法、姜乐仁教授执教的小学数学教材教法和王倘教授执教的小学自然教材教法。他们授课的共同特点是把教法运用和教材分析结合在一起，注重联系教学实际，强调学以致用。

毕业后，我从事教学工作，老师们反复叮嘱：要想上好一堂课，就要"吃透两头"，即吃透教材和吃透学生。两头都吃透了，教学效果才会落实。

"文革"中，由于部编中小学教材停止使用，我受命和柯于学等老师一起编写小学语文教材，成书后曾在鄂、豫两省部分学校使用过。编书时尽管压力很大，对编写教材又无经验，但我们始终坚持选文要文质兼美，多选用已有定论的诗文。编排要成体系，既要左右勾连，相互联系，又要前后贯通，循序渐进。我们对某些编者塞进来的"应景时文"不予采纳，使教材具有一定的质量。虽然这套教材用时不长，影响也不大，但却使我对语文教材的编写有了些粗浅的认识。不久后，我又被学校委派参加湖北省语文教材教学参考资料（教学指导用书）的编写，对教材有了更为全面的理解。

1986年冬，我应国家教委基础教育司教材处邀请，赴上海参加教学挂图审查会，得遇斯霞、袁瑢、霍懋征等知名教师。会上对进入课堂的所有教学挂图一一审查通过，要求非常严格。次年我被正式聘为全国中小学教材审定委员会小学语文学科审查委员会委员，从此踏上了16年的教材审查之路。我所在的小学语文教材审查组，成员有斯霞、袁瑢、霍懋征、李吉林、翟京华等名师，朱敬本、卢志平、谢文清等知名教研员，包括我在内的高惠莹、戴宝云、倪文锦等高校教师。后期又增补了语言学家佟乐泉、季恒铨和著名诗人金波。前期高惠莹任组长，1991年我接任组长，直至2003年我辞去审查委员会的职务，受聘担任湘教版小学语文教材主编。

16年的教材审查经历，使我向老师们学习了许多好的品质，主要是使命感、责任心。我们的初心是决不让一粒灰尘污染干净的教材，因此不仅对教材的结构、文字，而且对教材中每一个标识、表格、图画（我们称之为教材图画，不叫插图）都进行了严格的审查，尤其对地图、国旗等的审查更加严格。几位高龄教师斯霞、袁瑢、霍懋征等都是早起、熬夜地工作，使我们深受感动。令人欣慰的是，在十多年间对十余套小学教材的审查过程中，无一例投诉，无一原则性错漏，保证了教材审查的公正、严格。

黄：您心目中的语文教材应该是什么样的？

杨：我认为，教材是一种精神文化产品，从纵向上注重继承中华优秀文化传统和革命传统，从横向上关注中国的国情实际，直面中国经济、文化发

展不平衡的现状。教材还要以开放和包容的心态，注意吸纳世界多元文化的精粹，树立现代意识，渗透新的思维方式和思维习惯。

教材还应适应和满足社会进步和学生自身发展的需要，与时俱进，不断提升文化品质和思想品质。教材也应为学生提供新鲜活泼的学习内容和新颖多样的学习方式，开掘丰富的语文课程资源，伴随着学习过程，引导学生逐步形成主动参与、乐于探究、积极交流合作的学习态度，促进教师角色和学生学习方式的转变。

为适应儿童自身发展和社会发展的需要，教材应遵循儿童身心发展的规律和语文教育的规律，坚持知识能力、过程方法、情感态度与价值观三位一体，充分体现语文课程工具性和人文性的统一，致力于语文核心素养在教学过程中落准、落实，为学生的全面发展和健康成长打下坚实的基础。

当今社会，文本的、动画的、网络的各类信息可用数字化方式储存，一些常见的多媒体互动形式广泛运用于教学活动，既对传统语文教育的内容和方式提出挑战，也为编写中国化、时代化的语文教材提供新的思路。

黄：杨老师，根据母语教育的自身特点和我国少年儿童的实际情况，面对新时代对未来人才培养规格的要求，教材编写的指导思想是什么？

杨：我认为，教材编写的指导思想应具有以下几点：

一、思想为魂

语文教材应体现国家意志，反映国家主流的意识形态。语言文字绝非抽象的符号系统，它承载信息，蕴含思想，传达一定的价值观。如此，语文才会有生命。古人有"文以载道""文以明道""文以贯道"之论，今人有"艺术性和思想性的统一"之说。在语文教育实践中，老师们已认识到，文因道而精彩，道因文而彰显。

当然，在语文教育中进行思想教育要遵循语文教育的规律和学生学习运用语文的规律。要针对学生实际，有的放矢，不抽象说教，也不生硬灌输，而是在学生理解和运用语文的过程中相机进行，并注重形象感染、情感熏陶，润物无声，潜移默化。

语文教材必须要有文化价值、思维价值和思想价值。任何语文教材都应具有一定的文化品位。浅薄、平庸、低俗、颓废、腐朽都表现出语言品味的低劣。健康、纯洁的语言，方能传达出社会的主流价值观。我们要倡导自尊、自信、自强、自立的生活态度，推崇热爱祖国、人民至上、服务社会、乐于奉献的精神品质，坚决抵制那些低俗、陈腐，反社会主流价值观的信息进入教材。拒绝那些伤害儿童心灵、影响儿童健康成长的读物、音像制品塞进学生的书包。学校是育人场所，课堂是育人阵地，应营造一个干干净净，无污染的环境。一些虽有娱乐性，但品位不高、无育人价值的作品，也不宜进入教材。

二、育人为本

由于母语凝聚了一个民族的全部精神和智慧，学生在习得语文能力的同时，也受到精神的滋养和智慧的启迪，从而树立起民族自豪感。汉语言文字历经历史长河的演变，已深深地融入中华民族的血肉和灵魂里。

语文不仅是重要的交际工具，而且是中华文化的重要组成部分。由于母语给学生打上了生命底色，夯实了生命根基，今后，学生无论学习何种外语，都和母语血脉相融，无论接触何种文化，都和中华文化息息相通。因此，母语教育是为学生生命奠基的教育，是让中国儿童成为真正中国人的教育。

育人为本，还应关注学生自身的发展。教材应激发学生学习母语的兴趣，满足学生的学习需求，开发学生的学习潜能，培养学生的实践能力和创新精神。

教材要解决好课程的抽象性、典型性和儿童生活的具体性、丰富性的矛盾，解决好课程的规范性、划一性和儿童学习语文的独特性、创造性的矛盾，使语文教材面向儿童，贴近儿童，成为富有童趣、面带微笑的教材。

语文教材应丰富多彩，生动活泼，向儿童展示由语言描绘的大千世界和多彩人生。教材应浸润着编者、作者对世界的独特认知和独特感悟。因此，教师应引导儿童在学习语文的同时认识世界，了解社会，让教材走进儿童的生活世界和精神世界。

三、能力为重

语文是最重要的交际工具，语文的工具性决定了学生学习语文主要是培养他们具有正确理解和运用祖国语言文字的能力。就小学语文而言，一般指听、说、读、写、书（写字）的能力。在语文教学中，具体指识字写字能力、口语交际能力、阅读能力、写作能力、综合性学习能力。按照心理学解释，能力是个体顺利完成某种活动的必要条件和个性心理特征的总和。语文能力主要由语文知识、技能、技巧构成，是通过培养获得的实际运用语文的本领。例如阅读能力包括认读能力、理解能力、鉴赏能力、积累能力，其中以理解能力为核心。把积累能力归入阅读能力，在于强调语言积累的重要性。学生把阅读过的材料，尤其是那些脍炙人口的古诗文，名家名篇中的精彩语段、格言警句等背诵下来，积淀于心，不仅能做到"腹有诗书气自华"，而且可以在口头语言和书面语言的运用中便捷提取。写作能力包括独立选材的能力，确定中心思想的能力，能用书面语言叙事、状物、抒情、议论的能力，划分层次、谋篇布局的能力，修改文章的能力等。阅读能力和写作能力关系十分密切，所以在教学中要引导学生读中学写，以写促读，读写结合。

在学生习得语文能力的过程中，理解和运用相辅相成，在理解的基础上运用，在运用中加深理解，这是常态。在语文学习中，有时学生也不必先求理解，可熟读背诵，积累下来，待以时日，当阅历丰富、知识增多时，在运用中自会理解。由于各人的生活阅历不同，兴趣、爱好、性格不一样，对语文的理解也不尽相同。所以，接受美学认为，阅读文本是读者的期待结构和文本的召唤结构相互融通后，重新建构意义的过程。对语文的理解还和个人的认识分不开。由于汉语言文字隐喻性很强，字面上的理解只是第一步，许多言外之意、弦外之音、不言之意以及一语双关、正话反说等语言现象，学生必须经由生活的感悟、经验的积累，方能参透。

坚持能力为重，取决于语文教育自身的特性。因此，教材要优化语文知识结构和能力结构，加强语文自身的整合，即加强字、词、句、篇的内在联系，促进听、说、读、写能力的协调发展。还要注意加强语文和儿童生活的联系、语文和社会生活的沟通，丰富学生的社会实践活动，着力培养学生的学习能力、创新能力和综合运用语文的实践能力。通过语文学习，教会学生动脑动手，学会生活，学会做人、做事，全面提高学生的综合素养。

〉〉 | 小学语文教材建设的
新思路

黄：杨老师，时代的发展给教材编写提出了新的课题。新时代语文教材改革应该有什么样的新思路？

杨：一套教材的产生，绝不是编者个人努力的结果，而是反映了国家文化教育传统，一定程度上也反映了国家经济和文化教育水平，自然也反映了编者的教育观念和文化底蕴。当今小学语文教材，在充分体现"育人为本"

的教育理念方面，在体现小学语文学科性质，遵循儿童学习语言的规律，正确处理好工具性、人文性的关系上，做了可喜的尝试。为了培养新时代的创新型人才，我们必须更新观念，立足现实，面向未来，探索具有中国特色的课程教材改革的新思路。

一、小学语文教材从"文选型"到"训练型"，再到"综合素养型"，走过了漫长的道路

小学语文的基础工具性决定了教材的"训练型"，小学语文学科的人文性又使得小学语文学科的"训练型"不是纯技术的演练之学和操练之术，更不是应试之学，其中蕴含着深厚的文化内涵，饱含着对学生的嘱托和期待。小学语文教材，不仅应将中华优秀传统文化活化，还应将传统文化和现代文化承接。小学语文教材选文大都文质兼美，应通过有效的训练引导学生去领悟祖国语言文字的人格力量、智慧力量和审美价值。小学语文教材的编者对"训练型"应有一个科学的认识，在确定传统课文和现代时文的比例上，在教材训练体系的安排上，在课堂练习和课后作业的设计上，在渗透读写知识和学法指导上，应注意吸纳其他教材的优点，汲取近些年来国内外教学改革的新成果，博采众长，而又独具一格，使语文教材成为以培养学生综合语文素养为目标的创新型教材。

二、小学语文教材要避免"成人化"，体现"儿童化"

教材应选编富有儿童情趣、贴近儿童生活的好课文。在作文题的设计上，要求儿童写自己熟悉的生活，且具有一定的弹性，给儿童留下想象和思考的空间。课内作业和课后练习题应具有较强的语言训练和思维训练价值，又比较生动活泼、富于启发。

小学语文教学是引导儿童学习语言的教育，因此必须具有儿童性，但绝非消极顺应儿童的身心发展水平，而是要积极促进其身心全面、和谐的发展。

教学过程就是展现儿童生命活力、发掘其生命潜能的过程。小语教材向儿童展示的由语言描绘的大千世界，渗透着、浸润着新的教育观念，引导儿童在不断实现自我中又不断超越自我，发展自我。

当然，儿童生活的具体性、多样性和丰富性与课程的抽象性、概括性、典型性之间，儿童生活的现实性与课程的符号性之间，儿童理解和掌握课程的特殊性和创造性与课程的规范性和划一性之间还存在不少亟待解决的问题。如何解决依然存在着的脱节乃至对立的现象是我们今后需要探讨的深层次问题。

三、教材不是人类全部文化的复制品，而应反映人类文明的基本成果

教学不是要儿童重复人类已经走过的道路，而是要引导儿童走一条获取知识和能力的"捷径"。因此教材编写，一是要缩短，即将冗长的过程予以剪辑，变成一条"捷径"；二是要平坡，即对原有的坡度加以削减，使儿童既感到可以攀缘，又感到有一定难度，能努力爬上去；三是要精简，即删繁就简，修剪枝蔓，突显主干，使语文教材真正成为"综合素养型"教材。

近些年我国教材建设的成绩有目共睹，得到了广大中小学教师的认同，并在教育实践中发挥了作用。当然，事物发展是不平衡的，教材建设还存在这样那样的缺点和问题。作为人类精神产品的教材使用面大，影响深远，关系国民素质的提高，关系几代人的发展。编辑人员既需要有敬业精神，又需要有科学态度和较高的科学文化素养，还需要具有现代教育观念和一定的教育科学水平，更需要深入了解我国中小学教育的实际和学科的性质特点。

教材应有与之相配套的教学体系，包括教学目标系统、教学结构优化系统、教学方法系统、教学检测系统等。为使教材日趋完善，应把编写教材和教学研究、培训教师融为一体，让教材在教育实践中接受检验，及时得到反馈矫正，不断提高质量。教材质量的提高又可以促进教学改革的深化，形成良性循环。

多年来的实践证明，这种做法深受广大教师欢迎，是行之有效的做法。

黄：是的，如何将教材的编写思想转化为广大教师的教学思想和教学行为是需要认真研究的课题。那么，为促进小学语文教材建设，我们还需注意些什么问题呢？

杨：为促进小学语文教材建设，我认为还需注意以下几个问题：

一、语文的工具性和语言训练

语文学科的工具性是语言的工具性所决定的，但语文学科的工具性不等于语文课就是工具课，教学不能坠入早被西方唾弃了的形式训练说的窠臼。当前小学语文教学中的形式训练甚为流行，把生动活泼、富有魅力的语文课变成了纯技能的演练之学，甚至变成了枯燥乏味、机械反复的"语言操练"，似乎只有这样才能体现语文的工具性。但这种训练一是忽视了儿童的兴趣，二是脱离了儿童的生活，三是离开了语文的整体。长此以往，语文课就会变质、变味、变形，语文课就不成其为语文课了。

因此我们必须把语文教材的编写纳入实施核心素养的轨道，要突出培养学生的实践能力和创造能力，并把二者结合起来。在培养实践能力的过程中渗透创新意识，在培养创造能力的过程中引导儿童去解决实际生活中的问题。

教材是看得见的精神产品，除传授基本知识和基本技能外，还应重视基本方法和基本应用，并充分发挥支撑语文知识、技能的隐性学力（即儿童对语文的兴趣、态度、情感、意志等）的作用。教材编者还要对教材中如何发展学生的想象力、思维力，特别是创造性的思维能力等进行研究，使语文教材不仅有人格含量，而且有智慧含量。

二、语文的思想性和思想教育

思想教育是语文教育的重要任务，思想教育的实施应贯串在学生听、说、读、写的过程中。语文教材必须在语言材料中渗透思想教育因素，除了渗透爱国主义教育外，还应渗透具有时代精神的创造性意识、协调性意识、进取意识等。

教材中的练习，要求根据课文内容谈认识、讲收获、发感想的多，而实实在在的语言训练特别是培养学生创造能力的训练还不尽如人意。

三、语文的文化性和文学化

语言是载体，不仅负载着某种思想、认识、情感，而且还蕴含着民族的精神和智慧，是整个民族乃至整个国家的重要凝聚力。

语文教材应有深厚的文化底蕴，即使是内容简单的小学低年级语文教材，也应有丰富的内涵。中华文化源远流长，汉语言文字历史悠久，许多脍炙人口、经久不衰、富有生命力的诗文流传至今，这是世界文化宝库中的精华，也是中华民族的骄傲。不要误认为传统课文就没有时代性，某些传统诗文至今仍然具有深刻的现实意义。

〉〉 小学语文教材的
特色

黄：杨老师，您主编的湘教版小学语文教材有哪些新的特色呢？

杨：湘教版小学语文教材主要有以下特色：

一、探索了教材新的呈现方式

单元组合采用板块结构，各个板块既自成体系，又相互关联。按一定的

中心组织单元，单元之间也有内在联系。工具性与人文性的统一，贯串全面提高学生语文素养这条主线。

单元板块结构有以下几方面的特点：

1. 提升阅读与表达在教材中的地位。

2. 通过语文活动整合其他板块，并将综合性学习渗透在语文活动中，强调自主性、统整性、实践性、趣味性。语文活动既是语文自身的综合，又是语文向课外活动，向其他学科的拓展性综合。

3. 与识字写字、阅读教学、作文教学一样，口语交际、写话、语文活动都将作为一种新的课程形态，成为语文教学的有机组成部分。

二、学生为本，自主探究

教材贯串以学生发展为本的新理念，倡导自主、合作、探究的学习方式，致力于学生学习方式的根本转变。教材设计有利于学生的自主学习，有助于促进师生和教材的互动。口语交际从学生的实际生活中提取其感兴趣的话题，创设情境，双向（或多向）互动。识字教学注重引导学生发现识字规律，学习识字方法，培养自主识字能力。阅读教学重情趣、重感悟、重过程、重积累、重迁移，重视体验、揣摩、探究，强调自读、自悟、自得。写话、习作注重激发兴趣、自由表达，鼓励有创意地表达，强调自主拟题、自主选材、自主撰文、自主修改。语文活动强调自主参与，在综合实践中学语文，用语文。所有语文教学活动，都注重引导学生在大量的语文实践中掌握学习方法，养成良好的学习习惯。

三、人文情怀，熏陶感染

在重视加强工具性的同时，强调渗透人文精神，增加教材的文化内涵。通过形象感染、情感熏陶，培养学生的审美情趣，发挥语文潜移默化的教育功能，强调尊重人的价值，挖掘人的潜能，发展人的个性，激发人的创新精神。

选文体现了人文精神，是学生学习语文的凭借。选文反映中华文化的精粹，反映我国是统一的多民族国家的特点，注重反映少数民族的生活，给学生提供真实的文化图景，在练习中体现人文关怀，尊重学生的主体地位，发展学生的潜能，引导学生通过发现探究，体验成功的喜悦。

四、综合实践，整合拓展

在语文活动中体现综合运用。新教材的课后练习注重语言的感悟、积累，并从课文内容中提出探究性思考题，意在给学生打好基础，培养创新意识。而单元之后的语文活动，则主要是在知识的联系中力求深化，在能力的综合中力求迁移，在综合运用中学习探究和创造。

语文活动不只是复习原有的知识，还要从旧知引出新知，延伸知识链条，并通过综合运用转化为能力，转化为创造精神。语文活动关注儿童的经验和体验，既有课内的综合拓展，也有课外的综合延伸。通过儿童自身的经验、体验，沟通儿童生活的具体性、丰富性和儿童学习语文的抽象性、典型性的渠道，使他们感到亲切。

语文活动注意体现综合性学习，在综合中向课外生活延伸，向其他学科拓展，从而开拓语文学习的新视野，挖掘语文学习资源的"富矿"。

语文教材，应体现语文的本色。由于语文课程是基础工具性课程，不仅是人类交流思想的工具和人脑思维的工具，也是学生学习其他课程的工具。所以语文教材质量既关乎学生语文基础，也关乎学生其他课程的学习质量。

黄：杨老师，您在文章中多次提到语文的本色，您主编湘教版小学语文教材，是如何具体体现语文的本色的？

杨：为了编写一套"本色语文"的教材，我在主编湘教版小学语文教材的实践中，跟李少白、李庄、余宪、皮朝晖、黄建军、罗家鑫、陶佳喜、杜昭辉、董琼、刘婷、严杏、盛新风等编委们进行了大胆的尝试。

小学语文教材虽然是启蒙课本，但仍应注重传承中华优秀传统文化，弘扬革命文化的优秀成果，因此要关注传统文化和现代文化的连接、中华文化和世界文化的沟通。

编者要以开放的心态和宽阔的胸襟，站在新时代的高度上，俯瞰从先秦到现当代中华文化的精粹，从古希腊文化、古印度文化和古巴比伦文化到当今世界文化的精品。教材应体现儿童文化的特点，不应用成人的理性去压抑儿童的感性，用成人的思维方式取代儿童的思维方式。一位哲人说得好："正是儿童承袭了人类最初的诗性性格，他们的智慧既指向眼睛看到的地方，也指向心灵看到的地方。"

提升教材的文化品质，应充分体现母语教育的特点，体现汉语言文字的特质，利用儿童学习母语的语言环境，开发广阔的母语教育资源。语文教育是科学，是根据母语的特点，遵循儿童学习母语的规律，让儿童习得理解和运用祖国语言文字的能力的科学；语文教育也是艺术，是形象的、感情的、审美的艺术。用一句话概括：语文教育是学生在教师引导下，听语文、说语文、写语文、用语文，同时学会生活、学会审美、学会学习、学会做人的综合实践活动。语文教材凸显语文本色，但语文本色必须在中华优秀传统文化的底色上抹上时代的色彩，在继承中发展，在发展中创新。

教材文化还包括编者的创意与胸襟、设计的新颖与美感、选文的兼收与包容、练习的适度与互动、装帧的大气与雅致，等等。

黄：是的，小学语文教材是面向儿童的教材。教材在于促进儿童的发展，那么，我们怎样为儿童的自主言语实践创造良好的条件呢？

杨：兴趣是学习的起点，游戏是儿童的天性。对儿童而言，游戏不仅是玩耍，也是他们探索世界奥秘的独有方式。在游戏中，他们尽力摆脱身体和精神的束缚，创造属于自己的"儿童世界"。儿童游戏是超功利的，意味着游戏中的人是完全挣脱一切压力的人，他们并不生活在"必须"的范围内，而是生活在"可能"的领域中。在游戏中，儿童寄托着自己的梦想，实现着各种可能性。

在小学阶段，游戏可能是身体的游戏、感官的游戏。随着儿童年龄的增长、生活阅历的丰富，教师应引导儿童参与精神的游戏，让儿童在自由和谐的氛围中放飞自我，从而激发灵性，点醒悟性，激活思维和语言。

小学语文教材是面向儿童的教材，因此必须了解儿童，熟知儿童的身心特点。想象、幻想常常是儿童认识世界的方式，尤其是幻想，使儿童超越时空的限制，摆脱理性的束缚，在亦真亦幻中显露出儿童的天性。

鲁迅说："孩子是可以敬服的，他常常想到星月以上的境界，想到地面下的情形，想到花卉的用处，想到昆虫的言语；他想飞上天空，他想潜入蚁穴……"由于儿童插上了想象的翅膀，阅读时，他们依托文本语言，结合生活经验，唤起新形象，放飞新想象，获得新的感受和体验。作文时，他们凭借头脑中已有的表象，运用思维，重新组合成新的形象，并用具体生动的语言表达出来。正是儿童独有的想象力和思维方式，给儿童的语文学习开拓了广阔的空间，使他们的心灵一任自然，自由飞翔，从而激发生命的激情，焕发生命的潜能。

教材在于促进儿童的发展，为儿童的自主言语实践创造良好的条件，让他们在活动中学习，在游戏中学习，在自主、合作、探究中学习。

黄：是的，教材应是师生之间、师生与文本之间平等对话、互动生成的平台。那么，在教学中我们应如何借助教材落实互动生成呢？

杨：近些年来，教育理论界在总结传统语文教育理念和经验的基础上，不仅引入了课程论研究的新成果，也引入了接受美学的相关理论以及心理学、信息学的研究成果，特别是"对话理论"的引进，对语文教材提出了新的要求。

115

我们要改变教材把学习建立在学生客体性、被动性的松软的基础上的现象。教材应是师生之间、生生之间、师生和文本之间平等对话、互动生成的平台。在语文教学中，对话主要由情境、文本、对话者三要素组成，是学生和教师以教材为凭借，在相互之间的言说、倾听中彼此交流、探讨、思辨、评析的过程，从而达成心灵的沟通、智慧的互补、资源的共享、彼此的赏识。教学中对话的目的，主要还不是达成共识，获得统一的结论，而是为了更好地理解各自的观点，尊重彼此的差异。所以，对话中各种思想的碰撞、多种思路的解析、不同样态的言语表达，才是对话的主旋律。学生正是在思想碰撞、言语交锋中，学会思考，学会表达，学会学习的。

教学活动是由师生双方和学生多方共同参与的具有交互性的活动。教材要有助于把"教"与"学"组成共时、多向、交互的教学活动，把学生主体的单数变成学生群体的复数，使之在积极的、充满活力的互动中，达成师生、生生之间的智慧互补、心灵沟通，从而不断"生成"新的思路，形成教学的"生长链"，产生生机勃勃的教学生态。在这样的生态环境中，学生主动提出目标，选择方法，探索规律，发现问题，反思过程，自我矫正，共同提高。

互动生成式教材强调学生在互动中生成知识，生长智慧。因此，教材要能引发学生从不同角度去思考，启发学生提出疑问，鼓励学生思辨，获得不同的结论，也可让学生保留自己的意见，允许把讨论延伸到课外，暂不作结论。

所以，教材要留有空间（学生想象、思维的空间，教师创造性使用教材的空间），具有一定的弹性，以满足不同地区、不同学生的需要，保证教学活动的效率。

黄：那么，您主编的这套湘教版小学语文教材，是如何优化教材结构、保证教学活动效率的呢？

杨：教材结构不像实体那样具有固定性，而是反映在各个板块之间的关系和联系中，这种关系和联系使教材具有张力和弹性。如果教师能深刻了解教材结构，就会提高教学效率；如果学生也能了解教材结构，就会实现知识和能力的迁移，使思维具有灵活性、广阔性和批判性。

教材各个板块（口语交际、识字写字、阅读、习作、综合性学习）之间的组合，既有纵向的阶梯递进，又有横向的统整、连接，还有纵横有序的多项组合，这种多向式螺旋发展的结构状态，反映了小学语文教材结构的基本特点。

教材各板块之间的横向联系，若即若离，既有相互之间的关联，又有各自发展的空间，彼此和谐共处。由于学生学习语文的特殊性，教学时需要某些必要的反复回旋，以体现螺旋式上升的特点。但反复不是简单的重复，而是在重复中渗透新的内容，促使儿童"温故而知新"，由已知向未知顺利过渡。

教材的各个板块不是生硬罗列，也无须平均使用力量，而是强调板块之间的相互呼应、协调动作，发挥整合的功能，例如识写（写字）结合、说写（写话）结合、读写（写作）结合等。

教材还应尽可能展现儿童学习语文的基本过程。过程是流动的、发展的、变化的，过程还体现规律，渗透方法，反映教材的设计理念和编写特色。教材应有助于引导儿童乐于进入学习过程，自主揣摩，自主选择，自主探究，自主获得结论，自主体验学习过程的苦与乐。

黄：这应该就是我们理想中的小学语文教材，是以育人为根本、童趣为核心、简略为特点，具有中国语文特色、符合中国国情、遵循儿童身心发展规律的有时代感的教材。

〉〉 编好新教材，
关键要用好教材

黄：语文教材是学生学习语文的重要凭借，是师生之间和学生之间对话的主要平台。但是目前有的教师对教材的认识还比较肤浅，在教材使用上常出现本末倒置的现象。为此，请您给我们谈一谈如何用好教材这个话题，好吗？

杨：编好新教材，关键要用好教材。各学校都要重视教材的培训工作，培养出一支高素质的语文教师队伍。

在教学活动中，教师不是知识唯一的占有者和传递者，教材也不是不容置疑的文本。教材应成为师生相互交流、平等对话的中介，使学生感到亲近、亲切。为此，教师要摆正位置，转换角色，创造民主和谐的氛围，给学生提供探究和创造的契机。

使用教材要培养学生的自主学习意识，让学生动口、动手、动脑，在言语实践中自悟、自得，要变过去纯粹以掌握结论为宗旨的接受性学习为探究性学习。教师不要包办代替，不要以自己的思维模式去牵制学生的思维活动，以成人的话语去修正鲜活的儿童话语。教师要在"导"字上下功夫，学生思路不畅要疏导，思路偏离方向要引导，思路狭窄要开导，从而使学生情绪饱满，思维活跃，想象丰富，言语畅达。

小学语文教材之"小"，主要指教材的儿童性、基础性和发展性。因"小"而稚嫩，所以教学时要小心翼翼，细心关爱；因"小"而纯洁，所以要防止污染，倍加呵护。教师的职责是在人生的启蒙阶段，给儿童提供人类文化的精粹，供给健康的、营养丰富的精神食粮，给儿童的生命奠基，给儿童的发展铺路。

教材编选了中国老一辈儿童文学作家冰心、陈伯吹等人的作品，也新选了一些世界儿童文学精品。作家们用丰富的想象和奇特的幻想，编织出许多美丽而新奇的故事，让儿童懂得生命的价值不仅是笑声和歌声，更需要智慧、创造、勇敢、坚毅，甚至冒险。

教材在于利学、便教。学生捧着书本，爱不释手，翻开书本，图画鲜艳，语言优美，朗朗上口，韵味十足，容易背诵，也便于学生从读学写，读写结合，从而逐步提升语文素养，这是利学。便教，因教材有筋骨，有血肉，拎得起，放得下；可咀嚼，可品味，便于教师发现重点、难点、疑点、特点。

黄：为了用好教材，教师又该如何选择、运用教学方法呢？

杨：方法是从知识中抽象出来的，不能脱离知识。方法的优劣既取决于对材料的处理是否有效，也离不开对材料的认知水平的高下。世界上没有放之四海而皆准的方法，如同没有包治百病的灵丹妙药一样。在教学中，选择教学方法的依据，一是教材，二是学情。教师深入理解教材，准确掌握学情，如此，教学重点、难点拿捏精准，学情变化了如指掌，教师运用教学方法自可得心应手。联想到我国小语教坛上最活跃的名师，哪一位的教学不是因对教材合理、巧妙的处理而独具特色？又联想到全国小语教学比赛中一些不尽如人意的课，哪一堂课不是与处理教材不当有关呢？

119

过去，我们总以为是教学方法决定教学的成败，认为只要掌握了先进的教学方法，运用一些教学技巧，就能保证教学的成功，于是在教学改革中总结、演变出许多种几招几式、几步几法。年轻教师们为尽快提高教学水平，生搬硬套。结果是，忽视深钻教材，忘了教法的"本"；不明学情变化，松了教法的"根"。虽然学了几招几式，不过是花拳绣腿而已。这种本末倒置的做法，不但不能提高教学水平，而且偏离了教改的正常轨道。

教材是教学改革的产物，必将推动教学改革的深化。语文教材中蕴含着的新的儿童观、文化观、教育观，教材结构反映语文特点和儿童学习语文的规律，教材呈现形式符合儿童心理和审美意趣等，都将给语文教改以深刻的影响。

黄：当前，课程改革正向纵深发展，主要是提炼各学科课程的核心素养，而学科核心素养的核心就是课程的价值观。我们的语文教材价值何在？

杨：学科核心素养的核心就是课程的价值观，回答了学科的真正价值是什么。我们的语文教材的价值在于：

一、文化价值

小学语文教材呈现文化，传承文化，反映以中华文化为主体的人类文化的基础性成果。因此，教材关注现代文化和传统文化的连接、中华文化与世界文化的沟通。

教材注重提升文化品质，体现母语教育的特点，充分利用儿童学习母语的语言环境，开发广阔的母语教育资源。

二、育人价值

语言文字绝非抽象的符号，语文教材承载信息，蕴含思想，传达感情，体现一定的价值观，反映国家对未来人才规格的要求。

学生在习得语言能力的同时，受到民族精神和言语智慧的滋养，树立起民族自豪感和文化自信心。由于母语教育给学生打上了生命的底色，夯实了生命的根基，灌注了中华民族的灵魂，所以从这个意义上说，母语教育是使中国儿童真正成为中国人的教育。正如作家李修文所说："无论怎样，我们还是梁山伯与祝英台的后代，而不是罗密欧与朱丽叶的子孙。"

教学永远具有教育性，育人为本是语文教材的核心价值。当然，语文教学中的育人，要针对学生实际，在学生学习语文的自主实践中相机进行，不抽象说教，也不生硬灌输。

三、语言价值

语文教材较之其他教材更强调语言的典范性，让儿童在开始接触书面语言之时，目睹最精美的语言现象，学习准确、规范、优美、生动的语言。

由于儿童已有一定的口语基础，当语文教材中的书面语言和儿童自己的语言相交融时，教师不仅开启了儿童学习语言的心扉，而且向儿童开放了崭新的生活世界，既激发了儿童阅读的兴趣，又拓展了儿童的视野。

教材应有语言价值，每篇课文都有佳词妙句，或鲜明活泼，生动形象；或平实自然，本色天然；或含蓄隽永，韵味绵长。这些都需要教师引导学生去感受、体验和品味，并尽可能珍藏在自己的记忆里。还要让学生明白，语言表达不在于外表的光鲜华丽，而在于表达的准确、鲜明、生动。好的书面表达不是华丽辞藻的堆砌，而是用朴实、明快、贴切的语言抒发胸臆。教学实践证明，讲究排比、对仗，韵律感强，节奏鲜明的语句更受学生欢迎。这些语句便于诵读积累，也便于学生在言语实践中提取和运用。

学习语言，促进语言生成和语言发展。由于语言水平常常是智力水平高低的主要标志，所以语言发展必将促进学生智慧生成和思维发展。

随着时代发展和社会进步以及课程改革的深入，教材也应发展和变化，在教育实践中经受检验，不断修订，永远保持生机与活力。

教材不仅是时代的一面镜子，也是儿童心灵的一面镜子，教材应反映儿童在新时代身心发展的特点和规律，伴随和促进儿童健康成长。

第五章

我的
儿童观

> > 儿童语文,
重在育人

黄：杨老师，教学永远具有教育性。那么在语文教学中，我们应该如何建立正确的儿童观，把握好儿童语文的育人价值？

杨：教学永远具有教育性，古今中外，概莫能外。

语文教材整合了国家目标、社会理想和个人发展，体现了社会价值和个人价值的统一。教材文质兼美，对滋养美化儿童心灵有独特的优势。

教学中，我们应充分发掘教材中的育人元素，在儿童学习运用语文的过程中，渗透人格力量的教育，即：

道德力量——爱国爱党的思想感情，仁爱善良的精神品质，诚信负责的处世态度；

智慧力量——活跃的思维力，丰富的想象力，蓬勃的创造力；

意志力量——勇敢，坚韧，独立，自制，竞争，冒险；

反省力量——反思，慎独，知耻，内省，纠错，进取。

语文教学中的育人，既有独特的优势，也有独特的方式。育人内容不能知识化，育人方式不能灌输式，应结合教材内容，在儿童的言语实践中，采用形象感染和情感熏陶的方式，让儿童在春风化雨、润物无声中受到教育。这样的育人，自会触及心灵，沁人肺腑，影响儿童一生。随着儿童知识、阅历的逐渐丰富，教师要适时引导儿童由事实到概括，由形象到抽象，提高思想认识，升华思想境界，将学习所得化为自己的血肉和灵魂。

黄：育人乃语文课程之本，语文课程重在培养语文素养，滋养儿童心灵。我们该如何把握好正确的儿童观呢？

杨：正确的儿童观要求顺应儿童的自然生长，助推儿童的自主发展，不是塑造适合教育的儿童，而是创造适合儿童的教育。儿童享有自由发表意见的权利和自由抒发感情的权利，还享有挑战权威、独持己见的权利。

正确的儿童观是在尊重儿童独立人格的基础上，让语文的魅力去激发儿童生命的活力，唤醒儿童生命的潜能。儿童生命的活力，主要是思想的活力，尤其是新思想的活力。语文教学就是要让儿童在生动活泼的自主言语实践中，解放自我，敢想敢说，敢哭敢笑。一个没有精神压力，也没有情感束缚的儿童，自能敞开心扉，独持己见，也能标新立异，放言高论。正是在独持己见和标新立异中，儿童才可能出现智慧的闪光和创新的萌芽。

〉〉
育人，
浸润在语言运用之中

黄：杨老师，教学中我们强调知情教学，主张认知与情感相结合。可是，很多老师在付诸实践时发现还有一定的难度。请您给我们做个指导，好吗？

杨：教学过程是儿童在教师引导下认知和发展的过程。通过认知获得的

知识是培养能力的基础，组织得很好的知识体系则是智慧生成的前提。培根说"知识就是力量"，道出了知识的真正价值，即知识可以凝练为思想，转化为人格，升华为强大的精神力量。2011 年版语文课程标准的"附录 3"为"语法修辞知识要点"，2022 年版课程标准的"附录 3"中，依然有"关于语法修辞知识的说明"，意在让老师们随文相机传授基础的语文知识，但不要求系统传授。对此，老师们很赞同并已付诸实践。

如今，统编语文教材中罗列了许多读写方法。如三年级下册中"运用多种方法理解难懂的句子"，四年级下册中"了解课文按一定顺序写景物的方法"，五年级下册中"初步学习阅读古典名著的方法"，六年级下册中"体会文章是怎样用具体事例说明观点的""运用学过的方法整理资料"，等等。

方法是什么？是为了达到目标所采用的手段、方式或途径。方法是知识和能力之间的桥梁。方法在运用中表现为能力特征，在呈现中表现为知识形态。

黄：如何理解"让儿童习得方法"？

杨：让儿童习得方法，不能像掌握知识那样让他们去理解、去记忆。方法不能知识化，不能把掌握方法等同于传授知识，否则就偏离了掌握方法的正确轨道。方法要运用于实践，儿童在实践中掌握方法，长期运用，反复练习，熟能生巧，自会转化为一种有效的学习能力，久而久之，有的方法还会积淀为一种良好的学习习惯。

儿童无论是学习知识还是习得方法都离不开认知发展的过程。教学中，显露于外的是由认读到理解再到鉴赏的阅读过程，隐伏于内的是由形象到抽象、由事实到概括、由感知到思维的智力操作。这一条认知线在阅读课上是比较清晰的，由此组成的教学过程，层次也比较分明。习作教学中，由观察到思维到表达，其思路同样清晰。虽然写作方法各具特色，但路径大同小异。

认识产生情感，情感推动认识、激活语言。语言具有表情达意的功能，既可以调节和促进认知活动，也可以催发情感、美化情感。然而，在语文教学中，教师最关注的还是学生的认知发展和能力提高。"情感线"常被淡化、虚化，教学中既无借助语言文字引发情感的酝酿和宣泄，也少有依托故事情节变化引发儿童情感的起伏跌宕。为此，我们需要重估情感的价值。情感使语文教学增色添味，使表达深刻细腻，更能触及心灵、沁人心脾。儿童动了感情，为人物命运的悲惨而伤心流泪，为人物历经波折终获成功而欢欣鼓舞，更为英雄模范的行为而感动，为自然景色的优美而陶醉……由于情感的丰富和变化，表现情感的语言也变得多姿多彩。此时，教师应及时引导儿童去感知语言的意象，领悟语言的意蕴，品味语言的意趣，使儿童入情入境，让语言入耳入心，这样就把丰富感情、发展语言、提升思维能力结合起来了。

　　黄：在语文教学中如何落实人文素养的教育？

　　杨：语文教学中，人文素养的教育主要是诉诸情感的教育。人的情感的核心是"爱"。爱是教育的起点，没有爱就没有教育。在语文教学中，闪耀着爱的和煦阳光，散发着爱的新鲜空气，教室里弥漫着爱的气氛，就会有师生之间情的共鸣、心的共振。此情此境，汉字不再是冰冷的符号，课文也不是僵硬的冻土，都成了有血有肉有灵魂的鲜活的生命。渗入情感的言语交流更能触动师生心坎上最柔软的部分，抵达彼此的心灵深处。师生之间，生生之间，一个眼神的变化，一个眼波的流转，一个会心的微笑，一个点头，一个手势，都能传递出情感的温度，达成彼此心灵的默契。即使没有发声，也没有暗示，静默中彼此也能心领神会，并且感到暖心、贴心、舒心。

　　儿童在爱的怀抱中感受着爱的温暖，点燃了学习的热情，促使想象驰骋，思维纵横，言语畅达。各种奇思妙想涌动、交汇、奔放、碰撞，各种情感思绪铺展、交织、纠缠、延伸，自会绽放智慧之花，结下创新之果。

　　情感发乎于心，才有真情的自然流露。过去，语文教学中曾有"煽情"

之说。然而，为达到某种目的，故意煽动起来的情感，能是真情实感吗？至于故作夸张、戏耍调笑、插科打诨，不仅是虚假的，而且是低俗的。

我们要求朗读摒弃矫情做作的腔调，虽然针对的是朗读，但关乎整个语文教学的风清气正。朴素为真，简洁为美，平实自然是我们的追求，而煽情、矫情都是对情感的扭曲。如果不以为然，习以为常，将会扭曲心灵，扭曲人格，严重影响儿童的精神成长。

认知触发情感，情感推动认知，但情感需要认知的指引和约束，否则任意流淌，而无理性规范，也会泛滥成灾。人的生活是这样，语文教学也应如此。

黄：杨老师，我们常看到这样的课堂：有的老师在教学中，虽然重视了语言运用的实用性，却忽视了语言运用的教育性。我们该如何把育人浸润在语言运用中呢？

杨：语言本应是表达真情实感、进行思想交流的工具，这是语言的本质特征，也是语言的基本功能。如果某人口若悬河、舌如利刃，但却谎话连篇、口蜜腹剑甚至混淆视听，蛊惑人心，乍看，此人语言能力极强，深究之，此人语言品质极差，不仅误人误己，还可能危害社会和国家。

所以，在学生学习运用语言的自主实践中，教师在培养学生语言能力的同时，应反对"无实事求是之意、有哗众取宠之心，华而不实，脆而不坚"的文风、话风，要让学生认同：有效的言语交流必须是真心实意的交流，那些巧言令色、搬弄是非的花言巧语，不仅是对语言的亵渎，也是对人的心灵的玷污。

语言是思想的物质外壳，是人的心灵的外显。察其言，可观其行。所以，一个人的语言品质，常常是一个人的人格特征、生活态度、道德修养的反映。能否正确地使用语言，不仅是语言能力强弱的标志，也是人品高低的标志。文如其人，语亦如其人。常说假话者，必是两面人；常说大话者，定有浮夸风；

常说套话者，多是应声虫；常说空话者，不是老实人。在学生运用语言的实践中，教师应要求学生说真话，说诚实的话，说明白的话。同时，要求学生写有真情实感的文章，做有恻隐之心、有悲悯情怀、有敬畏之感的人，做有责任之心、感恩之心、上进之心的好学生，做爱党、爱国、爱人民、爱创造的一代新人。

黄：的确，我们应该在"育人为本"的全局中审视语文教学。那么，我们该如何落实好"情感、态度与价值观"这一育人目标，充分发挥语文学科独特的育人功能呢？

杨：文以载道，道寓于文，文道统一，始终是语文教学中的一条颠扑不破的规律。

过去我们对文道关系争论不休，问题的焦点不是要不要文道统一的问题，而是"道"的内涵究竟是什么以及文与道怎样统一的问题。这个问题长期得不到解决，主要不是语文内部的原因，而是外部因素的干扰，教训很深刻。此次新版《义务教育语文课程标准》根据语文学科的性质、特点，国家对未来人才规格的要求以及当今时代的现状和发展趋势，强调："语文课程致力于全体学生核心素养的形成与发展，为学生学好其他课程打下基础；为学生形成正确的世界观、人生观、价值观，形成良好个性和健全人格打下基础；为培养学生求真创新的精神、实践能力和合作交流能力，促进德智体美劳全面发展及学生的终身发展打下基础。语文课程在推广普及国家通用语言文字、增强凝聚力、铸牢中华民族共同体意识，建立文化自信、培育时代新人，实现中华民族伟大复兴等方面具有不可替代的优势。语文课程的多重功能和奠基作用，决定了它在九年义务教育中的重要地位。"

情感是人对客观对象和现象是否适合人的需要而产生的体验。在教学过程中，教师应在充分考虑认知因素的同时，发挥情感因素的积极作用，以完善教学目标，增强教学效果，渲染教学氛围，提高学生的学习兴趣。美国《情感论》作者诺尔曼·丹森说："没有情感，日常生活将是一种毫无生气、缺乏内在价值、缺乏道德意义、空虚乏味而又充满无穷无尽交易的生活。情感过程是个人与社会的交叉点，因为一切个人都必须通过他们在日常生活中感受到和体验到的自我感和情感加入他们自己的社会……一个真正意义上的人，必须是一个有情感的人。"作为心理过程的情感具有三个基本成分，即主观体验、生理反应和表情动作，三者的有机结合构成了一个完整的情感过程。

态度指人对客观事物或事物的发展过程所表现出来的情感指向，其中蕴含着一定的认知抉择。良好的学习态度是一种与高级社会性需要相联系的较为稳定和深刻的情感现象。一个学生具有热爱祖国语言文字的情感，就可能产生学习祖国语言文字的良好态度。

情操主要体现情感现象的内容，即情感和道德融合、和人格沟通而形成的某种稳定的具有崇高道德感的情感。

价值观是和社会性需要关联的，是人们对客观世界所持的判断标准。价值取向往往取决于一个人的意识和行为。

审美情趣是人们对客观事物产生美感而获得的一种精神愉悦和情感满足。审美情趣不仅多来自视、听等感官的感受，而且还要使这种感受一直贯串到心理结构的各个不同层次（如想象、情感、思维以及个性心理）。这种贯通性会使整个意识活跃起来，使多种心理因素发生自由的相互作用，产生出既轻松自由又深沉博大的快乐体验。

无论是态度、情操、价值观还是审美情趣，都和情感相联系，或是一种情感现象，或是一种情感内容，或是一种情感过程，或是情感对理性的投射，或是情感向道德、人格、操守的升华，这些都离不开一个"知"字和一个"情"字。

〉〉 让语文植根于
儿童的心灵

黄：是的，语文是人的语文，是和人的思想、情感密不可分的语文，是反映人性、抒发真情、倾听心声的语文。语文的根就在人心、人性中。我们如何才能真正做到让语文植根于儿童的心灵呢？

杨：当今，社会飞速发展，网络化、信息化、数字化浪潮扑面而来，人工智能悄然进入了我们的日常生活，一部手机几乎管控了我们生活的全部，这一切都将深刻地影响我们的思维方式和思维习惯，以至有人感叹：在教育技术上，我们已经走得不慢了，但却落下了灵魂。可是，教育的本质正是为了净化、美化人的心灵，提升和完善人性，语文教育尤其如此。通过母语学习，学生要爱自己的语言，爱自己的国家，爱自己的文化，做怀有中国心的堂堂正正的中国人。试问，如果语文离开了人，离开了人的心灵，语文还是语文吗？

人生活在社会中，是成长着、变化着的，由于社会生活复杂纷纭，社会思潮良莠不齐，海量信息越过院墙，穿过门窗，跳上书桌，潜入书包，对儿童的心灵产生影响。现今，少年儿童中有许多善良、诚实、有责任感的好学生，但也有胆大包天、肆意妄为的"熊孩子"，不懂感恩、情感冷漠的"白眼狼"，还有当面一套、背后一套的"双面人"。这就给语文教育提出了新的课题：不仅要让学生获得语文知识和能力，还应启迪学生的心智，完善学生的人格，促使他们的身心健康成长。

首先，要让语文走进学生的心灵世界。师生以教材为平台，彼此相遇、相识、相知，在平等的对话中，入耳入心，心心相印，心领神会。在教学过程中，师生之间、生生之间相互赏识，相互尊重，在言语生成的生态环境中保持生气勃勃的生长状态。

如何打开学生的心扉？不靠技巧和谋略，而是要教师用爱去暖心，用真诚去动心，让语文把学生的心留住，在学生的心灵上生根，在人性上开花结果。

其次，要让语文走进学生的思维深处。走进学生的思维深处才能走进学生的心灵深处。大脑是人类最美丽的花朵，思考是人生最大的快乐。把大脑比喻成花朵，不仅是因为大脑神经沟回的美丽，更是因为开发大脑潜能至今依然具有无穷的魅力。花朵容易枯萎，需要思维来保质保鲜，使其永葆生命的活力。

然而，当下的语文教学却淡化了思维训练，更忽视了有深度的思维训练。教学中，有些教师常用一些小问题、浅问题、假问题牵着学生走完教学过程，课堂看似活跃，实则劣质低效。由于师生只是在思维的浅滩上嬉戏，对语言现象缺乏深入本质的分析，对语言文字隐藏着的意蕴不做有效的探究，更没有对语言文字表达中的歧义做必要的辨析，学生思维仍停留在对语言现象的描述上，缺少特有的归纳和抽象概括。长此以往，不仅影响学生获得语言能力，也会影响学生思维的发展和认识的提高。因此，教师应适时引导学生从具体形象思维上升到抽象逻辑思维。学生的思维有了深度，精神才会充实，心灵才会成长。

最后，还要让语文走进学生的生活世界。学生心灵的成长离不开学生的生活。学生正是在丰富多彩的生活中展现绚丽多姿的精神生活。或者说，一定的精神生活是一定的生活经验的反映。所以，要让语文架起生活通向心灵、心灵通向生活之桥。

生活对人的意义从来都不是抽象的，语文正是生活中交流思想、沟通感情的工具。语文一旦离开了生活就变得空洞乏味，而融入生活的语文才足够鲜活。此时，学生才会真切地感受到：这就是我自己的语文。

〉〉 走向儿童的内心
贴近学生的心灵

黄：杨老师，您的一篇文章《倾听童心》是我们小学教师的最爱，请您给我们具体地说说怎样才能做到倾听童心，打开儿童的心扉呢？

杨：倾听童心，教师要蹲下来听，真正蹲下来，架子放下了，师生才能平等对视，会心微笑，才能自由交流，民主讨论。师生之间再也不是居高临下的审视，不是咄咄逼人的追问，更不是不容分辩的命令。

教师蹲下来听，不只是一种姿态，更是一种新理念，是对儿童的尊重，也是对唤醒儿童潜能的期待，更是对儿童萌发创新意识的信赖。

教师蹲下来，师生距离拉近了，彼此情意相通，心心相印。教师用眼神告诉学生：孩子，你说吧，你一定说得好，老师在听！儿童也会用眼神告诉老师：老师，相信我，我会把心里话告诉你！

倾听童心，教师要静下来听。静静地听，倾听儿童心灵的絮语，倾听他们内心的诉求，倾听他们的愿望和梦想。

但是，当今不少课堂，热热闹闹，吵吵嚷嚷。在倾盆大雨般的知识传授中，在大声喊叫的读书声中，在眼花缭乱的课件展示和令人心烦的高分贝配乐声中，师生能听到什么呢？

…………

我们需要营造安静、清静、宁静的教学环境和与之匹配的平心静气的心境。教师真正静下来了，聚精会神地听，也许会听到儿童心灵世界里的溪水潺潺、小虫唧唧、鸟儿啾啾……这是世界上最美妙的天籁之声。

面对童心，教师更要用心倾听。学生的许多知识能力不是教出来的，而是需要脑的思考和心的体悟。儿童只有自己用心去体悟，才能将知识融入生命的整体，化为自己的血肉和灵魂。

用心倾听，不仅要用耳去听，用脑去听，还要倾注感情听。只有用心倾听，才能抵达彼此心灵的深处，达成情感的交融、心灵的默契。只有用心倾听，才能从儿童天真稚气的话语中发现智慧的闪光，在与儿童的语言交流中捕捉到创新的火花，从儿童的语调、语气中了解到情绪的变化。

黄：是的，倾听童心，打开儿童的心扉，我们将会看到一个美丽的儿童世界。可是，我们有的老师在课堂上对学生虽识其面，而不知其心，还真不知道"学生在哪里"，您怎么看这种教学现象？

杨：我们常常看到这样的课堂：学生在教师眼皮底下，教室里几十个小学生正襟危坐，循规蹈矩。稍有逾矩，教师一声令下："一二三，坐端正！"说时迟，那时快，只听唰的一声，学生立刻昂首挺胸，目视前方，坐得笔直端正，全班学生，无一例外。之后，教师喊："预备起！"学生齐声朗读。教师提问，学生齐刷刷地举手。快下课了，教师问："同学们，都懂了吗？"全班学生应声答道："懂了！"

这时，可能有人会问："这不是正常的教学活动吗？谁说我不知道学生在哪儿？"

然而，在这热闹的景象之中，我们的心仿佛空空的，教室里仿佛也空空的……

那么，学生究竟在哪儿呢？

其实，我们并没有真正看到学生。在这样的课堂中，教师依然是站在舞台中央的光芒四射的主角，学生不过是匆匆跑过舞台的配角。教师如往常一样，居高临下，连珠炮似的逼问学生："你说……你说……你说……"又不停地追问学生："为什么？为什么？为什么？……"学生也如往常一样，专心听讲，有问必答，并尽可能去揣度老师的心思，做出让老师满意的回答。

为什么说我们没有真正看到学生呢？因为我们只看见了学生的身影，却没有窥视学生的心灵，既没看见学生认知过程的曲折反复，也没看见学生情感的波澜起伏。课堂上，我们看到学生在读书、写字，在勾画圈点，但学生内心深处的高兴、快乐、兴奋、激动与悲伤、忧愁、苦闷、消沉，我们能看到吗？在学习过程中，学生的困惑、焦虑、疑问、迷茫，我们能觉察到吗？此外，学生在课堂上的见异思迁、心猿意马，"一心以为有鸿鹄将至"，我们也能看出吗？

随着年龄增长，学生会逐渐社会化。当下互联网深度融入学生的生活世界，还会加快他们的社会化进程。

小学生和成人一样也有两个自我：一个是外在的、看得见的、可能变了形的自我；一个是内在的、隐形的、真实的本我，也就是心灵。教育的目的之一就是促使二者的融通和一致，使学生形成健全的人格，千万不能让学生用变了形的自我去扭曲真实的本我，从而投下双重人格的阴影。

语文，是人的语文，没有了人，看不见学生，还有语文吗？不了解学生的心灵，看不清学生，还能教好语文吗？没有了人与人之间的思想交流和情感沟通，还需要语文吗？人，不仅仅是血肉之躯。人，有情感，会思考，常常产生新思想。因此，语文教学是和学生心灵相通、情感交融的教学，是展现人性之美、人格之美的教学，也是展示童心之纯、童情之真、童真之美的教学。

可以说，对学生只识其面、不知其心的教学是看不见学生的教学，是不知学生在哪儿的盲目的教学。这就是教师眼皮底下全是学生却又看不见学生的原因。可见，贴近学生，走进学生的心灵深处，深入了解学生的情感世界，对语文教学多么重要！由于学生的心理活动伴随着教学进程始终在变化、发展，甚至会有许多偶然性、突发性，常常出人意料，难以捉摸，致使教学中出现了一些不确定因素。如果处置及时得宜，则可能转化为生成性课程资源，成为教学活动中的亮点。从这个意义上说，学生在哪儿，学生的心灵就在哪儿，学生的思想感情就在哪儿。是否能动态地把握学生在教学过程中心理活动的特点和规律，随机应变地处理好教学活动中的不确定因素，既检视教师的教育理念，又考验教师的教学功力。

不知道学生在哪儿，还有另一层意思。一般来说，教师看见的是全班学生的整体，而不是学生的个体。或云，只看见森林，看不见树木。在教学活动中，学生主体是个性化的主体，主体的核心就是个性化，没有个性的主体是虚化的主体。主体教育即个性化教育。有学者说过："阅读是个性化行为。"其实，整个学习活动都是个性化行为，都与学生的兴趣、爱好、需求、愿望密切相关，与学生的认知特点、性格特点、气质特点紧紧相连。个性的自由发展就是人性的彻底解放。当前教学中统得太死，管得太紧，限制太多，既束缚了学生的心灵，又压抑了学生的个性。毛泽东要求学生"生动活泼地主动地得到发展"，马克思主张人的"自由而充分的发展"，他们所说的发展都是人的个性的发展。教学活动中，学生没有个性就没有独特性，更不会有创造性。

正因为每个学生个性的千差万别，才使得教学活动千姿百态，丰富多彩。

让我们蹲下来，和学生平等地交流，自由地对话；静下心来，让学生静心读书，默默思考；慢下来，让学生细细品味，慢慢咀嚼。更重要的是让学生的心灵飞起来。当学生心灵一任自然，真正放飞了，我们就能清晰地看见学生的心灵。当学生的心灵和老师的心灵真正贴近了，我们就知道学生在哪儿了。

黄：我从您的文章中读到过："教师在读懂儿童显性的知识能力状况的同时，还应该读懂儿童隐性的精神世界。"我们怎样才能读得懂学生的精神世界呢？

杨：明代学者李贽说："夫童心者，真心也……若失却童心，便失却真心；失却真心，便失却真人。"人民教育家陶行知也说："千教万教教人求真，千学万学学做真人。"儿童天真无邪，那是他们原初状态的纯洁心灵的反映。

儿童爱想象，尤爱幻想，袒露真情，敢说真话。教学中要鼓励学生说真话，说心里话，说自己想说的话。教师要善于分辨什么是有缺点的真话，什么是美丽的假话。前者能转化成有用的生成性课程资源，成为思维训练和语言训练的亮点；后者不仅是教学中的冗余信息，会误导教学进程，而且会在儿童心灵上投下双重人格的阴影。

课堂上，儿童因天真而吐真言，言为心声，以声传情，抒发真情。尽管有这样那样的瑕疵，但那是美丽的瑕疵。儿童话语中流露出来的天真稚气，恰如从其心灵深处射出的一缕灵光，美丽而聪慧。因此，珍视和呵护童真，赏识和宽容童言，关爱和温暖童心，这是教师义不容辞的责任。唯其如此，才能激活儿童的悟性，唤醒儿童的灵性，发掘儿童的潜质。

教师怎样读懂儿童？心理学家马斯洛提出了"健康的儿童性"的观点，认为成年人应具有双重视角：一方面要以成熟的、深刻的、理性的眼光看待

生活，揭示社会的本质；另一方面要以儿童天真的、陌生的、非理性的眼光看待生活，把生活的厚厚尘土擦拭掉，让诗性的光辉放射出来。读懂儿童，读懂童心，教师要用心去读，用爱心呵护童真，以真情感动童心，用真心倾听童言。师生之间，学生之间，师生和文本之间，要架起心灵之桥。心灵沟通，真情融通，心心相印，情感共鸣，自会促成儿童思维的碰撞、智慧的交汇、言语的交流，这不正是我们期待的教学情境吗？

黄：我们如何才能真正走向儿童的内心世界？

杨：西方工具理性泛滥，致使不少人在功利主义的泥潭里难以自拔，为此，一位哲人提出了一个著名的口号——走向内心。

近些年来，小学语文教学关注语言训练而不大重视情感熏陶，关注技能技巧而不大重视心灵陶冶。教育的主要功能是什么？主要是发掘学生的潜能，唤起生命的激情，激发创造的天赋。教育艺术就是巧妙地、潜移默化地净化、美化儿童灵魂的艺术。

美化灵魂，首先要深入儿童的心灵，了解他们的兴趣、需要、愿望、兴奋点及困惑、焦虑和烦恼。然而，在语文教学中，我们对学生的了解是十分肤浅的，即使了解也仅满足于对学生已有知识、经验的静态的把握，而学生千差万别，其生理、心理特点各不相同，因此在教学中必须动态地把握学生活动的特点及其规律。在教学过程中，学生的活动是内外两方面力量相互作用、相互影响的结果。内部力量包括兴趣、需要、愿望、情感、态度等，外部力量不仅包括学生所处的情境，还包括他人的态度和期望、奖励和惩罚等。老师比较容易了解学生显露于外的学习行为，而对于学生隐伏于内的心智活动却了解不多。

然而心灵渴望表白，尤其是儿童，他们藏不住心里话，掩饰不住真实感情，有强烈的表现欲。他们总是想撞开"围栏"，冲破"堤坝"，把真实的自我袒露给外界。著名作家冯骥才先生说得好："艺术创作是一种生命转换的过程，即把最深刻的生命——心灵，有姿有态、活喷喷地呈现出来。这过程是宣泄，是倾诉，是絮语，是呼喊，又是多么快意的创造！"语文教学作为一种创造性活动，也应是撞击儿童心扉、震撼儿童心灵的活动。儿童敢想、敢说、敢喜、敢悲、敢恨、敢怨，并用自己独特的体验方式，以独具个性的语言表达自己的感受。他们的语言尽管是粗糙的、模糊的甚至有错漏，但这正是儿童自己的活的思维、活的语言。的确，对教学活动而言，师生作为双边活动的主体，最重要的不是生存方式，而是各自的生命活动方式。对一位优秀教师而言，只要他以一颗平常心让儿童的心灵一任自然、无拘无束、自由飞翔，便会使儿童焕发生命的活力，他自己的生命由此也获得了真正的价值。

走向内心，走进儿童的心灵，走进儿童多姿多彩的内心世界，也许这就是小学语文教学更新、更美的一种境界。

黄：是啊，课堂上，儿童因天真而吐真言，言为心声，以声传情。然而我们发现，在当前作文教学中，有的学生在表达自己内心想法的时候，往往是言不由衷，失去了最朴实的语言和最真实的感情，是不是我们的作文教学缺失了什么呢？

杨：你的问题提得很好，这可能是当前作文教学中普遍存在的问题。作文本应是学生心灵的明镜，而今却成了儿童心灵的"遮羞布"。作文不神秘，就是把心里话、掏心窝的话、不吐不快的话写下来。这些原初状态的从心底流淌出来的话语，常常是最质朴、最纯真的语言。

然而中小学生作文存在的问题，恰恰是言不由衷。孩子们用自己的口说别人的话，以自己的笔表达别人的感受，使作文失真、失趣、失我、失语。如此，作文就变味、变色、变形了。

　　当前作文教学负重难行，考场作文如影随形。此类作文，从形式入手，偏重写作技巧和写作方法，有的还设计出相对固定的写作样式和各种写作模式，目的是应对不同形式的命题和不同类型的考试。如果训练扎实，学生也能较快地掌握写作知识和写作技能。但此类作文的要害是，疏离了学生真实的生活，流失了学生纯真的感情，学生的作文中没有了肺腑之言，缺失了真情实感。在这面镜子里，映照出来的有可能是变了形的身影和扭曲了的灵魂。

　　我们强调作文要从内容入手，作文素材主要来源于生活，即使是从阅读中获得的素材，也应尽可能回到真实的生活中，融入自己的生活体验。因此，作文教学要培养学生敏锐的观察力、丰富的想象力、深刻的思维力和言语的表现力，在小学，应是记实和想象相结合，进入中学后逐渐提高要求。无论什么作文，真实是前提。20 世纪 90 年代，我曾面请著名作家冯骥才给一读写刊物题词，他不假思索挥笔写下如下话语："写真实的熟悉的生活，写能感动自己，也能感动别人的人和事。"这句话言简意赅，深刻地道出了学生作文表达真情实感的基本特征。

　　小学生的心理特点是以具体形象思维为主，逐渐向抽象逻辑思维过渡。在生活中，学生通过观察、感知形象，储存表象，并对头脑中的表象进行改造、置换、重组，产生了许多新的形象，然后通过想象，进行由此及彼的联想。在这个过程中，有情感的润泽和言语的调节，有所感亦有所思，这就是真情实感。学生用自己的语言将真情实感表达出来，发自内心，本色天然。

　　黄：学生作文表达了真情实感，是否就到此为止了呢？

　　杨：非也。学生的具体形象思维要向抽象逻辑思维过渡，生活的真实，也要向源于生活又高于生活的"真实"发展。即从感知的具体事实材料中，从获得的真情实感中，经过分析、综合、抽象、概括，调整新视角，提炼新思想，使具有形象特征、带有感情色彩的真情实感升华为具有理性思维和逻辑力量的真知灼见。即便如此，理性的光辉中依然闪烁着真情实感的光彩。

当前小学生除了缺乏生活积累，更缺乏思想积累，由此导致思想简单，目光短浅，无观察的新视角和认识的新思路，作文内容视野狭窄，思想浅薄，认知幼稚，感情冷漠。精心包装的作文虽有华丽的辞藻，却是内容苍白的空壳。

小学作文教学是引导儿童运用语言文字表达自己所见所闻、所思所感的言语实践活动，要求学生说真话、实话、心里话，写能感动自己也能感动别人的话。因此，教师应特别重视激发童趣，点燃童真，唤醒童心，深入研究儿童的心理需求、心理变化以及心理特点和规律。只有这样，才能拨动儿童心灵的琴弦，让儿童自由倾吐，个性表达。

黄：习作教学始终是教学中的一个难点。在课堂上，我们经常看见这样一些孩子：皱着眉头，咬着笔头，搜肠刮肚也挤不出几行字来。很多教师将这种现象归结为：儿童生活贫乏，语言贫乏，方法贫乏。杨老师，您怎么看这种现象呢？

杨：我倒不认为儿童真的是无话可说、无物可写。儿童的生活丰富多彩，每个时代的儿童都有属于他们自己的精彩童年。他们有自己熟悉的生活世界，有自己独有的俏皮的语言，有自己的爱好和梦想。如此丰富多彩的儿童生活为什么很难在作文中看到呢？其主要原因是缺乏自由表达的情境。我们要求儿童写的是成人的生活与思想，老师心目中的优秀作文是按照成人的思维模式复制的、打上成人思想印记的作文。儿童提早成熟，变成了"小大人"，思想感情被禁锢了，生活世界被封闭了，写作时，只好胡编乱造，写真话不以为真，说假话不以为假。难怪有的学生说：作文不编造，怎么写呀！

每个儿童都是作者，且不说小学生完全可以写出像样的文章来，就连几岁的孩童都可以写出成人为之惊讶的文字来。你看几个幼儿园孩子随口说出的话：

　　妈妈，月亮瘦了，肯定是它不听妈妈的话，不爱吃饭才这样的。月亮圆了，是因为它听妈妈的话，大口大口地吃饭就胖起来了。

　　今年我有一个愿望，想让妈妈给我生个小弟弟，再生一个狗宝宝。

　　这样的语言，无杂质、无污染，真水无香，清丽可人，不仅令成人叹服，更令成人仰视。诺贝尔和平奖得主特蕾莎修女说："孩子是成年人最好的老师。"可为什么孩子们一到学校，经过了若干年的教育，那种语言的天资就渐渐消退了，有些孩子甚至连写一段像样的话的本领都没有了？我觉得儿童写作文时，考试的约束、过细的规定、过分的成人化、过早的功利化恐怕是主要原因吧。

　　黄：我们的作文教学怎么才能做到让学生自由倾吐、个性表达呢？

　　杨：作文，作为一种"倾吐"，应是发自内心、无牵无挂、自由自在的。然而当前作文教学的现状却是束缚太多，捆绑太紧，以致作文本上众口一词，千篇一律，无思想火花，无情感波涛，无个性色彩。

　　小学生说话、写话、习作应是自内而外的表达，要能体现学生的兴趣、爱好、需要、愿望，反映学生独特的性格特征和气质特点。从一定意义上说，没有学生的主体性就没有作文。当前小学作文教学中存在的问题恰恰是长期忽视学生的主体性之后衍生出来的一些弊端。一是学生害怕作文，视作文为畏途，在作文课上，学生被动习作，机械操作。二是作文教学重形式轻内容。在小学作文教学中，有的教师不恰当地引进一些创作上的概念，如"主题""虚构""细节"，还有"开头几法""过渡几法""结尾几法"等。更有甚者，还有所谓的"分格训练"，把作文训练分成若干个"格"，然后分别进行训练。这样做，从表达方法上也许会收到某些效果，但却可能付出沉重的代价——把千变万化、多姿多彩的大千世界框在了"格"里，连学生的思想也"定格"了。三是作文教学对小学生作文的思想性提出了不切实际的要求。长期以来，我们要求作文"中心明确""思想健康"，为此，小学生只好编造一些假话、空话、大话来组成"违心的文字"，用拔高自己的思想认识来应付老师与考试的刻板要求。

我们从不反对学生作文的思想性，但要明确什么是小学生作文的"思想性"。我们主张儿童作文中要更多地反映社会生活的阳光面，表达正面、积极、昂扬向上的思想感情。但是，试图把成人的思想硬套到小学生身上是不恰当的。对儿童主体性的漠视，必然导致儿童本性的被压抑和儿童天性的被禁锢。文学界有一句行话：文学即人学。研究文学首先要研究人，揭示人的复杂的内心世界。小学作文教学应研究儿童学，把作文教学研究的重心转移到研究儿童的心理需求、心理特征、心理障碍、心理诊断上，深入研究儿童的个性特征和身心发展规律。

儿童有自己的思维方式，有自己的生活逻辑，有自己的生活感悟，有自己的表达特点。教育者只有站在儿童本位上，多唤醒、多呵护、多鼓励、多扶持，才能真正走进儿童的世界。苏霍姆林斯基说："要像对待荷叶上的露珠一样，小心翼翼地保护学生幼小的心灵。晶莹透亮的露珠是美丽可爱的，却又是十分脆弱的，一不小心露珠滚落，就会破碎，不复存在。"作文教学更是这样，当儿童第一次把自己认为最真、最美的文字展现在老师面前时，需要的是一种鼓励和呵护，而此时如果面对的是教师的当头棒喝，可能他的写作从此就走进了狭窄的胡同。

想让儿童自由表达，这绝不是易事。习作教学时，我们要尽可能地做到"童心不泯""童趣盎然""童言无忌"，这就需要我们在小学生初写作文时，在思想上放开、内容上放开、体裁上放开、语言上放开、方法上放开、字数上放开，千万不要过早地将儿童所生发出的文字引上所谓的"规范"道路。

谈到儿童的自由表达，首先教育者的思想要开放，绝不能以成人的思想

代替孩子们的思想。孩子们的思想境界是随着年龄的增长逐步提升的，他们对美丑、善恶的认识以及对周边事物的认识不免片面，但就是这种片面里隐藏着童真、童趣和成人无法知晓的很多信息。因此，小学生作文要提倡放胆，要让孩子们的思想像野草一样生长，在他们的笔下，一切皆可入文：看了一则新闻，读了一篇文章，看了一幅漫画，看了一场演出，看了一部电影，听了一首歌，踢了一场球，挨了一次批，劝了一次架，开了一个玩笑，骂了一次人，上了一次当，受了一次吓，看了一次展览，参加了一场比赛……

对于孩子们来讲，真实就是最宝贵的思想财富。说诚实的话，做诚实的事，本身就是可贵的行为。错了，自己去纠正，跌倒了，自己爬起来往前走，这样才能健康成长。那些通过揠苗助长提升孩子思想境界的做法是和教育的初衷背道而驰的，是短视的。正是那些看似高、大、全的思想让孩子学会了说一套、做一套，以致部分孩子变成了假惺惺的乖巧的"小大人"，作文中本应有的童真、童趣、童心不见了。

在安徒生童话《皇帝的新装》一文里，敢说出皇帝一丝不挂的，不是围观者，更不是大臣，而是一个可爱的孩子。我国民间早有"童言鸟语，百无禁忌"之说，意为童言如鸟鸣，不犯忌讳，不必苛责。

黄：您分析得太透彻了。是的，在课堂上我们常常看到老师在作文教学中动辄要求学生写有意义的事，可孩子们的生活中有意义的事却大多没有意思，一件没有意思的事要让学生写得生动具体，有点强人所难。鲜活灵动的生活不能入文，可悲可叹可喜可贺的事不能抒怀，还谈什么作文！

杨：对于孩子们来讲，有意思远比有意义更重要。认识到这个问题其实是习作思想的一种开放和包容。且不要说孩子，就连作家写的文章也不一定都去追求崇高、伟大。比如冯骥才的《捅马蜂窝》、秦文君的《剃头大师》、赵丽宏的《追"屁"》，这些文章不一定有特别的意义，但确实有意思。小学生作文是生活的再现，孩子们的生活中有许多荒唐事、傻事、蠢事、恶作剧的事、倒霉的事、搞怪的事、烦恼的事、让人笑翻天的事，把这些事写成文，同样可以滋养童心、激发童趣、呵护童真。请看这样一篇小学生作文：

我正玩得不亦乐乎时，听到嗡嗡的声音，这下勾起了我的好奇心。我出去一看，见爸爸跷着二郎腿，拿着一个东西在嘴旁上下左右移动，一会儿，胡楂儿全没了。咦！那个东西果然是爸爸的好帮手。

那天，我发现小猫也有胡须。我想，何不用老爸的"超级武器"给猫剃须？不过，这可不是个容易事，小猫可不像爸爸那样乖，非但不享受这过程，还使劲摇摆并大声叫唤，我只好把它绑在椅子上，哈哈，小猫的下巴终于像爸爸的嘴巴一样干干净净了。

如果过分地强调文章的思想性，恐怕这样的作文是不会出现在孩子们的作文本上的。我们不要怕孩子们在作文里写他们生活中的糗事、丑闻甚至是错误的事。对于儿童来讲，这种所谓的"错"和"丑"是没有邪恶的、没有攻击性的，多半是可爱的，是调皮而诙谐的。他们所表达的是一种对生活的独特理解和诠释，甚至仅仅是为了博得别人的关注。英国教育理论家、数学家怀特海在《教育的目的》一书中写道："就教育而言，填鸭式灌输的知识、呆滞的思想不仅没有什么意义，往往极其有害——最大的悲哀莫过于最美好的东西遭到腐蚀。"

在习作时，老师们总强调要有真情实感，可是，"真"的东西交上来了，多半看不过眼，可能是俩人打架骂人了，可能是男同学欺负女同学了，可能是某人给别人起外号了，可能是吃鱼时鱼刺卡在嗓子眼了，可能是看见小狗撒尿了……总之，很多是无意义、无道理的事儿。这时，教师多半会表扬写得有意义的，而忽视或是批评那些写得无意义的或意义不大的。于是，渐渐地，你会发现孩子们的习作越来越"乖"了：骂人的话没有了，无意义的事消失了，净挑些有理想、有意义、有个人担当、有社会公德的人或事来写。嘿！你觉得成功了。错！"真"的东西没有了，这样的习作就可怕了。小学生的作文能力和思想认识是逐步提升的。他们的作文最初可能根本不符合成人的思想标准，但作为教育者，我们应学会等待，学会适时引导，先要让他们乐写、能写、写得多、写得自我陶醉、写得欲罢不能，再慢慢去粗存精，删繁就简。千万不要过早地将儿童的话语引上所谓的"规范"道路，画上"思想"的红线，要记住："所有伟大的事迹和伟大的思想都有荒谬的开头。"（阿尔贝·加缪语）

黄：杨老师，有这样一篇儿童作文，请您做个点评好吗？

我的牙掉了，忙问奶奶："奶奶，我的牙掉了，怎么办呢？"奶奶说："没关系，牙会长出来的。"我说："爷爷的牙怎么不长呢？"奶奶笑着说："爷爷老了就不长牙了。"我搔搔头说："人老了，真可怕！"

杨：这是一篇富有童趣的小作文，文章大体通顺，语言也简洁，尤其值得称道的是儿童化的语言，一句"人老了，真可怕！"成点睛之笔。此一句，可令众多字达千言、辞藻华丽的文章黯然失色。

儿童作文中儿童化的语言表达十分重要，要引起我们的高度重视。儿童涉世不深，社会化水平不高，常常说一些幼稚可笑的话语。儿童的语言正因天真无邪，憨态可掬，洋溢童趣，表现童情，反映童心，才显现出智慧的闪光。儿童说话总是和自己的生活世界相联系，和自己的兴趣、好奇感相联系，主要是源于个体经验的自由表达。他们在儿童群体里表述的"伙伴语言"，虽然幼稚，但富于儿童情趣，不仅有许多生动活泼的词语，还有不少独特的表达方式。遗憾的是，当儿童进入课堂发表意见时，语言就变得单调和枯涩，特别是写在作文本上，原汁原味的儿童语言就变质、变味、走样，变成了常见的成人话语的复制品。究其原因，主要是我们对孩子的要求太高，使其缺乏自由表达的氛围。德国著名诗人诺瓦利斯说："只有当人纯粹是为了说而说时，他才真正说出了神奇的、原初的真实。"此话可能有些偏颇，但对儿童来说是适用的。

在教学中，有的老师对孩子们这类"童言鸟语"往往不屑一顾，大多用规范化的成人话语加以修正。久而久之，生动活泼的儿童语言变成了"成人腔""夫子调"。其实，儿童是天生的诗人，他们拥有成人难以企及的想象力，语言也与成人不同。我们的习作教学需要教师蹲下身子进入儿童的话语体系，让儿童自由倾吐，放言纵论。

首先要在儿童的语言中寻找"富矿"。有些儿童的语言我们乍一听不大懂，此时，千万不要过早否定，要细细询问孩子，让他们讲出其中的道理，说得通、听得懂的就要加以鼓励。如一位儿童写道：

太阳是个红脸的醉汉，一会儿撞向东，一会儿撞向西，可它偏偏听我床头小闹钟的话。

这样的句子成人可能不懂，但孩子这样解释："我的小闹钟只要指向早晨六点，太阳就乖乖地从东方升起来，而一指向晚上六七点，太阳就从西边落下去了。你看看，太阳是不是听我的小闹钟的话。"

儿童习惯跳跃性思维，语言难免丢三落四，不够完整，不够形象，不够细腻，可如果儿童刚开始写作文时就强迫他们"要把语句写完整""要描写得生动、具体、形象""要加入人物的神态、表情""要加入环境描写"，恐怕他们中的一部分就只能邯郸学步，连最初本真的语言也丢掉了。

黄：是的，自古以来"文必己出"是写作的一条原则。儿童只有拿起自己的笔，用自己喜欢的语言、灵动的思想写出的东西才真正属于儿童。呵护童心，保护童年，我们要从珍视儿童的语言开始。

杨：不可否认，儿童的语言正是在牙牙学语的模仿中慢慢习得的。这就

要求教师为儿童提供可借鉴的范例，并不断实践。但模仿的过程不能要求过高、过难、过急，要清楚仿写仅仅是一种手段，并非习作的本质。千万不要让儿童放弃自己的语言习惯，丢掉自己的生活，鹦鹉学舌般地写他人的语言、他人的生活，这样的作文不写也罢！要找一些具有儿童气息、儿童情趣，能够展现儿童天性的充满想象力的文章让学生仿写。如《晚安》一文：

睡觉的时候到了，妈妈对我说："晚安！"然后在我脸上轻轻地亲了一下。

我问妈妈："如果两只小狗说晚安，它们会做什么呢？"

"它们会竖起耳朵，互相碰碰鼻子。"妈妈回答说。

"如果两只长颈鹿说晚安呢？"

"它们会把脖子缠在一起，再把脸贴在一起。"

…………

教学时，教师可以让儿童在仿写中增添创意：如果两只刺猬说晚安呢？如果两朵牵牛花说晚安呢？如果两座大山说晚安呢？……在这样的仿写中，儿童既学会了语言的表达范式，又提升了思维力和想象力。

仿写时，可以模仿作者的立意、构思、布局、谋篇或表现手法。教学时，要根据学生年段的特点，先仿句，后仿段，再仿篇。但仿写绝不能掉进"依葫芦画瓢、人云亦云、千篇一律"的陷阱，要在学生有了一定的表达欲望、表达方式的基础上，由仿变创。著名作家茅盾说得好："模仿可以说是创造的第一步……但我们拥护'模仿'只能到此为止。"所以说，仿写的真正意义在于降低儿童习作的难度，激发儿童习作的兴趣。

黄：是的，如果仿写使儿童思维禁锢、语言呆板、排斥创新，这样的仿写就背离了写作的初衷。

杨：我们要充分认识到儿童的语言发展与其观察水平、智力水平、思维发展水平等是同步的。儿童阅读一篇文章，是品尝作者的思维之果，写作一篇文章则要自己去耕耘、浇灌，自己创造思维之果，这是一项细致、艰苦的工作。作文教学时，首先不是要求学生如何写，而是要强调如何想。在作文中不是要学生用照相机机械地拍摄某一个镜头，而是要求学生在作文中展示他们在认识和改造客观世界的过程中所遇到的困难和矛盾。其中，既有认识上的曲折，也有感情上的跌宕。由于客观世界是动态的，反映在作文中也应如此。因此，作文教学不是简单的语言文字的组合排列，不只是要求学生吟风弄月、描山绘水，自我欣赏或供人欣赏，还应要求学生运用语言这个工具去反映世界、认识世界、改造世界，从而把作文过程和认识过程、实践过程统一起来。

过去我们在作文教学中只注重对语言进行某些润色和修补，很少从儿童的实际出发，关注他们已有的知识、经验。研究儿童的思维方式、表达特点，探寻儿童学习语言、运用语言的基本规律，在这一点上我们还要花大力气。

儿童作文是跋涉，也是旅行；是等待，也是重逢；是探险，也是寻宝；是泪花，也是歌声。这许许多多的丰富经历都应反映在儿童习作中，映射在儿童的语言里。从本质上讲，语言本身没有好坏之分，只有合适或者不合适之别，孩童说孩童的话，成人说成人的话，这才真实，这才符合规律。

黄：杨老师，现在阅读、习作教学中非常讲究"方法"。有一种倾向，就是在阅读中教师挖空心思"总结方法"，而在习作教学中想尽办法"运用方法"，仿佛有了"方法"一切便水到渠成，易如反掌。您怎么看这种现象？

杨：你说得没错！一提到写作文，老师们最先想到的是这个方法、那个模式，一旦得"法"，便将其奉若经典，逼着孩子们往"法"里钻，岂不知，"真正的习作是无技巧的再现生活"（巴金语）。你看吧，方法多了，孩子们便无所适从了；模式化了，孩子们就走进了"围城"，进去容易出来就难了。尽信书不如无书，同样，迷信方法不如无方法。方法在学生学写作文的某一阶段的确管用，但方法不是写作的"灵丹妙药"。从一年级至六年级，老师

们总结出的习作方法多得让儿童无所适从!

儿童天真烂漫，好动、好奇、好问，他们的潜力不可低估。几年前，一位老师抄送我一首童诗。据介绍，作者系三年级女生，父母远渡重洋，她在国内和外婆住在一起。一天晚上，祖孙俩在户外草地上小憩。仰望星空，月亮在云层里钻进钻出，星星布满天际。小女孩联想到自己的境遇，触景生情，回到屋里就写了这首小诗：

　　我不爱月亮，

　　因为月亮太凄凉。

　　有时，月亮也很皎洁，

　　但是太孤独了。

　　我爱星星，

　　因为星星有好多小伙伴，

　　你看，它们眨着小眼睛，

　　在快乐地说悄悄话。

儿童的世界是诗性的世界，也是梦幻的世界。他们无拘无束，自由自在，独具慧眼去观察，满怀真情去感受。心扉敞开了，言语的闸门也打开了，鲜活的思想、生动的形象、多彩的语言便喷涌而出。

黄：是的，作文的成功并不在于运用方法，而在于方法运用得巧妙。那么，我们当下的习作方法指导中还存在哪些突出的问题呢?

杨：习作教学中用方法，这本是一种高效能的学以致用。学习金字塔理论也告诉我们，学习后的实践练习有效性高达75%。但问题在于我们在实践中存在着四个问题：一是"急"。教师急着见成效，匆匆总结出方法，逼着学生照猫画虎式地去模仿。今天教个"鲁迅的写法"，明天恨不得在班级中出现个"小周树人"！孩子们内心根本没有体验到这种方法的与众不同，根本没有产生乐于去模仿、乐于去创造的欲望，这样的方法运用岂不是"强扭的瓜不甜"！二是"笨"。教师大讲特讲作文方法，方法多半是机械运用，脱离了学生的写作实践，根本不顾及孩子的感受，不考虑孩子的生活实际和写作水平，一味迷信名家的方法。任何方法如果不按学生的个性、兴趣需求加以选择，加以消化，而是眉毛胡子一把抓，视方法为救命稻草，这样的方法运用就会出现"千人一法、千篇一律、生搬硬套"等现象。三是"蛮"。实行"拿来主义"，总结方法，按现成方法练习，依样画瓢，如法炮制。"训练观"指导下的作文教学一味地注重培养学生的写作技能，有计划、系统地进行作文知识的灌输和作文技能的训练，使写作沦为"技术活""手艺活"。在这种观念的指导下，学生成为教师训练的工具，作文课堂成为"作文"的加工厂，学生完全丧失了主体地位。四是"粗"。三年级到六年级的人物描写、对话描写等方法大体上都一样，笼而统之，没有区别，没有层次，不具体、不生动、不接地气，不仅让学生无从下手，教师也无法将其落到实处。

小学生习作从"坐而论道"走向"起而行之"，这本没有错，但方法永远不是第一位的。没有方法不行，方法多了更不行。方法是解决问题的钥匙，要用得巧妙，用得合适，用在刀刃上，用在火候上才行。对于小学生作文来讲，写什么是第一位的，其次才是用什么方法来写。巧用、活用、善用方法是写好作文的一条捷径，但方法不是万能的。

教师让学生掌握写作方法无可非议，但不要迷信方法，更不要让方法退化为一种技能技巧，以为让学生学了几套方法，掌握了几种模式，再填上内容就可以应对自如了。其实，这是舍本逐末，恰恰缺失了作文的灵魂。作文是运用语言文字进行表达和交流的重要方式，是认识世界、认识自我的过程，教师应引导学生热爱生活，亲近自然，关注社会，鼓励个性化和有创意的表达。因此，作文内容永远是第一位的。脱离内容的方法运用，不过是虚有其表的空壳而已。

黄：杨老师，语文教学中通常把读写结合视为方法，请您给我们讲一讲如何运用好语文教学读写结合这一方法呢？

杨：读写结合是我国语文教学的优秀传统，早有"熟读唐诗三百首，不会吟诗也会吟"的经验之谈。当代已故著名特级教师丁有宽毕生研究"读写结合"，有理论，有实践，有教材，也有教法，取得了令人瞩目的成绩。

语文教学中，通常是把读写结合视为教学方法，通过读中学写，写中有读，达到读写共进的目的。教学实践证明，这是有成效的。从教材编写特色看，袁微子主编的教材采用读写交错递进的方式，有分有合，目标明确；温儒敏主编的教材则是读写双线并进，有合有分，意在综合。二者虽编排各具特色，但都重视读写结合。

读写能力是语文能力中最基本、最关键的能力，用提高读写能力带动起听说读写能力的整体协调发展，是当前语文教学的当务之急，用高质量的读写结合促进读写能力的提高又是语文教学的重中之重。因此，我们应把读写结合作为语文教学的一条基本规律，建立正确的读写结合观，找准读写结合的最佳契合点，探索读写结合的主要策略。

"读"与"写"本是两种不同的能力，却有着鲜明的共性。其一，"读"与"写"都是言语活动。"读"是从语言文字中提取信息，内化为思想认识；"写"是借助语言文字表达自己的认识和感受。其二，"读"与"写"都需要思维的参与。"读"是理解，需要运用分析、综合、比较、归纳、抽象、概括等思维过程；"写"是表达，同样需要借助思维，对生活素材进行筛选、提炼，化为作文的题材。其三，"读"与"写"都离不开情感。"读"是通过语言文字去感受、体验作者表达的思想感情，"写"是通过语言文字抒发自己的真情实感。"读"与"写"的共性，决定着二者之间有天然的内在联系，我们要在广阔的语言星空里，突显出读写结合的触点、焦点、亮点和特点，在理解与运用的双重转化中，促进读写结合。

虽然"读"与"写"之间本有着天然的内在联系，尽管统编版教材采用了读写双线并进的策略，但在教学实践中依然是重读轻写，读写脱节。其原因既有认识上的误区，也有思维惯性的问题。

针对语文教学现状，潘新和教授提出了以"表现—存在"为本位的语文观，倡导从"语用"到"立言"的价值观转向，从"阅读本位"到"写作本位"的课程观转向，从"读懂理解"到"读以致写"的阅读观转向，从"为写而练"到"读中悟写"的写作观转向，从"重练轻养"到"重养轻练"的教法观转向。虽是一家之言，但其理论创新值得称赞。

语文教学是听说读写的综合实践活动，应以读写结合为纽带串联起听说读写的综合实践。因此，语文教学要树立读写结合的意识，不但要求学生通过读书学习理解，还要求学生通过读书学习表达，将理解与表达统一于教学活动之中。具体而言，学生不但要了解作者写了什么，还要知道作者是怎样写的。例如怎样遣词造句、怎样积句成段、怎样谋篇布局，以及怎样承上启下、起承转合……由于当前语文教学普遍存在止于理解而疏于表达的现象，所以教师应强化写作意识，要求学生在理解中学习表达，在表达中加深理解。要把"课中小练笔"常态化，要求学生把概括的描述写具体，或者对具体的描述进行简练的概括；用自己的想象去填补作者留下的空白，或用自己的思维去缝合两个看似无关的内容；把揣摩出来的作者的未尽之言发之于笔端，把作者的未了之情见之于文字，让补写、续写、扩写、缩写、改写等各显其能。这些练笔都与课文有关，不仅有利于学生深入理解课文，而且有利于他们学习运用表达，是最便捷、最有效的读写结合。

〉〉 启迪儿童的
悟性

黄：杨老师，当下我们的语文教学普遍存在言语运用和儿童思维发展脱离的现象，我们要活化语文教学，应该如何促进儿童思维的活化，从而启迪儿童的悟性呢？

杨：思维借助语言，语言促进思维。语言和思维共生共长，互促互进，加之语言蕴含智慧元素，具有思维价值，因此语文教学和学生的思维发展密不可分。

当下我们的语文教学主要表现为思维浅表化、简单化和教学模式化。识字止步于机械记忆，阅读满足于多读多背，习作停留于简单移植、生硬模仿。教学中，学生仿佛也在思考，也在释疑，也在答问。然而深究之，大多徒具形式，缺乏思维价值，也缺乏语言价值。

儿童思维的特点是以具体形象思维为主，逐渐向抽象逻辑思维过渡。因此，在语文教学中，教师要引导儿童对语言文字及其所描绘的形象进行充分感知，从而在头脑中集聚起多个生动活泼、多姿多彩的表象，这是儿童展开想象的前提和基础。

想象是什么？想象是人们头脑中的表象经过改造和重组后产生新形象的心理过程。在语文教学中，教师要引导学生借助语言的描绘，在头脑中再现画面，结合自己已有的表象，再组合置换，产生新的形象。由于各人生活经验不同，想象力水平各异，因此这些新形象具有鲜明的个性化特征。可见，想象的产生离不开诱发想象的契机，离不开充分感知后存留在脑海中的表象，离不开语言的调节。也就是说，丰富的想象离不开语言的支撑。

想象的发展，一是可以丰富思维的内容，给思维提供材料；二是可以借助个性鲜明的形象，通过抽象概括初步认识事物的本质。从这个意义上说，想象的过程，在一定程度上就是形象思维的过程。因此，发展想象必然能促进思维的发展，特别是形象思维的发展。

例如在统编版教材中，三年级下册第一单元要求"试着一边读一边想象画面。体会优美生动的语句"，三年级下册第五单元要求"走进想象的世界，感受想象的神奇。发挥想象写故事，创造自己的想象世界"，四年级上册第一单元要求"边读边想象画面，感受自然之美"，六年级上册第一单元要求"阅读时能从所读的内容想开去"。

三年级下册第一单元还只要求儿童展开再造想象，通过语言描绘，在头脑中再现画面，在第五单元中则要求儿童走进想象的世界，感受想象的神奇。这一转变是心理活动中的一个飞跃，表现为再造想象过渡到创造想象，由一般想象过渡到神奇幻想。此时，想象已提升为形象思维。儿童经由想象，引发联想，情不自禁地将思路打开，产生了许多奇妙的幻想。而爱想象，尤爱幻想正是儿童心理的重要特点。由于想象和幻想都离不开语言材料，所以发展想象的过程也是言语表达的过程。

四年级上册要求学生"边读边想象画面"是教给方法，要求"感受自然之美"是让学生通过想象获得美感。

六年级上册要求学生通过阅读文字来获取信息，认识世界，发展思维，并获得审美体验，让学生经由丰富想象到深入理解，尝试着向抽象逻辑思维

过渡。

德国哲学家康德说："当思想之路漆黑一片时，只有想象力在前面开路。"如前所述，充分感知、积存表象是发展想象力的前提和基础，发展想象力又是发展形象思维的前提和基础。语文教学不仅要培养学生的形象思维能力，还应促使其形象思维能力向抽象逻辑思维能力顺利过渡。

黄： 在语文教学中，如何帮助儿童实现具体形象思维向抽象逻辑思维过渡呢？

杨： 我还是以教材为例来谈谈这个问题吧。

统编版教材在三年级上册第四单元设置预测单元，是训练儿童逻辑思维的大胆尝试。该单元编选了童话故事《小狗学叫》，文中设了三种结局，让学生自主选择判断，并鼓励学生猜想更多的结局。预测、猜想开启了儿童的思维之门，点燃了儿童的求知欲望，不仅有助于培养他们的逻辑思维能力，也有助于提高他们的发散思维能力。在小学让儿童经历由已知判断，经过合理推想，再到另一个判断的思维过程，只是提供了简单的预测方式，教给他们初步的预测方法。

统编版教材从三年级起，不仅勾勒了读写双线并进的路线图，同时也渗透了语言和思维互补互促、共生共进的编写意图。

例如，三年级上册第六单元"借助关键语句理解一段话的意思"，三年级下册第四单元"借助关键语句概括一段话的大意"，由理解到概括，逐步提高学生的思维能力。四年级上册第二单元"阅读时尝试从不同角度去思考，提出自己的问题"，以此培养学生发散思维和求异思维的能力。四年级下册第一单元"抓住关键语句，初步体会课文表达的思想感情"，第六单元"学习把握长文章的主要内容"，让学生通过分析、归纳，逐步提高由具象到抽象、从部分到整体的抽象概括能力。

在语文教学中，让儿童尝试转换视角，选择不同思路并提出问题，这是发散思维的训练，有利于活化儿童的思维，培育创新思维的萌芽。如能抓住关键词句，初步体会思想感情，就属于思维活动中的抽象概括。因为思想感情是内蕴的，看不见摸不着，需要儿童从语言文字所描绘的形象中抽象出来。

五年级上册第八单元"根据要求梳理信息，把握内容要点"。梳理信息，即将冗长的信息梳理清楚，剔除多余的、无用的，留下有用的、精彩的。如此，方能把握内容要点。

五年级上册第四单元"结合资料，体会课文表达的思想感情"。体会有深有浅，但能体会课文表达的思想感情，就说明较前进步了。

六年级上册第五单元"体会文章是怎样围绕中心意思来写的"，"抓住关键句，把握文章的主要观点"。要求逐步提高，符合儿童思维和语言发展的基本规律。从"主要内容—内容要点—主要观点"，逐步提高要求，最后落实到"观点"上。儿童经历了由内容到观点的思维过程，初步尝到了抽象概括的甜头。

六年级下册第五单元"体会文章是怎样用具体事例说明观点的"，不仅要求儿童了解作者如何从现象中抽象概括出观点，还要求儿童回头望月，体会用具体事例说明观点的方法。

学习运用语言中的思维训练还应做到：

第一，活化思维。活化是固化和僵化的对立面，要引领儿童从不同角度去思考，转变思路去思考，帮助他们摆脱惯性思维，去除惰性思维。思维活了，言语才能活化，活化了的思维才可能有生动、鲜明的语言。

第二，深化思维。深化思维不是浅化思维，也不是表层思维。要引领儿童透过语言文字的表层去深入理解语言文字的内涵，进而对文字背后和字里行间作者言犹未尽之处有更深入的理解。深化的思维才会有深刻的思想以及

表达深刻思想的深邃的语言。

第三，延伸思维。延伸思维不是窄化思维，也不是封闭思维。要引领儿童从看似封闭的思维活动中发现缝隙，腾出空间，找到思维活动的生长点、延展处，在"山重水复疑无路"之时，或通过自己拨云见日，或通过教师指点迷津，达到"柳暗花明又一村"的境界。

思维活动是人类认知的重要组成部分，具有抽象之美和逻辑之美。言语活动是人类最重要的交际活动，具有形象之美、音韵之美、情感之美，也具有逻辑之美和抽象之美。当思维活动和言语活动结伴而行时，我们不仅会感受到思维和语言的逻辑力量，而且会领略到思维和语言的无穷魅力。此时，语文教学将进入一重新境界。

黄：杨老师，近年来，有关"悟"的词语常见诸报刊，大家从不同角度做了不同的理解，并在教学中广泛运用。我们在教学中如何才能真正做到启迪儿童的悟性，激发儿童的创新精神呢？

杨："悟"的表现形式很多，与教学关系密切的首先是"感悟"。这既是一种心理现象，也是一种心理过程。先有所感，方有所悟，所以感悟主要借助感知、诉诸形象。在这个过程中，儿童已有的认知图像和新的认知对象一旦产生同构作用，神经联系突然接通，遂有所悟。在小学各科教学中，这种现象是很多的。儿童有一定的感性经验，长于具体思维，可以通过自己的感受、体会，揣摩之后而有所感悟。教师千万不要过早地让形象抽象化、感性理性化，使儿童匆匆跨过感性阶段而步入理性的殿堂。有的知识是教师讲得越多，儿童越不明白，而主要靠儿童自悟自得。

一个 5 岁的孩子看动画片入迷了，突然把手一摊，大声说道："妈妈，我陶醉了！"妈妈十分高兴，因为孩子会用新词了，于是问道："你说说，什么叫陶醉？"孩子茫然，抓抓头皮悻悻地说："陶醉就是喝醉了就逃跑了。"

妈妈啼笑皆非。其实儿童学习词语，不是先会解释词义再去运用，而是在大量的言语实践中悟出运用语言的规律。

其次是"领悟"，即通过领会而有所悟。领会乃心领神会，儿童通过自己内心的体察、体验去意会，情与心通，心与神驰，进而领悟。这既是认知过程，也是情感过程，既可以借助表象，也可以借助概念。由于儿童的经验背景不同，兴趣爱好各异，性格气质有别，思维方法、思维习惯不一样，所以他们领悟之后的结论具有多样性。在教学中，教师要特别珍视儿童独特的领悟，正是这种独特性蕴含了创新的因素。

领悟，自然是儿童自己的领悟。如果教师越俎代庖，以自己的思维方式代替儿童的思维方式，以自己的思想感情代替儿童的思想感情，并试图用理性的灌输要求儿童明白事理，最终往往会事与愿违。

领悟，强调知识获得的过程。教师要教会儿童去揣摩、探究，去尝试犯错，自己去获得结论。在儿童获取知识的过程中，教师要创设"愤""悱"的情境，使儿童在"山重水复疑无路"之时，几经指点，进入到"柳暗花明又一村"的境界。

领悟以儿童的心理能力为前提，以儿童的生活经验为中介，以自我揣摩、推想、反思、意会、涵泳为主要方式。儿童自主参与的实践活动往往是领悟的源泉。

最后是"妙悟"。"妙悟"一词源于佛学。将这一词语引入教学活动，意在给儿童的认知活动展开一个新的视野。妙悟是儿童对所认知的问题经过心灵碰撞、情感共振之后，突发奇想，豁然开朗，产生出某种独特而又新颖的见解。妙悟不神秘，它和感悟、领悟一样都属于直觉思维。

在教学中，我们常常碰到学生提出一些出乎意料的问题，其中有可能是因为教学过程中的师生互动、生生互动而产生的"奇思怪想"，甚至"奇谈

怪论"。对某些乍看起来比较"出格"的"童言鸟语"，我们千万不要轻易否定，要善于发现因为思想碰撞所溅起的智慧火花，巧于引导学生自己去矫正思维方向，去梳理思路，去捕捉别人思想的闪光。

悟性的高低，体现着一个人智力水平的高下。感悟、领悟、妙悟都与直觉思维有关，三者相互交叉、相互重叠、互补互促，很难说是依次递进的关系。在学习过程中，感悟、领悟不少，妙悟并不多见。三者均介于感性认识和抽象思维之间，唯有在感悟中，感性成分更多些；三者均有突发性，唯有在妙悟中，突发性更大一些。佛学中有"点化"之说，教学中有"点拨"之论，说明教师的话不在多，而在精，经点拨而内化，正是一种教学艺术。

学贵参悟，参的过程中，有感悟、领悟，积少成多，产生飞跃，便是妙悟。无论是感悟、领悟还是妙悟，都是悟性的种种表现。对于悟性，我也只是若有所悟，很难说清楚。我想，关键不在于给悟性下一个精确的定义，而在于说明在各科教学中，至关重要的是要启迪儿童的悟性，激发儿童的创新精神。

第 六 章

我的课堂观

〉〉 语文教学，

我们忧郁些什么

　　黄：杨老师，伴随着时代进步、社会发展，教育界和其他界别一样，思想解放了，思维活跃了，思路打开了。在小学语文界，各式各样的教改实验多姿多彩，各具特色的教学风格争奇斗艳，加之从西方"进口"的新理论、新概念、新模式、新词汇遍地开花，满天飞舞，令人眼花缭乱，目不暇接。但是，兴奋之余，高兴之后，我们是否觉得中国语文教育传统有所缺失了呢？

　　杨：是的，中国语文教育至少有两千多年的历史，在古代，像《学记》这样专门论述教育的著作并不太多，有关教育的观点大都散见于先贤们修身、治世的论说和著述中。从春秋战国时代的诸子百家，到秦、两汉、魏晋南北朝著名学问家的著述，再到"唐宋八大家"有关语文教育的思想和实践，南宋朱熹有关语文教育的系统论述，清代王筠、唐彪等有关识字、作文的论著。近代有夏丏尊、叶圣陶等，特别是作为文学家、教育家的叶圣陶，他在传统的语文教育的基础上，重建了中国语文教育的思想和策略体系。

　　当下，语文教育界有些人对从西方"进口"的新名词、新概念、新实验情有独钟，试图让教育立竿见影，收获"高效"。试问，这些新样式、新做法符合中国国情吗？符合中国儿童的心理特点吗？符合中国母语教育规律吗？应该承认，有的新实验经过改造，度过一段适应期后，可能取得一定成效。相比之下，我国的语文教育传统，我国著名特级教师的教育理念和教育范式，若干扎根于我国历史文化土壤的土生土长的教育经验，却早已淡出了人们的视线，遭到冷落。在国培班授课时，我问学员，你们知道斯霞老师吗？回答是"不知道"。推而广之，广东老师不知丁有宽，上海老师不知袁瑢，北京老师不知王企贤，这种情况应该不在少数。老师们对我国教育理念的精髓——启发式，也比较陌生，更谈不上深入研究、付诸实践了。古人谓"不愤不启，不悱不发"，主张教学要"待其从容"，当学生"心求通而未得""口欲言而未能"之时，教师应不失时机地进行启发，从而点醒悟性，激发灵性，诱发创造的潜能。可以说，当下教学方法尽管名目繁多，而其中集大成者，还是"启发式"。除此之外，还有如单元教学法、情境教学法、读写结合法、讲读议练结合法等，加之 20 世纪 60 年代倡导的"精讲多练""一课一得，得得相联"等行之有效的教学法，似乎都已经随着时间的流逝而消失了。如今纵观全国各地的语文教研课题，有多少是有关我国语文教育传统的？我们并不排斥西方先进的教育理念和教育实验。美国实用主义哲学家、教育家杜威 20 世纪初就远渡重洋来中国讲学，他的"教育即生活""教育即生长""学校即社会""儿童中心主义"和"做中学"，对我国的教育产生了深刻的影响。20 世纪 50 年代，苏联马卡连柯的教育观、克鲁普斯卡娅的教育观都在我国广为传播。改革开放以来，赞可夫、布鲁纳、苏霍姆林斯基及其改革实验，在我国教育界都有广泛的影响。但是中国教育传统，尤其是语文教育传统，深深扎根于中国的土壤，是与中华民族连绵数千年的文化血脉贯通的。我们如果对传统弃之不顾，语文教育就失去了灵魂，掐断了根系。今天，重拾语文教育传统的文化价值，强化、固化、深化我国语文教育传统在教育改革中的位置，着力提高语文教育的文化价值、文化品质、文化品位，应是每一位语文教育工作者的历史责任。

语文是人类文化的重要组成部分。如果语文教育脱离了中华传统文化的土壤，就如同德国学者雅斯贝尔斯所言："当古代文化被遗忘时，整个社会所表现出来的就是野蛮，就如一件东西脱离了根本，它就会毫无方向地飘荡。"继承传统，直面现实，关注未来，语文教育本应如此。

黄：您又如何看待当下语文教育中有关基础方面的缺失呢？

杨：小学语文是基础工具性学科。《义务教育语文课程标准（2022 年版）》指出："语文课程致力于全体学生核心素养的形成与发展，为学生学好其他课程打下基础；为学生形成正确的世界观、人生观、价值观，形成良好个性和健全人格打下基础；为培养学生求真创新的精神、实践能力和合作交流能力，促进德智体美劳全面发展及学生的终身发展打下基础。"三个基础都指向人的综合素养的提高，指向儿童的发展。就语文学习自身而言，识字、写字是阅读和写作的基础，是第一学段的教学重点，也是贯串整个义务教育阶段的重要教学内容。识字、写字不仅是"基础"，而且是"重点"和"重要教学内容"。然而，当前小学语文教学现状是普遍不重视低年级教学和识字、写字教学，语文界虽有少数有识之士呼吁，但响应者寥寥，和 20 世纪五六十年代重视识字、写字的情景形成了鲜明的对比。

我曾在 1979 年春天参加省上评选中小学特级教师的工作。记得当年评选出来的小学语文特级教师多数为低年级老师，特别是在识字教学中成绩显著的老师。环视全国，如江苏的斯霞、王兰，浙江的陈玲，上海的顾家璋，四川的金力青，河南的张玉洁，河北的高雅贤，山东的曲卫英，湖南的杨玉华，湖北的殷善玖，辽宁的李铎等，大都是长期执教低年级，在识字教学上有突出成绩的教师。但是，在当下全国小学语文教学赛课，或是各省市的观摩教学中，低年级语文教学，尤其是识字、写字教学难得一见。至于 20 世纪风行一时、效果明显的识字教学法，早已鲜为人知了，例如集中识字、随课文分散识字、注音识字、韵语识字、字理识字、部件识字、循环识字、字族文识字等。现在除了教材中的识字课外，在阅读教学中，教师一般都要求学生在预习中自主识字，课堂上只是检测而已。这种做法在中高年级未尝不可，但如果课文中生字多，容易混淆的字多，且难写的字不少，我们还是主张在课堂上由教师采用多种方法指导学生识字、写字。在作文教学中，有针对性地纠正错别字，防止学生写错别字，关注学生写字的姿势与习惯，要求学生书写正确、端正、整洁，在此基础上逐步做到书写流利，这些要求，不少老师不大明确，更不用说付诸实施了。在教学中，教师要引导学生分辨字形，尤其是辨析词义的细微差别。通过比较，学生不仅辨析了词义，学会了辨析词义的方法，而且培养了观察能力和思考能力。可惜，这类教学现在课堂上很少看到了。当前，写字教学的要求并未落实。中小学生写不好字，不爱写字，写字姿势不正确，没有良好的写字习惯，这些现象早已司空见惯。

汉字不仅是一个符号，更是一种文化，在汉字的形成过程中，许多象形字、会意字都有故事。百分之八十以上的形声字既表音，又表意，既有形象，又有抽象，特别有助于学生思维能力的培养。所以有学者认为中国人学数学有优势，可能和识汉字有关。几千年来，汉字已融入中华民族的血脉之中，识汉字，写汉字，说中国话，做中国人，已为国人所认同。汉字作为中华传统文化中的瑰宝，世代传承下去并发扬光大，势所必然。对于识字，原国家教委副主任柳斌在21世纪初在全国小学语文识字教学法研讨会上曾做过报告，题目是《人生识字聪明始》。时下，在语文教学中，我们更感忧郁的是学生成天埋头于大量的语文作业，做一些可能无效的语文练习。考试频繁，作业繁重，学生苦不堪言。长此以往，学生逐渐失去了学习语文的兴趣和信心，语文教学缺失了魅力，也缺失了智慧。"忧郁"一词，我最早见于湖南师大原校长、著名教育学者张楚廷先生的文章，张楚廷先生对当前某些教育现象

表示忧郁，是带有忧患意识的冷思考，不是消极的怨天尤人的哀叹，而是直面现状，对未来充满希望的考量。今天的语文教学成绩依然可观，明天的语文教学必定光辉灿烂。

〉〉 课改，
从改变课堂做起

黄：当下，我们应该如何变革课堂？

杨：课改从"改课"做起，即改变课堂、改进课堂、改善课堂。课堂不变，学校难有变化，课改难见成效。变革课堂，教师是当仁不让的主导者、设计者和践行者，目的是让学生真正成为课堂的主人。

变革课堂，首先要让课堂充满生命的活力。课堂上，学生精神焕发，聚精会神，跃跃欲试，有时情不自禁地扑哧一笑；有时为课文主人公的命运多舛而扼腕叹息……教师则因势利导，循循善诱，师生之间，生生之间，师生和文本之间有爱的传递、情的交融、心的默契，课堂上弥漫着民主、和谐、包容、宽松的气氛。

黄：我们又如何创建有活力的课堂呢？

杨：课堂上学生生命的活力，主要是思想的活力。此时，学生观察敏锐，想象丰富，思维活跃，思路纵横。有奇思妙想，异想天开；有言语畅达，语出惊人。在交互式的对话中，有思想碰撞，有资源共享。在言语交锋中，进发智慧的火花，滋生创新的萌芽。

思想的活力源于思维的活化。思维的活化关键在于师生思维方式的优化。

当前教学中存在的问题，主要是思维方式的老化。一是思维惯性。教学中教师喜欢采用老方法，按老套路走，照老规矩办，认为不需费心劳神，更不必煞费苦心，习惯成自然，"功"到自然成。二是思维惰性。思想懒惰，得过且过，宁愿"躺平"，不思进取。长此以往，有可能形成消极的人生观。三是思维肤浅。教师未深钻文本，学生只是在认知的表层徘徊，致使思维简单，思想幼稚，认知粗浅，言语生涩。四是思维破碎。教学中，有的教师常用一些无思维价值的小问题编织出看似活跃的课堂景象，既没有梳理，也缺乏整合，从而导致学生的思想零碎，语言破碎。为此，在教学中，教师要结合语言运用，引导学生调适视角，转化思路，此路不通，另辟蹊径，此法不灵，另寻他法。要大力倡导发散思维和求异思维，鼓励创新思维，让学生勇于反弹琵琶，逆向思维，敢于力排众议，独持己见。在课堂对话中，要转变观念，意识到对话主要不在于统一思想，找到正确的答案，而在于相互赏识，彼此倾听，发现各自的差异，激发起不同观点的争论、不同思路的比较、不同表达的评议，在同中求异、异中求同的思维过程中，发展学生的思维能力，提高学生的语言表达水平。

思维方式的优化需要良好思维方法的支撑。在教学中，教师应结合文本语言，针对学生身心发展的水平，教给学生一些思维方法。例如，在理解语言和运用语言中如何分析、综合、比较；怎样借助概念进行判断，借助判断进行推理，学习简单推理，进而学习比较复杂的推理。在中高年级，应教给学生归纳、演绎的方法，引导学生结合课文学习举一反三，尝试触类旁通。

充满生命活力的课堂必然是师生思维和语言齐飞共舞的课堂，这样的课堂有思想内涵，有文化底蕴，有语言价值，还有审美情趣。创建有活力的课

堂，关键在于教师。教师应具有正确的教育理念和深厚的文化底蕴，还应有教育情怀和敬业精神，更应有永不枯竭的创新活力和锲而不舍的意志品质，使自己真正成为课堂变革的主导者，让学生真正成为课堂的主人。

黄： 我们语文教改的着力点应该在哪里呢？

杨： 我们的语文在实现立德树人根本任务上，有着极为特殊的作用，需要在突出自身特点的基础上，体现社会主义核心价值观。中国语文教育有几千年的历史，具有自己的传统，因此，我们应系统进行传统文化教育，打造具有中国特色的语文教育，不可一味模仿西方。

语文教学改革不是孤立的，必须放在时代的大潮里，置于教育改革的大环境中，包括教育理念的根本转变，课程结构的合理调整，升学制度的配套改革，学校、家庭、社区的良性联动，社会舆论及信息源的疏导与调控，等等。就语文自身而言，对内应强调学生听、说、读、写能力的协调发展，字、词、句、篇综合运用能力的提高，在真实的语言情境中，引导学生通过自主言语实践，积累语言，发展思维，培养语感，掌握方法，养成好习惯，等等。对外应强调语文与生活的联系、语文和社会的联通，以及语文与其他学科的相互渗透，注重培养学生综合运用语文解决实际问题的能力。

教学，特别是语文教学，有其自身的特质和规律。在语文教学中，作为第二信号系统的语言文字和它所反映的事物建立了暂时神经联系，在头脑中再现事物的形象——表象。人们正是借助表象，架设起感知和思维连接的桥梁，运用表象置换、添加组成了新的形象从而形成想象，引发联想，激活思维，实现从感性到理性的飞跃。

在语文教学中，表象正是学生在感知语言后留在头脑中的形象。学生接触文本，感知语言，再现形象，激发想象，切己体察，真实体验，萌发情感，推动认知，激活思维，这一连串的心理活动，都离不开感知语言的形象，体察语言的温度，领悟语言的意蕴，品味语言的韵致。这一切都不是技术所能取代的，或者说，学生内隐的这些心理活动是不能省略的，如果省略了，学生就分心了、走神了，语文教学就走样了。

黄：所以，课改的着力点还是应该在课堂，课堂依然是课改的主阵地。

杨：是的。课改首先从"改课"做起，从改变课堂做起。

中外学者对课堂的改变都做过许多有益的探索。例如西方发达国家曾有过教学心理学化的热潮，也有过课程一体化、综合化的实验研究。前者强调对学生内隐的心智活动的探究，关注学生的认知—情感—意志在教学过程中的发展变化的规律，尤其是学生思维活动变化发展的特点与规律。后者是鉴于当前学科划分太细且相互脱节，造成学生认知发展和能力的严重缺陷，主张课程整合、学科渗透、综合学习，从而提高学生整体认识世界的能力。

我国20世纪五六十年代，曾风行过从苏联移植来的"红领巾教学法"。针对"满堂灌"和"注入式"而倡行"精讲多练"的教学主张，派生出"先讲后练""先练后讲再练""边讲边练"等教学样式。同时"少而精""启发式""一课一得，得得相联"等，成为语文教学的基本策略。与此相呼应的，还有著名教育家、上海育才中学校长段力佩提出并实践的"读读、议议、练练、讲讲""长短课教学"等教学主张，对广大中小学教师，尤其是语文教师产生了广泛而深远的影响。改革开放以来，课堂教学改革高潮迭起，涌现出了一批著名特级教师和一些经典的课堂教学范式。

教学有式，但无定式；教学有法，但无定法。总之我们应从聚焦学科核心素养的视角去改变课堂。

聚焦核心素养，是课程改革的最强音，关系到培养人的根本。课改，从"改课"做起，是在给课改一个抓手、一个基点。其实，从聚焦学科核心素养的视角来改变课堂已涉及课程改革的目标、内容、格局、策略以及课程形式诸多方面。改变课堂就是在改革课程，改进课程。

黄：我们在教学中又该怎么落实好"课堂的中心是学生"这一课堂观呢？

杨：课堂的中心是学生。学生为主体，教师是主导，教与学相互依存，教学相长。学生的学，主要是学会学习，在小学主要是掌握学习方法，习得运用语言的能力。例如学习识字，正在于让学生在识字中学会独立识字；学习阅读，正在于让学生在阅读中学会读书；学习写作，正在于让学生在写作中学会表达。教师主导主要是激励、点拨、唤醒、疏导，使学生有浓厚的学习兴趣，有旺盛的求知欲望，有即兴的智慧生成，还有因思维碰撞引发的创新冲动。教师要时时调适课堂节奏，有放有收而又收放自如，有分有合而又分合有度，有动有静而又动静有节，有慢有快而又快慢适宜，使教学过程层层递进，环环相扣，力戒烦琐化、漂浮化、散乱化和碎片化。

课堂的主人是学生，课堂的中心是儿童，教学中应有浓浓的语文味、深深的母语情。课堂是内容和形式的统一。课改的重点，主要不在于外在形式的装点，而在于课堂内在精神的充实和丰盈。所以，应从聚焦学科核心素养的视角去关注我们的课堂。

〉〉 端正课风，
提高教学品质

黄：杨老师，课风即课堂风气，是师生在课堂上展现出的精神面貌、情感状态和行为特征的总和。良好的课风有何重要性呢？

杨： 良好的课风润泽师生的心灵，激发学生的求知欲望和教师的教学热情，使师生之间、生生之间相互赏识、彼此尊重。

课堂上，教师亲切和蔼，精神饱满，情感充沛，眼神中流露出浓浓暖意，手势中传递出款款深情。学生则是两眼发光，跃跃欲试，言语与智慧共舞，思维和想象齐飞。课堂上逐渐形成了一个强大的心理磁场，师生之间、生生之间相互吸引，相互感染，在自由、和谐的氛围中，使教学进入最佳状态。

10年前，我在湖北宜昌看支玉恒老师执教《匆匆》，课堂上既无视频，也无音频，整堂课就是师生一起读书，也看不出老师用了什么高明的方法，只是从旁提示、点醒、矫正、激励，但孩子们读得认认真真，读得有滋有味，读得心花怒放，读得神采飞扬，我不由得赞美道："真是大雪无痕、大法无形呀！"下课铃响了，孩子们还沉浸在琅琅书声中，恳求老师不要下课。

黄： 是的，看到这样的课堂，谁能说语文教学没有魅力呢？然而，当下课风不正的现象并不少见，对此您怎么看呢？

杨： 是的，通过观察，我们发现当下课风不正的现象并不少见：

教师居高临下，恃才傲物，目中无学生，心中更无学生，讲课时，旁征博引，滔滔不绝，课堂变成了展示教师才华的舞台，放大了教师的形象，缩小了学生的身影。有时课堂也有互动，但动口不动脑，仿佛有一只无形的手掐住了学生的喉咙。

课堂讲求统一，追求一致，没有不同意见，缺乏另类声音，更难听到因独特感悟而发出的"奇谈怪论"。教学中程式老套，风平浪静，水波不兴，教师没有激情，学生不会激动。学生发言多是"独白"，只对老师负责，不管同学反应。其他同学也是事不关己高高挂起，不会倾听，也不想倾听，更不会对别人的发言加以评论，"互动"形同虚设。

课堂上随意褒奖，廉价表扬，常听到的是"你真棒""好聪明""一二三，

向他学习"。更有甚者，滥用表扬，"真是聪明绝顶""我发现了一个天才""好一个神童""未来的诺贝尔奖获得者"……言辞夸张，简直离谱。这样做的后果是：多数学生习惯了，兴奋不起来，产生了审美疲劳；少数学生则飘飘然，再也听不进批评的声音了；也有学生学会了如何用甜言蜜语去奉承别人。如此等等，不仅不能激发学生学习的兴趣，还有碍学生健全人格的养成。

课堂上认认真真搞形式，踏踏实实走过场。课风浮夸，课件浮华，课堂花花绿绿，伴奏乐不绝于耳。屏幕取代教材，录音代替范读，字幕替代板书，录像取代学生对语言文字的想象和思考。总之，结论取代了过程，课件遮蔽了目标。如此这般，学生直接感知语言文字的时机没有了，语文教学也变形了。课堂看似活跃，学生举手如林，发言此起彼落，且大多数正确无误。深究之，学生不过是在文本的表层徘徊，思维还停留在语言的浅表层，难见由此及彼的联想，更无由表及里的探究。某些假主体行为和非语文现象登堂入室，占据了学习空间，浪费了宝贵时间。

课如其人，人如其课。课风即人风，是教师人格、品行、学养的集中反映。看斯霞老师上课，直观感受是：简明、干净、自然、平实。不做作，也不雕琢。顺其自然，因势利导，水到渠成，瓜熟蒂落。深思之，这不仅是一种教育智慧，更是人格的力量，被称为"人格化教学"。于永正老师生前留下一句名言："教了40多年的书，最终把自己教成了孩子。"多么朴实的话语，又是多么富于哲理的箴言！教师返老还童，怀有一颗纯洁的童心，把自己当成儿童，时时为儿童着想，与儿童同喜同悲，同忧同乐，这该是多么美妙的境界！

课风不正，将侵蚀教学，使之变味、扭曲变形。如果习以为常，听之任之，还将会腐蚀学生的心灵。语文教学风清气正，关键在于教师。教好语文，没有诀窍，也无捷径。把稳着实，认真负责，端正学风，修炼内功，涵养心性，提升素养才是教师的本分，也是教师的本色。

黄：我们又该如何透过课风不正的现象去评判当下课堂教学的得与失？

杨：当前，语文教学并不沉闷，课堂上，学生小手高举，发言踊跃，书声琅琅，一派热闹景象。然而深思之，我们会感到在"热闹"背后，似乎掩盖了什么。试想，如果学生答问，答案就在书上，照念不误，即使应答如流，有何价值？如果朗读总是几个优生表演，大多数学生作壁上观，如此琅琅书声，训练作用何在？

你提到如何透过现象去评判教学的得失，我认为，语文教学主要看学生的言语实践是否有效。

黄：什么样的言语实践才是有效的言语实践呢？

杨：**一、学生的言语实践是学生的自主实践**

自主，是学生自己做主，不是老师牵着走，也不是老师赶着走。学生自主了，才能主动，才能自行揣摩，自主探究，自由发挥，也才能自主发现，亲历发现的过程，体验发现的快乐。在小学，学生通过读、思、议、写，发现复杂的语言现象中隐含的意蕴，发现词、句、段、篇之间看不见的关系和联系，既体现观察的专注和细致，又体现思维的灵活与敏锐。可以说，发现问题比解答问题更有价值。发现，常常是学生创新思维的萌芽。

回望语文教学，存在的问题依然是教师控制课堂，要求学生循规蹈矩，整齐划一。最终只能是用精心打造的模具，铸造出统一规格的学生，不仅阻碍了学生个性的发展，也扼杀了学生的自主精神。

二、学生的言语实践是在真实语境中的实践

语言是人类最重要的交际工具，本应交流的是真实的思想、纯洁的感情。但实际情况是，教学中脱离真实语境的纯技能训练太多，融入生活、走进内心、触及心灵的言语活动太少。课文中一些严肃的主题低俗化，人物脸谱化，

情节戏剧化，场景虚拟化，活动游戏化，以致在执教《小英雄雨来》的课堂上，学生笑声不断。这样的教学不仅无助于学生对语言文字的理解，而且也偏离了思想教育的轨道。

三、学生的言语实践是和思维活动密不可分的实践

在语文教学中，学生的言语活动如果只是在语言文字的表层徘徊，在思维的浅滩嬉戏，可以肯定，这样的言语实践是低效，甚至是无效的。因此，在符合学生身心发展规律的前提下，学生思维应从浅层思维提升到深度思维，从具体思维提升到抽象思维。

为此，课堂上要强化学思结合。以问促思，变提问为发问；寻疑而进，变生疑为质疑。疑问应有思维价值和语言价值，提问不在多，而在精，要问到思维的关节之点、关联之处，问到语言表达的精彩之笔和精妙之点。

四、学生的言语实践是听、说、读、写的综合实践

语文课程是一门实践性、综合性很强的课程，由于听、说、读、写之间有着紧密的内在联系，因此，在教学中如何促进听、说、读、写的协调发展，发挥它们之间互补、互促的作用，关系着学生的言语实践是否有效。例如，当某一学生答问或朗读时，其他学生应认真倾听，听后要及时评点，还可以对评点再进行评点。这样的课堂才是一个交互式对话的课堂。然而当下许多课堂上，学生无论是朗读还是答问，只对教师负责，其他人漠不关心。学生发言变成了"孤独主体的独白"，既无思想碰撞，也无情感沟通，课堂缺失了交际的氛围，延滞了听说能力的协调发展。

此外，在教学活动中，教师还可结合课文，穿插"小练笔"。书声琅琅变成了写字沙沙，学生潜心思考，将思想化为书面语言，既可加深对课文的理解，练习书面表达，还可舒缓课堂气氛。

课堂不求热闹，讲求有效，每堂课都有效，自然就高效了。

〉〉 | 呼唤
课堂文化

黄：杨老师，当下语文课堂上，不少人热衷于教学样式的包装和教学技巧的雕琢，而缺失课堂文化内涵。我们该怎么做才能构建好的课堂文化？

杨：华而不实、脆而不坚、淡而不醇的教学现象我们经常看到。有的老师本来教学功底不深，却故作深沉，把简单的讲复杂、浅显的讲深奥，旁征博引，以显示自己的高明。有的老师为活跃课堂，故意调侃学生，看似幽默，实则油滑。还有的老师生硬地模仿名师，试图立竿见影。

1989 年秋，支玉恒老师在成都执教《第一场雪》。为激活没看到过大雪的成都儿童的想象，朗读指导时，支老师鼓励学生："看谁能把雪读得更大些！""啊！他把雪读得还不够大，但快靠近雪地的边了。""好的，他读得很好，把雪读得很大了……"通过读，学生仿佛看到了美丽的雪景，课堂气氛再次掀起了高潮。这是多年来广为传颂的一段佳话。但有的老师却不顾学情，也不看教材特点，照搬支老师的做法，学习词语时，要求学生把"美丽"读得美丽些，把"雄壮"读得更雄壮一点，结果是学生把"美丽"读得怪声怪调，读"雄壮"时则是大喊大叫，令人啼笑皆非。更有甚者，有老师要求学生把"丹顶鹤的嘴读得更长一些"，一段课堂佳话演变为课堂笑谈，

175

引人深思。这说明学习名师不是简单的模仿，而是学习名师涵养心性、修炼内功、刻苦钻研、锲而不舍的精神。

在语文教学中，想要提高教学水平，不靠耍技巧，也不靠外包装，更不是模特走秀。既无灵丹妙药，也无奇门遁甲，更无一条用彩虹铺成的空中捷径，可以一蹴而就。语文老师当然需要睿智，但不能耍小聪明，搞好语文教学需要有真功夫，下苦功夫，脚踏实地，一步一个脚印，坚持不懈，步步落实，日积月累，方能看到成效。

过去我们过于强调训练而忽略熏陶感染，使本应是审美的、诗意的语文教学变得毫无情趣。之后，我们注意发挥教材的文学功能，发掘文本的审美价值，复活了语文教学的魅力。但是深究之，总感觉这些课还是虚空浮华，只在语言文字的浅层漂浮，在思维的表面活跃，"多量"而不"高质"。社会上风靡一时的"浅阅读""快餐式阅读""泛阅读"也涌进了课堂，挤走了语文教学中的"深读""精读"和"细读"，课堂上基本看不到对语言文字的咀嚼和推敲。出现上述现象，原因固然很多，主要还是教师自身的专业素养不高，尤其是人文素养不高，课堂缺失文化。

文化有文野之分、雅俗之别，所以语文教学还应发挥文本中的人文智慧和审美价值，提高文化品位。要倡导健康、高雅、催人上进的文化，摒弃媚俗、粗野、颓废的文化。还需要关注儿童文化。儿童文化是无拘无束的想象力的游戏，是符合儿童身心特点的诗性文化。在语文教学中，教师千万不要把儿童的想入非非看成是胡思乱想，也不要把儿童的天真幼稚看成是愚昧无知，更不要把儿童的"奇谈怪论"看成是疯言疯语。教师要善于从儿童看似残缺的话语中捕捉闪光点，并将其转化为生成性课程资源。当课堂真正做到"童言无忌"之时，儿童自会妙语连珠。

建构课堂文化，关键在于教师。当教师具有开阔的文化视野、深厚的文化底蕴时，语文课堂必能扎根于中华文化的沃土，绽放文化之花，结下文化之硕果。

黄：是的，小学语文课堂文化既要体现语文自身的特点，又要体现儿童学习语文的基本规律。那么，小学语文课堂文化的特点有哪些呢？我们又该如何落实好课堂文化建设？

杨：课堂文化，含义宽泛，一般而言，是指在长期的教学实践中，积淀升华而形成的课堂文化精神、课堂文化内涵、课堂文化风格，以及课堂情境、课堂风气、课堂语言、课堂常规、课堂制度、课堂习惯等。

课堂文化强调思想引领，倡导合作探究，鼓励发展创新。我们要让师生拥有课堂，珍惜课堂，享受课堂，使课堂具有一定的文化内涵、文化智慧、文化价值和文化品位。因此，必须强调课堂文化的核心价值，培养学生具有文化选择、文化评价和文化鉴赏的能力。

一、语文课堂文化是以感性教育为特征的课堂文化

感性教育是引导儿童调动全部感官去感知外部世界，以获得感性经验的教育。别以为感性经验是零碎的、粗糙的、表层的，其实感性经验是本色的、原汁原味的、具象的。感性认识是理性认识的基础。马克思对获得感性经验有发自内心的喜悦，他说："物质带着诗意的感性光辉对人的全身心发出微笑。"

当下，语文教学匆匆感知的现象并不少见，教师常常试图越过感性直达理性，仓促地进行抽象概括，由于没有感性认识支撑，这种概括往往勉强而生硬。在识字、写字教学中，学生对字形结构的感知常常是走马观花；在阅读教学中，学生对文本描绘形象的感知也是浮光掠影；在作文教学中，学生对事物的观察也很粗疏，对常见的事物又熟视无睹，以致文章写不具体，这

成了中小学生作文的常见病。

在语文教学中，由"得意忘形"到"得意忘言"，教训很多。教学实践证明，在语文教学中，学生感知语言形成语感，日积月累积淀语感，较之熟谙语法规则更为重要。

二、语文课堂文化是一种交际文化

语言是人类最重要的交际工具，它产生于人类交际的需要，并在交际中不断发展。20世纪80年代，潘自由教授率先进行"以言语交际为核心的语文教改实验"，曾风靡一时。其间，也产生了一批精品课，最具代表性的就是著名特级教师于永正的一年级说话课《描述人物外貌，转述通知》。这应是迄今为止最经典的言语交际课，该课对我们的启示是：语文教学要营造交际氛围，激发学生的交际动机，创设交际情境，使学生的言语活动不是"孤独主体的独白"，而是多向度、多维度、多角度的交互式对话，其中不乏儿童独特的表达方式和儿童特有的鲜活的语言。

三、语文课堂文化是一种情境文化

语言离不开情境，学生正是在特定的语境中，产生言语的动机，启动言语的生理和心理机制，使课堂语言动起来、活起来。学生在言语活动中，情不自禁脱口而出的语言，常常是富于儿童情趣的美妙的语言。

由于学生的经验、背景不同，兴趣、需要各异，因而头脑中的情境也不尽相同。情境反映个性，个性丰富情境，从而催发课堂上多元的对话，演绎出学生各自的生命色彩。

亲近课堂文化，应在新时代的大背景下，根据学科的特点和学生的实际，增加课堂的文化含量，提高课堂的文化品位，净化课堂、活化课堂、美化课堂、提高教学质量。

建构课堂文化，不能搞形式主义，更不要模式化。由于地域文化不同，校情、学情各异，我们应倡导建构不同风格的课堂文化。课堂文化各具特色，争奇斗艳，才能迎来满园春色，春光无限。正是无限的春光和无尽的梦想，才给广大教师留下创新课堂文化的空间。

黄：我们如何从思想的高度去审视课堂，走进课堂文化呢？

杨：课堂传承文化，教材呈现人类文明的基本成果。对教材的理解，主要是文化层面上的阐释，即在特定的文化背景下，从文本的语言文字中去发掘文本的文化内蕴，体会文本的文化情致，发挥文本的文化价值，了解作者的表达意图和表达特点。正是这种文化层面上的解读，才能使我们从整体上把握教材，熟练地驾驭教材。在此基础上，我们还应从教育思想的高度去审视课堂，走进课堂文化。

一、课堂是育人的殿堂

语文是人类文化的重要组成部分，文化是感化、净化、美化人的灵魂的文化。语文课堂不仅是传承文化的场所，而且是以文育人、以言立人的殿堂。教师是肩负国家之托辛勤劳作、培育祖国花朵的园丁，教材是众多编写者的心血，又是专家们审查通过的。课堂上，学生的生活是真实的生活，他们不是在虚拟的情境中表达虚情假意，而是在真实的语境中抒发真情实感。育人先育心，成才先成人，课堂生活留下了儿童成长的轨迹，使他们成为诚实守信，富有同情心、感恩心、责任心的人，成为有家国情怀、也有世界眼光的一代新人。

当然，语文课堂上的育人，不是生硬灌输、抽象说教，而是春风化雨、润物无声。

二、课堂是绿色的园地

课堂文化是绿色的、干净的、无污染的，同时也是生机勃勃、富有活力的。多年前，我在《呼唤绿色课堂》的文章中写道："绿色不是单调的色彩，在绿色课堂里，姹紫嫣红，五光十色，显示出世界的多样化、文化的多元化、儿童的个性化。""绿色课堂不是现成的、预制的模块，是一种生长现象，是一种生长状态，是师生用智慧营造的教学生态。"武汉市常青树实验学校在万玉霞校长生命发展教育理念的指导下践行的"主动发展课堂"和"自能发展课堂"，是最具生命活力的绿色课堂。学生在课堂上敏于发现，善于思考，敢想敢说，呈现出会说能写的学习状态，由此折射出自主、自信、自强的精神，充分展示出了生命的活力、智慧的活力和言语的活力。

三、课堂是学生做主的课堂

学生是课堂的主人。他们不是戏剧中跑龙套的小配角，也不是可以任意揉捏的彩色塑泥。在课堂上，学生有自由思考的权利，有发表个人意见的权利，也有力排众议、独持己见的权利，还有质疑权威、教师和书本的权利。

当下课堂上立下的规矩太多，大都是为了控制学生，让学生循规蹈矩。例如，教师发令"一二三"，全班学生应声而答"坐端正"，只听唰的一声，全班学生都坐得笔直端正。又如，学生读书、发言要经老师批准，否则视为违规。20世纪80年代，武汉市鄱阳街小学有位张楚骏老师，他独出心裁，要求学生无须举手，也无须老师批准即可自由发言，在教学中无论是话中追问、相互辩驳还是话后点评都井然有序，类似于现在时兴的无组长小组讨论。从教学实践看，并未发生课堂乱象。可见，许多常见的老规矩、旧习惯是可以改变的。

四、课堂是允许学生犯错的地方

语文课堂是学生练习运用语言的场所，应允许他们犯错，鼓励他们在自我纠错中，不断规范语言，提升语言能力。敢说才能善说，放胆写文才能写出好文章。如果课堂上只许正确，不许犯错，无异于堵塞言路，禁绝思考。在学生学习语言的过程中，有时错误往往是正确的先导。学生百无禁忌，敢说敢写，尝试错误，自省自纠，自己去获得正确的结论，这也许比一蹴而就的正确更有意义，更有价值。所以，课堂应允许犯错，这不仅是一种教育理念，也是一种教学策略。

走进课堂文化，建设课堂文化，本意是纠正语文教学中过于重形式、重技巧的倾向，因此应特别强调正确思想的引领和指导。如果我们把建设课堂文化局限于教学形式的变化和教育技术的改进，无异于跳出了窠臼，又陷入了泥潭，必将束缚我们的手脚，禁锢我们的思想。

〉〉 对语文教学的 **思虑和追问**

黄：杨老师，当前语文教学正处在时代进步、社会变革、现代科技飞速发展的大环境下，我们的语文教学改革如何直面现实，面向未来？

杨：当前，现代科技狂飙突进，信息密集爆炸，新媒体形态不断涌现，互联网进入寻常百姓家。一部小手机"锁"住了亿万人的思想和生活，让人俯首帖耳。现代信息技术对人们的生活方式、思维方式、行为习惯产生着极为深刻的影响，也对现行教育体制、教育内容、教育方式提出了令人始料未及的挑战。尤其是对于作为交际手段的语文以及具有工具性和人文性的语文教学而言，飞速发展的现代科技更是触动了许多深层次的问题。

的确，信息技术进入教学过程，使遥远的变得亲近、抽象的变得具象、静止的化为灵动，让原本枯燥乏味的教学变得生动活泼了。这将为教学改革带来革命性的变化。还有如翻转课堂、慕课、云教学等，为转变学生的学习方式和教师的教学方式带来了新的契机，为学生自主学习、独立学习、学会学习创造了极为有利的条件，也为当前时兴的先学后教、以学定教、学在教先等提供了技术支撑。

同时，我们也要看到，由于大量信息扑面而来，繁花飞舞，乱花迷离，学生目不暇接，不分主次，难辨真伪，更不能分清美丑善恶，无法保证能接受无污染的、健康的、营养丰富的精神食粮。还有少数学生迷恋网络，他们不加选择地热捧网络流行语，滥用"火星文字"，传递无聊"小段子"。写作变成了"下载"，写字变成了"打字"，甚至歪批、胡改古诗以博一笑。课堂上，技术驾驭教学，信息覆盖一切，屏幕代替书本，字幕取代板书，音频替换范读，视频取代了由语文唤起的形象。教学中，教师的作用弱化了，书本的功能消失了，结果呈现了，过程却隐匿了。更为反常的是，人影模糊了，具有鲜明个性的学生被隐没在现代技术的迷雾中。五光十色流动的画面，悦耳动听飞舞的旋律，占据了学生的神经兴奋中心，而作为主角的语言文字却悄然淡出了。课堂上，技术味浓了，语言味淡了；匠气多了，文气少了。即使有一点人机互动，也只是热闹一阵子，缺失了心的默契、情的沟通。

语文是人的语文，是人与人之间沟通情意的语文。没有了人，没有了人际交往，还有语文吗？还需要语文吗？语文教学是知情统一的教学，缺乏了情感的冷冰冰的教学，还有感染力吗？还能感动人吗？课堂上那些看似合理的取代，失去的恰恰是教学的灵魂。试问，再好的字幕能取代教师一笔一画的板书吗？再好的音频能取代教师声情并茂的范读吗？再先进的远程教育能取代教师在面授中的亲和力和人格魅力吗？

信息化时代，语文教育工作者不能回避，不要退缩，而是要勇敢面对，积极合理利用信息技术与网络优势，努力探索网络条件下语文教学改革的走向和策略。说到底，技术是手段，提高学生的语文素养才是目的。手段再优越，也不能代替目的，只能服务于目的。新时代，语文不可少，更不可小觑。因为语言文字是人类最重要的交际工具和信息载体，是人类文化的重要组成部分。

黄：是的，时代在发展，课堂也应因时而变。所以面对信息化时代，如何合理利用信息技术丰富教学形式、优化教学环境、提高教学质量，是我们亟待探索的新课题。您说对吗？

杨：的确，将信息技术引入教学，营造良好的网络环境，对促进教育改革具有深远的意义。在教学中，合理运用信息技术，把远古拉回现代，使遥远的变得亲近，抽象的变得具象，不仅能使学生获得感官的满足，而且能使他们得到审美的愉悦，受到理性的召唤。所以，将多媒体作为教学辅助工具，巧妙而合理地融入教学活动，是教学改革进步的标志。

然而，语言文字也是媒介，属于第二信号系统。言语不只是声音，文字不只是符号，都标示着特定的事物，表达着特定的意义。语文教学正是要求学生感知语言文字以观其形、辨其声，理解语言文字以晓其义，体验语言文字以动其情。这些都是在教师引导下，学生通过读书、思考、议论、书写等活动自主完成的。长期练习、频繁接触之后，学生一看到文字符号，就能读其音，知其义，甚至连语言文字中蕴含的言外之意、弦外之音，都能感悟出来。所以，在语文教学中，引导学生对语言文字的感知，对词句段的揣摩、体悟，对文本篇章的整体把握都是不可或缺的。

当下，纸质读物逐渐被网络取代。学生在课堂上主要不是读书，而是读屏幕。有时，屏幕上出现一个词语或句子，学生还未回过神来，冷不丁就转换成另一个词语或句子。教学中对课文整体随意肢解，零打碎敲，快速呈现和转换，省略了学生的认知过程，消减了学生的情感体验，这样，学生头脑里还能留下语言文字的痕迹吗？

如果多媒体取代了语文，覆盖了课堂，用屏幕形象取代学生想象，用画面的转换取代学生的认知过程，用音频替代教师的讲解和范读，用字幕替代教师的板书，用视频中的即时评价替代教师的当场点评和鼓励，这样，学生不过是匆匆的看客，教师不过是多媒体的操纵者。教学中没有了师生、生生之间的良性互动，缺失了教师深情款款的讲授，不见了学生的质疑和探究，更缺失了教师的人格魅力和学生的个性飞扬。

语文课就是教师引导学生学习语文的课，是学生学习理解和运用祖国语言文字的课，是学生听、说、读、写的综合实践课，是学生提高语文综合素养的课。说到底就是学生学习说语文、讲语文、读语文、写语文、用语文的课。

众所周知，课程改革启动以来，给比较沉闷的语文教学注入了生机与活力。从实验区所反映的情况看，学生学习语文的兴趣提高了，思维活跃了，口语交际能力、综合性学习能力都比过去提高了。老师们重视了学生自主探究精神和创新精神的培养，重视了对学生创新潜能的开掘。课程改革密切了语文和生活的联系、语文和社会的沟通以及语文和其他学科的相互渗透。在课程改革中，各地开始重视校本研究，重视本土课程文化的发掘，也重视开掘广阔的母语教育的资源。特别要提出的是，跟课程改革一起成长的广大教师、教研员经受了一次教育思想的洗礼，更新了教学观念，提升了课程意识。他们用生动的课程范式诠释了新的课程理念，演绎了新的课程文化，营造了课改的氛围，活跃了教研空气，受到了广泛的欢迎。

黄：是的，课程改革成绩是有目共睹的，但也存在不足。您认为哪些现象应该引起我们的重视呢？

杨：我认为以下四种现象要引起我们的重视：

一、虚

语言训练不落实、不到位，花拳绣腿多，花里胡哨多。内容庞杂，课件繁杂，这在公开课上表现更甚，教师不范读，不板书，淡化了指导作用。虚，还表现在课堂上不抠词抠句，不纠正学生错误的语言，不辨析词义，不辨析字形。脱离文本的议论纷纷太多，自由诵读的琅琅书声太少。课件把学生的兴趣提起来了，可真正面对文本的时候，学生反而失去了兴趣。有些课画蛇添足，文本还没弄清楚，就塞进了一些课外的东西。

二、闹

课堂上热热闹闹，没有给学生思考的余地，也没有给学生质疑的机会。闹，反而使课堂单调沉闷，学生的心灵之窗紧闭，课堂上没有另类的声音，没有独特的感悟，没有多元的结论，难见因思维撞击而迸发的火花。

三、杂

由于语言文字训练不落实，语文活动没有很好地开展，因而另一种形式的"架空分析"有所抬头，即以牺牲工具性为代价的所谓张扬人文性，成了课堂上另一道风景。它所表现出来的是：语言文字太浅，思想内容太深。教师用大量时间去深究文本的思想内容，而削弱了对语言形式的把握。杂的表现之二是各种非语文现象、非语文活动占据了课堂。课堂上吹拉弹唱尽显其能，与语文本身没有多大的关系。

四、偏

当前在某些地方出现了轻视"双基"的现象，尤其是轻视基础知识的传授。轻视知识，导致轻视讲解、讲授等这些基本的教学方法，把接受性学习和自主、合作、探究对立起来。偏，还反映在弱化教师职能，不敢严格要求学生，廉价表扬，随意肯定。

这些现象，反映出我们对我国优秀传统文化的认同、吸纳不够，对我国母语教学的历史经验和成果的认同、吸纳不够，对我国的国情实际特别是广大农村教育实际深入了解不够。从方法论的角度看，说明我们还缺乏辩证观，常常容易情绪浮躁，急于求成，顾此失彼，易走极端，把握不住事物发展的度。语文教学被抹去了本色，拧干了原汁。

黄：杨老师，2005 年您在《中国教育报》发表了《呼唤本色语文》一文，被多家刊物转载，在全国语文界引起强烈反响，影响深远。那么，践行本色语文，怎样才能落到实处呢？

杨：语文有语文的色调、语文的节奏和语文的味道，为保持语文本色，在教学中我们倡导：

一、平平淡淡教语文

平淡即平实淡雅，不添色彩，不加修饰，不刻意雕琢，不做作矫情，不故作姿态，不故弄玄虚，是原色、原汁、原味，是本色语文、本体语文、本真语文。

平淡为真。返于自然，归于纯净。教师持这种心态，就会心平气和，以真心与文本、学生进行平等对话，以真情和作者、学生进行真诚交流，正所谓"清水出芙蓉，天然去雕饰"。

平淡致静。教师心静如水，学生雅静无声，不讲奢靡，不求浮华。师生之间、师生和文本之间有心灵的絮语，有自然的默契，有随机的暗示，有会心的微笑。这就是潜移默化，也就是"不言之教"。

平平淡淡不是平板淡漠，更不是平庸散淡。平淡之中，有时也会奇峰突起，有奇思妙想，有神来之笔；有时也会峰回路转，有曲径通幽，有柳暗花明。

平平淡淡教语文，方显语文本色。如司空图在《诗品》中所言"生气远出""妙造自然"，又如苏轼所言"无穷出清新""渐老渐熟，乃造平淡"。可见平平淡淡教语文对教师的综合素养，尤其是人文素养的要求更高了。从某种意义上说，平平淡淡更像一种心态、一种风格、一种修养、一种境界。

二、简简单单教语文

语文课就是教师引导学生学习口头语言和书面语言的课。我们不要硬给语文课加重任务，拔高要求，也不要脱离学生实际求全求多。不要把教学环节设计得过于复杂，也不要使教学方法花样翻新，更不要让课件充斥课堂，喧宾夺主。

当前，有些课，尤其是公开课，容量太大，节奏太快，课件太多。教师连珠炮式地讲话，手忙脚乱地演示，学生急匆匆地对答，扫描式地观看，没有回旋的余地，没有咀嚼回味的时间，知识如浮光掠影，训练似蜻蜓点水。如此，知识如何能内化？技能如何能熟练？

鉴于此，语文课要"消肿""减肥""瘦身"，化繁为简，削枝去叶，突出主干，凸显主体，理清主线。所以要念好"字、词、句、段、篇、听、

说、读、写、书（写字）"这"十字真经"，紧扣"知识、能力、方法、习惯"的"八字要诀"，强调"基本知识、基本能力、基本方法、基本应用"四项要求。再次倡行"一课一得"，即一堂课，目标要集中，任务要单一，要求要明确，训练要落实。"一"，言其少也、精也。而不是说只有一个要求、一项任务。也要重提"精讲多练"，"精讲"即讲精华，讲精髓，讲精练，画龙点睛，提要钩玄，要言不烦，惜时如金。当然也要求学生问答简明扼要。"多练"是相对精讲而言的，即让学生多读、多写，自主参与言语实践。当前语文教学中有脱离文本去过度发挥以及用学生的集体讨论代替学生的个体言语实践等现象，因此要强调，对话主要是和文本的对话。要深入钻研教材，疑问主要从文本中来，答案主要到文本中找，要不离文本，细抠词语，有时还要咬文嚼字。

把复杂的内容变得简单明了，把冗长拖沓的教学过程变得简洁从容，把复杂多样的教学方法变得简单易行，需要教师具有很高的教学素养。荀子说："不全不粹之不足以为美。"教学中要求面面俱到、平均用力、点滴勿漏是不可能的，效果也未必好。其实，正是这种"不全不粹"，才使得语文教学更精练、更精彩。所谓"简洁为美"，意在于此。

三、扎扎实实教语文

语文学科是基础工具性学科，从小打好学习母语的基础，对学生的终身发展至关重要。就小学语文教学而言，最重要的就是要奠基固本，要求切实，训练扎实，效果落实。

当前，小学语文教学中虚化现象比较普遍。热热闹闹走过场，认认真真搞形式，语言训练不到位、不落实。难认的字不多念几遍，难写的字不多写几次，该解释的词不解释，该辨析的词不辨析，该品味的句子不反复品味，该归纳的段意不归纳，至于最基本的句子、篇章知识和标点符号知识更是一带而过。

我们要认真研究教学过程，这既是学生思维、想象的过程，也是能力培养的过程，是教学的"三维目标"统一的过程。过程由各个环节组成，随着教学进程的推进，教师要做到环环相扣，步步为营，遇到错误要及时矫正，遇到遗漏要随时填补，发现生成性课程资源，要随机应变，充分开掘利用。不要视而不见，充耳不闻，仍按预设进行，一成不变。由于语文学习不可能一步到位、一蹴而就，有时需要回旋反复，有时需要重槌敲打，有时又需要轻拢慢捻，有时甚至需要以退为进，所以教师要善于审时度势，穿针引线，因势利导。

四、轻轻松松教语文

当前语文教学，师生都感负担重。广东一位教师写信给我说，班额大，作业多，考试频繁，师生不堪重负，压力太大。他呼唤：救救老师，救救孩子！但愿这不是普遍现象。为何老师负担重，不轻松，不开心？有教育体制的制约，尤其是考试制度的羁绊，也有学校自身的问题。就语文教学而言，要求太高，任务太多，挤得满满的，填得死死的，作业多多的，师生哪有自由活动的时间和空间。就一堂课而言，也是铺天盖地、倾盆大雨，教师气喘吁吁地牵着学生走，学生匆匆忙忙地跟着教师跑。我认为，为了让学生轻轻松松、开开心心地学习，教师首先要营造民主、和谐、宽松的教学氛围，让学生无拘无束地放言高论，尽情地表露他们的喜、怒、哀、乐，毫无顾忌地表达他们独特的感悟、独特的理解和独特的体验。其次要留下空白，留有弹性。所谓"留下空白"，是指教师要引导学生深入钻研文本，坚持和文本对话，善于从文本中词与词、句与句、段与段之间的关系中去发现文本中的空白，

从文本的字里行间去揣摩作者的未尽之言、未了之情，从作者写出来的文字中去发掘未写出来的文外之意、弦外之音。所谓"留有弹性"，即教师在教学过程中能根据学生的学习态势，做到伸缩自如，进退有节，开合有度。一是由浅到深的弹性，使全班学生在一定范围内都能自由选择、自主发挥。二是从一种思路到多种思路的弹性。教师要善于打开学生的思路并梳理学生解决疑难问题的思路，引导学生以开放的心态完成从一种思路到另一种思路的转换。三是从一元结论到多元结论的弹性。学生阅读文本，是重新建构意义的过程，因此教师要鼓励学生探讨多元结论。

轻轻松松教语文，并非降低要求，放松训练，而是营造氛围，研究策略，讲求方法，让学生在有限的时空中愉快地学习、聪明地学习、轻松地学习、高效地学习。

黄：是的，师生心情舒畅，自会营造出生动活泼的学习氛围。老师聚精会神，学生情绪高涨，这是我们一线教师最期盼，也在努力追求的教学状态。杨老师，您说过本色语文需要建构绿色课堂，那么什么样的课堂才是绿色课堂？

杨：绿色，春天的色彩，也是世界的原色、生命的本色。绿色课堂是原生态的课堂，是生意盎然、生机勃勃的课堂。

绿色课堂是具有生命力的富有活力的课堂。在绿色课堂里，儿童鼓起生命的风帆，展现生命的活力，燃烧生命的激情，从而真正体现了生命的价值。绿色意味着生命的存在，绿色世界滋养着一个个生长着的鲜活的生命。在绿色课堂里，预制的和生成的交互着，有限性和无限性同在着，确定性和不确定性并存着。在绿色课堂里，儿童作为灵与肉、身体和精神的统一体，始终在生长、生成、变化、发展。在必然性和偶然性之间取舍，在有限性和无限性之间抉择，在确定性和不确定性之间吐纳，在自主、自悟、自得中激发兴趣、培养能力、增长智慧。教师则要不断调整预定方案，调控课堂节奏，因势利导，灵活机变，使课堂教学开合有度，收放自如，动静有节，快慢有致。

绿色课堂是生长着的自然变化着的课堂。绿色不是单调的色彩，在绿色课堂里，姹紫嫣红，五光十色，显示出世界的多样化、文化的多元化、儿童的个性化。绿色课堂的丰富性带来教学目的的复合性、教学内容的综合性、教学过程的统整性、教学方法的多样性。为此，教学要着眼儿童的发展，着力发掘儿童的潜能，发现创新的天赋。

绿色是大自然的色彩。在绿色的世界里，每一个生命都是合理的存在，都应在健康的、无污染的环境里自由地生长。如莱布尼茨所言，世界上没有两片完全相同的树叶，每个学生都具有不同的个性心理特征，都具有不同的兴趣、爱好，不同的性格、气质，正是这种千差万别的个性，构成了丰富多彩的儿童世界。生命的多样性也意味着教育的复杂性，所以，课程改革特别强调要珍视学生独特的感悟以及独特的理解和体验。正是这种独特性，蕴含了学生的创新精神。

在绿色课堂里，儿童自主、自为、自在、自悟、自得，无拘无束地敞开心扉，袒露情怀，倾吐心声，表露真情。在绿色课堂里，儿童展露本真，课堂尽显春色。这是真正的儿童世界、真正的儿童生活、真正的儿童天性。在这里，童真、童情、童心、童趣，构建了新的儿童文化。在这里，儿童不仅用感官去感知世界，而且用心去倾听世界，用情去体验世界。儿童在现实和幻想世界之间自由地转换、跳跃、腾挪，想象飞起来了，思维飞起来了，言语也活起来了。

当然，绿色课堂不是现成的、预制的模块，是一种生长现象，是一种生长状态，是师生用智慧营造的教学生态。从某种意义上说，它是一种教学状态、教学情境和教学新境界。绿色课堂散发出教学的魅力，给教师的综合素养提出了更高的要求。它是儿童的青青芳草地、悠悠快活林，是师生永不枯竭的智慧之泉和创新之源。

黄：建构绿色课堂，走进绿色课堂，这不就是课程改革中亮丽的风景吗？

〉〉 遵循规律
把握特点

黄：杨老师，在当前语文教学中常看到容量大、内容杂、作业多的现象。有的老师感叹，语文教学现在最大的问题是学生越来越不喜欢学语文了。面对这种现状，我们该怎么应对呢？

杨：当前，语文教学容量大、内容杂、作业多，加之考试频繁，除单元考、期中考、期末考之外，还有抽考、统考等，使学生身心疲惫，不堪重负。因此有人说，语文教学最大的问题是学生越来越不喜欢学语文了。深究之，课业负担重应是主要原因。所以《语文课程标准》提倡学生"少做题，多读书，好读书，读好书，读整本的书"，还要求改变"粗糙、机械、烦琐的作业方式"。

就语文课堂教学而言，在中心学校，尤其是在城区实验学校里，普遍存在学段目标混淆、随意拔高和超标的现象。课堂上，主次不分，面面俱到，教学方法过于繁复，教学过程太过迂回。教师正确的废话不少，学生无边的议论太多，致使简单的变得复杂，清楚的变得晦涩，浅显的变得深奥，以至于淹没了教学重点，掩盖了语文本色，缺失了课堂纯净。

早在 20 世纪 60 年代，语文界就提出了"一课一得"的主张。"一"，言其少也，关键在"得"。学生每课都有所得，得得相联，循序渐进，日积月累，所得必多。语文学习本该如此，哪有什么"跨越式""跳跃式"学习！更不存在一条用彩虹铺成的空中捷径，可以快步登上语文的殿堂。

需要说明的是，"一"是简约的代称，并非限制每堂课只有一个目标、一项要求。因此，老师们又提出了"少而精"的教学主张。"少"必求"精"，否则"少"有何意义？孔子谓"举一隅不以三隅反，则不复也"，很精辟。如何在文本中拎出"一"来，让学生举一反三，进行由此及彼、由表及里的思维活动，这既是语言训练的过程，也是思维训练的过程。

事物的发展总是由简单到复杂，人类的认识活动也是由低到高的。在语文教学中，倡简不是目的，而是要以简驭繁，最终让学生学到更多的知识，获得更强的能力。由简入手，合理调控教学内容，调整教学过程，调适教学进度，使教学有序可循，方可循序渐进。

内容太多必杂，容量太满必溢。因此，设定教学目标要简单明了，符合学段目标要求。目标罗列得太多，反而让芜杂的枝叶遮盖了主干，容易使学生抓不住要领，顾此失彼。文本处理要简略得当，要紧扣重点句段和重点词语。但重点词语不能脱离文本的整体语境，我们要避免脱离文本整体孤立地讲解词语的现象。此外，教学环节的安排要简洁有序，做到层层递进，环环相扣，步步落实。教学方法要简要实用，要善于运用"启发式"，当学生的思维活动进入"愤、悱"状态时，教师一点即通，学生豁然开朗。多媒体的辅助作用不可忽视，但要合理使用，不能喧宾夺主。

中华语文，言简意赅，意蕴深刻，意味隽永。践行以简驭繁，可给学生留下感悟、体验、回味的余地，也可给学生开拓思维和想象的空间。学生负担轻了，兴趣浓了，课堂也就更干净了。

黄：是的，真正做到以简驭繁，课堂就干净了，也清晰了，就易于达到"静"的状态。杨老师，我们应该如何把握好语文课堂教学中的"以静促动"？

杨："静"，有安静、宁静、雅静之谓。语文教学离不开"静"，也需要"静"，师生都需要静下心来，心无旁骛，专心致志地投入教学活动。孟子曰："学问之道无他，求其放心而已矣。"放心，就是心无牵挂，心无杂念，如此，方能心平气和，心舒气畅，也才能聚精会神地学习。普天之下，人人都会观月、赏月，只有诗人李白写出了《静夜思》那样千古流传的诗篇。因为"静"，夜有所思，思绪起伏，浮想联翩，思乡之情油然而生，才有如此美妙的意境，才有这样的佳词妙句。

"静"，常被人误认为是静止不动的死水一潭，甚至被认为是凝固、呆滞、僵化的代名词。其实，在教学中，"静"是一种良好的教学状态。"静"是沉潜深思，在静谧的气氛中，学生思维活跃，联想丰富，有可能突破思维定式的局限，获得独特的感悟和理解。"静"，看似沉默，一旦理清思绪，接通思路，学生就会茅塞顿开，豁然开朗。"静"，也是耐心等待。教学中要"待其从容"，静待花开，不可操之过急。从一定意义上说，"静"是教学中一重境界，心静如水，周围寂静无声，内心思绪翻滚，丰富的联想、新奇的构思，都会喷涌而出。

语文教学中，"动"当然是必要的、必需的。学生要动口读书、动脑思考、动手书写，还要亲历生活，参与实践活动。因为"动"，才会"活"，才会"变"，也才会"新"。有了"动"，教学才有生气，学生才有活力。反之，思想僵化，表情呆板，思维停滞，想象枯竭，言语生涩，这都是教学的大忌。

　　但是，"动"不能无节制，不能过于闹腾。以为学生在课堂上喊喊叫叫、嬉嬉笑笑、热热闹闹就是课堂活跃，就是学生生动活泼，其实是假象掩盖了本质。如果活跃之后，学生脑海里一片空白，既无反刍咀嚼，又无反思回味，如此之"活跃"有何意义？

　　其实，所谓的"动"，主要指动脑筋、勤思考。所说的"活"，一是思维活，能打开思路，想别人之未想，发别人之未发，还善于转换思路，变向思考。二是想象活，即善于将头脑中留下的表象进行置换、重组，从而产生新的形象，即由再造想象到创造想象，也能借助幻想，想入非非，进入到儿童特有的梦幻世界。三是语言活，学生用自己的话来表达自己的所见、所闻、所思、所感，不是拾人牙慧，不是鹦鹉学舌，而是言由心生，有感而发。总之，"活"是思维活跃，是看不见的智力操作，犹如冰川，看似平静，而冰川下激流汹涌。

　　在语文教学中，既需要"静"，也需要"动"。过去，我们习惯于"动中求静"，即学生在活动一段时间后，停歇下来，兴奋一阵之后，缓冲一下。这样的"静"多半处于被动的休整状态。鉴于此，我们想换一个新思路，先求"静"，让学生心静下来，情绪平缓下来，让课堂安安静静。在这种氛围中，再让学生渐渐"动"起来：思维动起来，想象飞起来，言语也活起来，甚至肢体也动起来。到某个时段，适可而止，再让学生逐渐安静下来，对之前的学习活动进行梳理和小结。这样，以静促动，又以静制动，动静结合，教学过程就会更有节奏，更有韵致，避免学生神经总是处于亢奋状态。按照人的心理特点，较长时间的亢奋之后，必然会进入心理抑制状态，产生精神疲劳。

　　在教学中，由于汉语言文字的隐喻性强，字里行间含着的意思，文字背后藏着的思想，以及文本中所蕴含的意象、意趣、意味，都需要学生在静谧的氛围中去体验、体味和体悟。然而"静"中又孕育着"动"，到一定时候，

学生自然会"动"起来，此时的"动"是"静"的延续，是思维的延伸，这样思维活动就会贯串在教学活动的全过程中。

黄：杨老师，我们经常看到这样的课堂：教师提问不断，学生有问必答，看似"跟着感觉走"，实则"来去匆匆"。这样的课堂，问题又出在哪里呢？

杨：由于语文教学课时少、课文多、容量大、要求高，为完成教学任务，教师不得不加快速度，常常是粮草未备，兵马先行。教师的提问如连珠炮，学生急匆匆地回答问题，左支右绌，虚以应对。加之教学环节转换太快，教学课件变换繁复，致使学生目不暇接，眼花缭乱。即使教师牵着学生走，学生也是踉踉跄跄，跟不上教学的快节奏。

教学，尤其是语文教学，学习，特别是语文学习，需要一个咀嚼、吞咽、反刍、消化、吸收的过程。在教学中，对某些重点词语，学生需要细嚼慢咽，缓缓品味，细细琢磨，慢慢揣摩。一般文本都会有留白，学生还需要用活跃的思维和丰富的想象去填充。中华语文，语义含蓄，蕴意隽永，有许多不言之意、弦外之音，以及正话反说、一语双关等语言现象，这些都需要学生反复揣摩、领悟。还有一些语句，含义隽永，文字背后、字里行间留下了不少意味、意趣，也需要学生去领悟、体会。有时文章结束了，作者意犹未尽，情犹未了，文中绵绵的情思、悠悠的韵味还在延伸，需要教师引导学生去品悟。这些都说明，学习语文快不得，急不得，欲速则不达，心急事难成。学生学习时狼吞虎咽，囫囵吞枣，会导致消化梗塞，所得甚微，还有可能养成不良的学习习惯，从而降低学习的积极性。

当下，有学者提出"舒缓渐进式"的主张，对教学颇有针对性。舒，舒心，心里很舒坦，身心很舒畅；舒，舒展，如一棵树，舒枝展叶，郁郁葱葱。学生敞开胸怀，放开视野，自由发挥，这是多么理想的教学状态！此情此景，教学放慢速度，学生入情入境，去体会中华语文之美妙，感受学习语文的乐趣。缓，不是迟缓，不是慵懒，也不是消极的停息，而是遵循语文学习的规律，有序可循，循序渐进。表面看是慢，其实是一步一个脚印，踏踏实实地学习。每一步未必所学甚多，而是日积月累，积少成多。有人说，慢是一种艺术。因为慢，教学才有节奏感；因为慢，课堂才可能突出韵味，显出韵致；因为慢，学生才有可能快乐地、自由自在地学习。反之，节奏快，转换快，必将打乱"序"，跨越"序"，使教学飘浮虚夸，语言训练难以落实，语文教学任务难以完成。

所以，教师要转换思路，先求"慢"，夯实基础，缓缓前行，随着学段的升高，由慢到快，逐渐提速，同时也应有慢有快，快慢适度，这样，就掌握了教学的主动权。相反，由快到慢，不得不慢，慢变成了停顿，变成了高度兴奋之后的抑制，就会导致教学的被动。

在语文教学中，我们要求学生舒缓地学习，不懂之处要停下来问，不会的要反复地练。教师则要了解学生的反馈信息，及时纠错，适时补漏，而不是让学生"跨越式""跳跃式"地学习。同时，教师还应在"慢"中适当引出"快"。例如在高年级段，要求学生默读要有速度，每分钟不得少于300字。习作要有速度，要求40分钟能写出400字左右的作文。写字也要有一定的速度。此外，还应要求学生思考有一定的速度，能敏捷地发现问题、提出问题和解答问题。

当前，教学中形式主义盛行，五光十色的包装遮蔽了语文的本色。教学中一味求快，追求"高效"，以为课件可以取代一切。例如，为了求快，用字幕取代教师板书，用音频取代教师范读，用视频取代学生通过语言文字唤起的形象。表面看来，一切都很合理，然而正是这些看似合理的"取代"，导致教师的现场示范和教师人格魅力的感染的缺失，而这些又是教学中不可或缺的。

以慢引快，有慢有快，快慢有致，这不仅是一种教学策略，也是一种教学艺术。

黄：以慢引快，有慢有快，快慢有致，这不仅是一种教学策略，也是一种教学艺术。杨老师，我们在正确的课程理念指导下，怎样去判断当下课堂教学策略的得与失，确立正确的课堂观呢？

杨：关于课堂观，老师们常常是"仁者见仁，智者见智"，也会有因为观点不同、看法各异而争论不休的现象。怎样判断课堂得失，确立正确的课堂观？我认为：

一、语文教学不看课堂表面是否活跃，而是看学生的自主言语实践有无实效

判断学生的言语实践有无实效，主要看学生的读写训练是否得到落实：读的面有多大，读的效果如何；是否静心读书，潜心思考，读中是否有所理解、有所感悟，读后是否有所回味、有所积累；读是否能带动起听说读写的综合训练；等等。我们决不能为课堂上的"假主体现象"所迷惑，为声光闪烁、眼花缭乱的外包装所陶醉，更不为教师个人富有激情的才艺展示而失去判断。

二、语文教学不仅看言语实践的实效性，还要看学生思维活动的有效度

思维借助语言，语言促进思维，二者互促共进。活化的思维才有鲜活的语言。语文教学中，教师应避免学生思维的浅表化、简单化、零碎化。因此，要按照学生思维活动的特点，遵循由具体形象思维到抽象逻辑思维的发展规律，通过语言运用，逐步提升学生思维活动的水平。在教学中，要倡导活化思维，防止思维固化、僵化；倡导深化思维，防止思维肤浅、漂浮；倡导拓展思维，防止思维狭窄、闭锁；倡导整合思维，防止思维破碎、杂乱。

法国著名思想家埃德加·莫兰提出"复杂思维"的概念，试图从事物发展的偶然性、突发性和不确定性中去探求事物发展变化的特点和规律。对教学中的不确定性，虽然难以把控，但如果教师能把握好时机，拿捏准火候，灵活机变处置，则可能使之成为学生言语生成、智慧生成的契机。

三、语文教学不仅看结果，还要看过程

学习过程是学生语言和思维发展的过程，也是他们人格健全、精神成长的过程。过程展现学习方法，体现学习规律。过程是流动的、变化的、不断前行的，所以教学是否具有发展性是判断教学得失的重要标志之一。试想，如果学生的言语活动只是在原地踏步，学生的思维只是在起点徘徊，教学活动只是在迂回重复、耗时费力，看不见学生的发展和进步，这堂课还有效果吗？

学习是由已知到未知的探究过程，只有亲历从尝试错误到发现错误，再到自我矫正错误，最后获得正确结论的过程，才是学习的正常途径。

四、语文教学不仅要有言语实践的效度，还应有人文情怀的温度

语言是工具性和人文性相统一的课程。因此，语文教学要以情动情，立言树人，让学生通过语文，感受爱的抚慰和人文情怀的温度。语文是人的语文，是散发心灵之光、人性之美的语文。教学中，不仅师生之间、生生之间有爱的温情，语言本身也有温度。汉字充满灵性，温润可亲；汉语形象优美，气韵生动，意蕴隽永，是中华民族精神和智慧的结晶。既有言语实践又有人文情怀的语文课堂，必有师生之间心灵的默契和情感的共鸣，从而让学生受到形象的感染、情感的熏陶和心灵的陶冶。

总之，好课堂是有思想、有灵魂的课堂，是学生主动发展、焕发生命活力的课堂，是培育心智、增长智慧的课堂，是允许犯错、鼓励自我纠错的课堂，是育人为本的课堂。

黄：杨老师，您的见解我理解为"建设好课堂，关键在教师"，对吗？

杨：是的。好课堂需要好教师。正确的课程理念，先进的课程策略，科学而又审美的课程设计，都需要通过教师的教学实践转化为课堂目标、课堂流程、课堂行为、课堂情境、课堂风气、课堂特色和课堂文化。因此，好教师是好课堂的设计师和践行者。由于学情不同，教师风格各异，即使面对同一教材，也可能呈现出不同的课堂样态。正是这些丰富多彩、各具特色的课堂样态，使课堂教学充满无穷的魅力。

好课堂绝不是几招几式、几步几法精彩的铺排，也不是教学技巧、教学方式和多媒体课件的巧妙展示。好课堂是有思想、有灵魂的课堂。这样的课堂才具有丰富的人文内涵和生命活力。有生命活力的课堂才能自我生成、自我调节、自我发育、主动发展，也才有自然渗透、滋生繁衍的能力。这一切都离不开教师的创造性工作，离不开教师良好的专业素养。

当然，学生的主动离不开教师的主导。教学目标的确定，教学环节的安排，教学过程中的疏导，学生学习成绩的评价，都充分体现出教师的主导作用。当主体精神充分发挥时，学生就会迸发出意想不到的生命活力。教学中知识点的摩擦、碰撞，能力点的交织、迁移，智慧点的触发、生成，以及课文中情景的交融变化，形象的连缀、叠加，意蕴的含蓄、隽永，韵味的深邃、绵长……都充分展现着语文的魅力，使语文教学从浅表化、虚浮化走向适合学生的深度教学。

智慧既不能嵌入，也不能灌输。让学生在疑问中生成智慧，在发现中培育智慧，在主动参与中滋养智慧，在主动建构和主动拓展中增长智慧，这样的课堂才是真正的智慧课堂。

第七章

我的语文美育观

> >｜语文教学中的审美教育是
新时代提高课程品质的需要

黄：教育不仅是一门学科，也是一门艺术，语文更是一门充满美的学科。语文教师切实做好审美教育，提高学生的审美能力是十分重要的。杨老师，接下来，请您给我们谈谈审美教育有何重要价值，好吗？

杨：好的。人的健全、和谐、全面的发展，关键在儿童期的发展。儿童期发展的前提在于和谐，主要是身心发展的和谐以及心理结构各因素之间发展的和谐。

所谓综合协调性，即客观事物之间、主客观之间协调的、和谐的、变化统一的特性。没有和谐，就谈不上任何意义上的美。一个人的健全发展正在于他的和谐发展。因此，所谓人格的完善、个性的完善，必然是组成人的生理、心理各个因素之间的协调统一。完善是动态的、变化的、发展的。任何僵化的完善都是一种虚假的完善。平衡和协调也是相对的。特别是儿童期的发展，可塑性、波动性都很大，教育工作中的失误，有可能给一个人的发展造成终身的遗憾。

当前，少年儿童由于生理和心理的发展不平衡所带来的问题，已开始引起教育学家、心理学家和犯罪学家的注意。儿童个性的发展虽然受社会历史条件制约，但又必须以其生理、心理的和谐发展为前提。当前，教育理论界已有人呼吁："不可片面地强调发展学生的理智、理想、情操、世界观等层次的心理品质，而忽视和抑制他们的欲望兴趣、情感等低层次心理发展的需要。"这里没有贬低树立学生理想、世界观的重要性和紧迫性，而是正确地指出了心理品质与心理发展的需要之间的关系——后者是前者的基础和前提。被美学界称为"美学之父"的德国学者鲍姆嘉通认为"美是感性认识的完善"，即美学研究的对象是感觉、情感等。在鲍姆嘉通看来，人类的心理活动应分为知、情、意三部分，相应地应有三门学科去研究它们。而"知"的方面已有逻辑学，"意"的方面已有"伦理学"，就是"情"的方面还没有一门独立的学科去研究它。上述观点虽有偏颇之处，但却从另一个侧面道出了在理论研究中忽视对感性认识阶段和情感领域研究的弊端。即使在当前的教育理论和教育实践中，此弊端依然存在。我们的学校教育似乎对儿童，特别是儿童的个性太忽视了，对儿童的兴趣、需要、欲望太忽视了。作为教师，千万不要用自己的形象去塑造儿童，也不要试图用一个统一模式去铸造同一规格的儿童。苏霍姆林斯基曾大声疾呼，要面向儿童，特别是要"面向儿童的个性"。当今，我们的儿童教育太成人化了。孩子们匆忙地跨过儿童时代，过早地去适应和模仿成人的生活习惯、思维方式，过早地去运用他们似懂非懂的成人化语言，过早地去承受他们身心所负荷不了的成人的"忧患"。既然教师喜欢让孩子们用统一规格回答问题，那么孩子们就投其所好，用编造的语言去换取老师的赞扬，甚至不惜用美丽的谎言去掩饰真实的思想。少年儿童中的心口不一、表里不一，并不是个别现象。这难道不是由于我们教育方法的失误而结下的苦涩的酸果吗？卢梭说得很深刻："如果拔苗助长，就会造成一些早熟的果子，它们长得既不丰满，也不甜美，而且很快就会腐烂。"教育实践证明，儿童教育的成人化倾向，已不仅仅是教育方法的问题，更反

映出教育思想的落后，直接影响我们的培养目标。抽象的成人化专注于理性的说教，和儿童的实际心理水平严重脱节，给儿童的身心发展带来了许多消极的影响。而美育正在于开拓儿童的感性和情感领域，使之和理性有机渗透，以促进儿童的全面发展。

黄： 审美教育在语文课程中有什么样的作用呢？

杨： 针对当前儿童教育现状，审美教育的作用主要应表现在三个方面：

一、自主精神的启发

审美教育的特点之一就是"自由方式的教育"。这里有两层意思：一是对受教育者无须做理性的说服动员，更不用强迫命令，而是靠美本身的魅力去吸引人；二是美育以无拘无束、轻松愉快的方式把美的对象显示给受教育者，使受教育者在接受审美教育时，完全出于自觉自愿，出于对美的渴求和向往。儿童专注于对美的观照，精神上处于一种自由状态。在这种状态和气氛之中，儿童心情舒畅，情绪昂扬，此时任想象驰骋、思路伸展、感情激荡。

黑格尔说："审美带有令人解放的性质。"席勒认为对美的欣赏是一种"自由的欣赏"。席勒所说的"自由"，显然是脱离社会历史条件的抽象的自由，他试图用美育来拯救社会，这只不过是一厢情愿。但是，就审美欣赏而言，要求人所具有的无拘无束的精神状态，对于我们的教育工作则有着重要的借鉴意义。要使儿童身心健康、和谐地发展，任何对想象的限制、对思维的阻塞、对情感的压抑、对意志的强迫、对性格的扭曲都是人的发展的桎梏。人的自由发展是在一定的社会历史背景下的发展，对个体发展来说，也是在多种因素相互制约下的发展。人的发展的各个要素的彼此和谐与相互制约是辩证统一的，没有制约就谈不上真正的协调。

席勒认为，个体的"自由"发展，不能妨碍社会群体的发展，而且必须以促进社会发展为目的，而社会群体的发展也不应束缚个体的发展。两者相辅相成，相互促进。

教育实践证明，儿童自主精神的启发，光靠思想认识的提高是不够的。理性认识必须以感性认识为基础，教师应以情感为中介，培养儿童的兴趣、爱好、需要和习惯，使他们的精神处于无压抑状态，运用教育手段去激发儿童追求知识的"冲动"和表现自我的欲望，这与发展他们的理想、情操分不开，也和打好坚实的知识、能力的基础不矛盾。只有当学生为美的事物所陶醉，产生情感的共鸣和精神的愉悦时，才可能从内心深处生发出自主精神。

二、健康情感的培养

当前学校教育主要着眼于理性认识，而比较容易忽视感性认识和情感培养。为什么我们的德育工作习惯于抽象地说教？我们的智育被局限在认知领域？其实，儿童道德认识的提高和道德情感的培养密不可分，教学过程中的认识过程和情感过程相互渗透，相互促进。儿童的道德判断和认识判断都离不开审美判断。审美力就是一种肯定性的情感判断能力，表现为审美体验和审美评价的统一。这种体验自然是一种肯定性的情感体验，能使人产生某种精神性的愉悦之情。马克思把这种愉悦之情叫作"艺术享受"，即使是面对悲痛，在进行审美体验时，也会必然由美感过渡到快感，从而使人灵魂净化，精神升华，获得一种崇高的悲壮之美的精神享受。可以说，在审美过程中获得的情感上的满足，是一种包含着理性精神的情感上的满足，既不同于生理快感的满足，也不同于因知识的获得而引起的满足，而是一种理智型的冷静的满足。

审美教育对儿童情感的培养，至少可以产生两方面的作用：一是使儿童的情感逐渐丰富，避免情感的贫乏和偏执；二是使儿童的情感逐渐变得健康、高雅，避免情感的低俗和鄙琐。

对儿童情感的培养，审美教育起着重要的作用。情感的丰富和细腻需要从小培养，如果一个人只会用"高兴"或"生气"来表达内心情感的话，那他就无法认识自己，也无法理解他人，更不可能理解丰富多彩的人生。审美教育是一种寓情于形、寓理于情的实践活动。儿童在审美教育中对审美对象的审美体验，就是一种情感体验，这种体验强调情感的专注性和丰富性。"观山则情满于山，观海则意溢于海"，作为审美主体的儿童沉浸在对美的观照之中，尽情表现其喜、怒、哀、乐，但这种喜、怒、哀、乐不同于一般意义上的生理需求是否得到满足而产生的感受，它已升华为一种精神上的满足。美感是一种复杂的心理活动，它既有儿童对形象的直觉，又有儿童在这种直觉中产生的情感，还有渗透在这种情感中的道德感、理智感。如果说，在初级的美感中，道德感和理智感还处在萌芽状态的话，那么在高级的美感中，道德感和理智感就已成为审美情感的中心了。这时，情感已经变得高雅了。比如教师带领学生参观菊展，儿童流连忘返，不仅为菊花的多姿多彩所陶醉，而且为其傲霜斗雪的品格而赞叹；儿童爱惜红领巾，不只是爱惜一件物品，而是对革命先烈的鲜血染红的红旗的一角的崇敬……这些就是高尚的情感了。

情感调动了兴趣，影响了气质，点燃了欲望，坚定了意志。情感和生理欲望相结合是本能的低级阶段的情感，有的甚至是庸俗的、粗野的动物性的情感。然而情感和信念相结合产生了理想，和道德伦理相统一产生了情操，此时情感便进入一个更高层次的精神境界。情感的力量对人的教育和影响是无法估量的，用"美"点燃起来的情感的火花，将照亮人的一生。

三、创造精神的激励

创造，或称创造性活动，是提供首创产品的思维和实践活动。创造的核心在于以新颖、流畅、独特、敏锐为特点的创造性思维。创造的契机则是在自由、活跃、愉快的精神状态下勃发创造冲动，从而产生创造欲望，推动创造过程。

对儿童来讲，重要的不是创造产品，而是激发创造精神。在这方面，审美教育具有重要的作用。

创造，从一定意义上说，是一种综合性的想象活动。由于儿童的思维特点是以具体形象思维为主向抽象逻辑思维为主过渡，所以发展学生的想象力具有特殊的意义。

就儿童的认知过程来讲，感知是认知的出发点，情感是认知的动力，理解是认知的核心，其载体和展现形式就是想象。儿童凭借想象展开由此及彼的联想，开拓由窄而阔的思路。儿童在审美活动中，主体能动性得到充分体现，他们兴趣盎然，精神愉悦，将储存在头脑中的表象重新加工，组成新的形象，即再造想象。而创造性想象，则是通过对多个表象进行分析、综合、编组、改造，创造出一种从来没有存在过的形象。创造性想象的特点是突破现实的种种限制，使表象自由地联结起来，在想象力的自由飞翔中，展现无限的可能性。

由于知识和经验的限制，对儿童的想象力不能要求过高。对他们的创造性活动，更不能有过高过急的要求。当儿童运用新的解题方法获得正确的答案，或者从一个新的角度提出别人意想不到的问题时，教师都应视之为创造性活动的萌芽。比如不满五岁的儿童画了一幅图画，画面上，一个天真烂漫的孩子把月牙儿当船，他坐在"船"上，荡起双桨，在蔚蓝的天空飞翔。云层仿佛在飘动，星星在向他眨着快活的眼睛，这不就是孩子幻想中的宇宙飞船吗？

从这个例子来看，只要启发了儿童的自主精神，在儿童自觉、自由、自在的学习活动中，不少的活动就会具有无可争辩的审美属性。儿童在活动中实现了自我，找到了自我的价值，体验到创造所带来的愉悦感、充实感和满足感。

就儿童的学习活动而言，其创造精神主要表现在根据已学过的书本知识和直接经验，经过逻辑推理，推导出新知识，把基础知识转化为适合自己的学习能力，在解决实际问题时，表现出一定的创造性；在对多种知识综合思考的基础上，使这些知识在头脑中相互撞击并重新组合，产生触类旁通的联想和有价值的幻想等。所有这些，都不可能一蹴而就，需要教师在教育教学活动中精心培养，使儿童在实际学习活动中逐渐掌握。

教育的最终目标应是把儿童的德育过程、智育过程、体育过程和美育过程和谐地统一起来，这就意味着感性和理性的和谐统一，合目的性与合规律性的和谐统一，儿童身心发展的和谐统一，以及知、情、意、行的和谐统一。这是儿童德、智、体、美、劳全面发展的前提，也是审美教育作用之所在。

黄：在小学语文教学中实施审美教育的关键是什么？

杨：审美教育以其形象性、情感性、愉悦性和小学语文教学密不可分。语言是思维的物质外壳，是交流思想、沟通感情的工具。儿童在感知、欣赏、评价美的时候，离不开语言，并借助语言的调节使自己对美的感知、鉴赏不断完善，并以概念的形式巩固在记忆中或用文字记载下来。所以，语文教育和美育是水乳交融地合为一体的。

教师在语文教学活动中，通过语言文字以及文章的形象美、结构美、意境美、音韵美，对儿童进行审美教育。譬如用词造句的色彩，语言节奏的强弱，情调和风格的特色，句式的长与短、骈与散、断与续、对偶与错落、排比与回环等语言形式的变化美，都能使儿童受到美的熏陶，得到美的享受，从而提高审美能力。就语文教学自身而言，儿童在学习过程中受到的审美教育，反过来又会促进他们对语言文字的更深刻的理解，从而将语文教学和审美教育统一起来。

在小学语文教学中进行审美教育的关键是把审美观的建立和思想教育结合起来，把审美能力的培养和语文能力的提高统一在语文教学的全过程中。儿童正是有了对语言文字的基础感知，才会有对语言文字的审美感知，也才可能对语言文字进行深入理解。在此基础上，进一步升华为对语言文字的欣赏、鉴别和评价，由此而引发自己的创造性思维，激发自己的创造潜能。

〉〉 小学语文美育的
主要任务

黄：杨老师，进行小学语文美育的主要途径是什么？小学语文美育的主要任务又有哪些呢？

杨：小学语文美育，即小学语文教育中的审美教育。其目的是：在小学语文教育中，儿童通过识字、写字、阅读、作文及其他语文教育活动，学习和掌握最基本的审美知识，初步具有对语言文字的审美感知能力、审美欣赏能力、审美判断能力和审美创造能力。

进行小学语文美育的主要途径是：让儿童在语文教育的形象感染、情感陶冶和精神愉悦中获得语文能力的同时，培养他们的审美能力，并把二者统一在语文教育的全过程中。

小学语文美育的任务主要是在语文教育中培养儿童的审美感知、审美欣赏、审美判断和审美创造等能力。

黄：我们应该如何在语文教育中培养儿童的审美感知能力呢？

杨：和一般认识过程一样，儿童的审美过程首先是通过感知觉来实现的。不过，审美感知过程跟通常所说的感性认识有所不同。审美感知过程虽然也要借助分析、比较等方法，结合想象、联想等心理因素，但这个过程主要不是认识活动，而是情感活动。所以，审美感知过程也是一个复杂的心理过程。

儿童审美感知能力和观察能力的培养是一致的。在小学语文教育中，教师要引导儿童从观察静态的美到观察动态的美，从观察自然的美到观察社会的美，从观察外在形式的美到体验内在精神的美，以逐步培养儿童的观察能力和审美感知能力。

例如，在观察形式美时，先引导儿童感知鲜艳的色彩、悦耳的音响和浓郁的芳香等，再引导儿童去观察事物结构的美——对称、比例、和谐、严谨等。在观察静态美和动态美时，可让儿童进行比较，如比较云彩——飘动的云、河流——奔腾的河流、马——飞奔的骏马等，由此得出：动态的美是一种更生动的美、充满活力的美。在引导儿童从感知外在的形式美到体验内在的精神美时，要通过具体事例让儿童明白：外在的形式美固然美，但如果和内在的精神美融为一体就更美了。

黄：如何在小学语文教育中培养儿童的审美欣赏能力？

杨：审美感知能力是审美能力的基础。严格地说，只有当审美感知发展到审美欣赏时，才算是真正跨进了审美境界，进入了审美过程。

所谓欣赏，是指人们以欢快喜悦的心情赞美、赏识客观事物，领略和享受其中的美感。在小学语文教育中，教师引导儿童体验课文中人物形象的感人力量，欣赏祖国山河的多姿多彩，体悟文章意境的幽雅恬静，领略诗歌中激动人心的感情，赏析语言文字行云流水、舒卷自如的文采，还有音韵、节奏以及掩卷回味的余音、余味、余韵和余意，从而引发出许许多多的遐想……在高年级还可以让儿童初步感受议论文的逻辑力量。这一切都是通过课文的字、词、句、篇，由儿童经过听、说、读、写的实践而逐渐领悟的，在此过程中，儿童能真切地感受到祖国语言文字的魅力。

小学语文教材中编选的绝大多数是文情并茂的好文章，教师应引导儿童去欣赏文章的美，使之因文生情，达到情感的共鸣，获得美的享受。

培养儿童的审美欣赏能力，应根据他们生理、心理的特点和知识、能力的实际，引导他们初步形成正确的审美观点和健康的审美情趣，使他们逐渐懂得什么叫审美欣赏，什么叫迎合低级趣味，初步了解美丽和妖艳、高雅和粗俗、深刻和浅薄的区别。

在语文教学中，儿童从课文中领略到了形象的美、静态和动态相结合的美、意境的美以及语言的美，这对儿童而言不仅是在审美欣赏，同时也在进行语言训练。

教师不是孤立地去进行审美欣赏能力的培养，而是紧扣课文中的语言文字去欣赏美，引导儿童用语言文字去表现美，使儿童在美感体验的基础上，认识五彩缤纷的世界，体会人生的多姿多彩，得到心灵的滋养。正如黑格尔所说："理性的最高行动是一种审美行动；我深信，真和善只有在美中间才能水乳交融。"

黄： 在小学语文教育中，如何培养学生的审美判断能力呢？

杨： 学生进行审美欣赏时已进入审美境界，但大多属于文艺范畴，或吟咏诗文，或观赏美景，或欣赏音乐、舞蹈、戏剧、电影，"以钟鼓道志，琴瑟乐心"。达到这样的境界，能否说已经完成了审美教育的任务呢？没有。因为这只是个体（审美主体）在主观情感上获得某种愉悦感，即所谓"赏心悦目"。这种愉悦感有时可能是不确定的，尤其对于小学生来说，甚至可能是模糊的、摇曳的。所以教师还必须培养学生的审美判断能力和审美创造能力。

审美判断是审美主体在一定审美观的指导下，在感知美、欣赏美的过程中对审美对象进行的审美评价。它既反映道德伦理的社会尺度，也反映审美情趣和审美理想。其着眼点不仅在于感受和鉴赏美，还在于鉴别和抵制丑。欣赏美，会产生肯定性的情感判断；评价丑，也正是为了衬托出与之相反的美的事物，产生积极的情绪体验。从审美心理的角度看，审美欣赏是一种原始情感活动，和形象思维相联系的审美判断则是在情绪体验的基础上，由形象思维进入逻辑思维，由感性活动进入理性活动，将客观事物的美或丑同时作为对象来感受和鉴别，并做出美学道德伦理的评价，这是一种理性指导下的情感活动。

在小学语文教育中，要培养学生的审美判断能力，就要注意陶冶学生的审美情趣。由于小学生缺乏审美的基本知识和能力，试图给他们灌输一些抽象的美学信条，往往事倍功半，甚至徒劳无益。因为审美观的建立是在审美实践活动中，通过分析、综合、比较、概括，自我揣摩、吸收、领悟，最后逐步完成的。

小学生由于感性知识贫乏，抽象概括能力不强，一般来说，其审美判断还是模仿性的、模糊的和不确定的，有时甚至是轻率的，他们常常被外在的假象所蒙蔽，或只经过感知，不加分析、比较就匆忙做出判断。

在小学语文教学中，学生阅读课文，既是一个认知和实践过程，也是一个审美过程。在这个过程中，由审美感知开始，进入审美欣赏，进行审美判断。学生的阅读能力和审美能力相互促进，推动着语文教学进程，也促进自身语文能力的全面提高。

黄：在小学语文教学中又如何培养学生的审美创造能力？

杨：审美创造是人们按照美的规律自觉地创造审美对象的活动。它是人类所独有的、在改造自然和改造社会的实践中产生和形成的一种特殊能力。

创造以独特性、新颖性、流畅性为特点，审美创造也不例外。在小学语文教学中，儿童按照美的规律，凭借语言进行听、说、读、写的审美创造活动。

当儿童通过感受美、欣赏美，并对客观事物做出审美判断的时候，就会产生强烈的表现美、创造美的愿望。

对小学生审美创造能力的培养，要充分考虑儿童的知识、经验、能力的实际，由浅入深，由低到高，循序渐进。

教师要关注学生创造活动的萌芽，鼓励他们从模仿开始，逐渐增加创造性成分，由扶到放，以培养他们独立地进行审美创造的能力。

著名特级教师李吉林在学生刚开始学词学句时，让学生先模仿范文提供的词语和句式，进行"说一句话"的训练。如教学"轻轻地"一词，她让学生仿照课文中"风轻轻地吹着"一句进行句式训练。教师启发学生从物说到人，从天上说到地下，从有声说到无声。学生有感情地说着："春姑娘轻轻地飞来了。""燕子轻轻地唱着歌。""云儿轻轻地飘着。""麦苗儿轻轻地点着头。""柳枝轻轻地飘荡。"……这种训练，让学生对"轻轻地"一词表达的状态和意境，对简单句的结构，都有了进一步的了解，同时学生的模仿中还蕴含了一些审美创造的因素。

在模仿练习中，教师要逐渐增加创造的成分。特级教师刘中和教学《翠鸟》一课时，挑选了翠鸟叼鱼这个片段，让学生在模仿的基础上进行创意练笔。先让学生各自小声读背课文中翠鸟叼鱼的片段，然后指导学生了解作者是怎样进行观察的，观察之后，作者又是怎样以准确、生动、形象的语言来表现的。并启发学生展开想象，进行联想，在头脑中再现该片段描绘的情景，同时要求学生结合平时的观察所得，每人写一个有关小动物的片段。学生思绪未断，余味仍浓，写作欲望被激发起来了。其中有一个学生写了以下片段：

看母鸡下蛋

母鸡要下蛋了。只见它迈着缓慢的步子跳进了鸡笼，安然地趴在鸡窝里。一会儿，它全身发抖，脖子也缩了进去。又过了一会儿，母鸡忽地站起来。我想，难道蛋已经生下来了吗？正在纳闷，那母鸡突然又夹起了翅膀，缩着的脖子忽然伸出来，鸡冠也随着涨红了。后来，它又紧紧地夹着翅膀，后半身往后一坠，一个大鸡蛋落下来了！它又蹲了一会儿，见没人，就跳出窝来，高声大唱："咯——咯——哒！"

显然，这已不是再现型的模仿了。小作者对客观事物细致入微的观察，以及因观察细致而使用的具体、生动的语言，让人很难相信这是一个不到11岁的孩子的独立的片段练习。这不仅是语言的训练，也是审美能力的训练；不仅是富有创意的语言表达，也是审美的创造。

总之，小学语文美育的任务是根据儿童的特点，针对儿童的实际，在儿童学习语言文字的过程中，教给儿童基本的审美知识和基本的审美能力，在此基础上培养儿童正确的审美观和健康的审美情趣。

〉〉 | 小学语文教学的
审美特点

黄：杨老师，小学语文教育中的审美活动主要有哪些特性？我们怎样在语文教育实践中发掘语文中的审美特性，提高语文教学质量呢？

杨：小学语文教育中的审美活动主要有形象感染、情感熏陶、精神愉悦、多样和谐等特性。

小学语文教育中的审美活动不是诉诸儿童的理性思维，而是依靠其感觉器官，主要是视觉、听觉。语文教育活动中的审美对象——语言文字，虽然是抽象的符号系统，但是其所反映的事物，许多都是有形象特征的，并通过一定的色、声、形等物质材料所构成的外在形式表现出来。其物质因素不外乎以下三种：一是自然的物质材料，如颜色、声音、线条等；二是物质运动所呈现的规律，如秩序、比较、均衡、对称，和谐、节奏等；三是物质运动存在的形式，即空间和时间。小学语文教育如果离开了鲜明生动的形象，离开了和谐、均衡、变化、多样统一的表现形式，就不可能是审美的教育。

对审美对象的感知，归根结底是由形象思维决定的。由于儿童的思维特点是以具体形象思维为主向抽象逻辑思维为主过渡，所以，对审美对象的感知，更具有特殊的意义。一个人对审美对象的感知，固然要用感官，但更需

要进行形象思维，以便在审美感知中展开联想和想象活动，并调动已有的知识、经验来补充，对感知材料进行分析、综合，这样，审美主体才能获得对审美对象的真正感知。

从认识论角度说，语文教育活动也是一种认识活动。儿童受教育的过程是一个特殊的认识过程。它遵循认识的一般规律，即从感性到理性，从形象上升到抽象。可以说，任何理性知识的获得和抽象思维的发展都必须从形象入手。感性形象不仅是抽象思维的前提，而且伴随整个思维过程，贯串于全部认识过程中。在这个意义上说，美育的形象性正适合儿童认知的特点，有利于儿童顺利地进行认知活动，也有利于儿童认知能力的发展。和一般的形象感知不同的是，小学语文教育中的审美活动，除了借助具体生动的形象，还需借助语言文字形成具体生动的表象，在头脑中像过电影似的显现语言文字所描绘的人物、景色、情境。儿童在形象感染中受到美的教育，由此引发联想，激发想象，在头脑中浮现出更多更美的形象。例如小学语文教材中《瀑布》一课，作者写未见瀑布，先闻其声，然后远望瀑布，再仰望瀑布，由远而近，移步换景。又写瀑布的常态（"一座珍珠的屏"）和瀑布的变化（"来一阵风，把它吹得如烟，如雾，如尘"）。教师要引导学生从瀑布的外观上感知瀑布：其声如浪涌海滩、风吹松林，其色如一道白银，其形如一座珍珠的屏。儿童从形象感知入手，丰富了知识，获得了美感，加深了对课文的理解，从中体会到瀑布那冲决一切力量的象征意义。

黄：我们如何把语文教育和审美教育统一在语言训练之中，从感知形象入手，逐步提高儿童的认识能力、语文能力和审美能力呢？

杨：著名特级教师支玉恒教学《桂林山水》一课，给我们不少启示。

在学生初读课文、了解大意的基础上，支老师问学生："课文的哪个自然段写得最美？"然后同学们自由讨论。有的认为写山的那一段最美，写出了山的奇、秀、险；有的认为写水的那一段最美，写出了水的静、清、绿。还有学生认为课文第 4 自然段写得最美。这个意见出乎许多人的意料。老师抓住契机，让一学生朗读第 4 自然段：

这样的山围绕着这样的水，这样的水倒映着这样的山，再加上空中云雾迷蒙，山间绿树红花，江上竹筏小舟，让你感到像是走进了连绵不断的画卷，真是"舟行碧波上，人在画中游"。

老师再让同学们反复吟诵、琢磨、品味，想想为什么认为这一段写得最美，然后请同学们讨论：

生 1：第 4 自然段是把山和水结合起来写。桂林不只是山很美，也不只是水很美，是因为山水融为一体才更美，所以称"桂林山水甲天下"。

生 2：色彩很美，有红有绿，而且迷迷蒙蒙。

生 3：荡舟漓江，眼观两岸，水在流，舟在行，山也在移动，让你感到像是走进了连绵不断的画卷。

师：既写了看到的，也写了想象到的。

生 4：不但写了山和水，而且把山水写活了。

生 5：不但写了山和水，还写了人，这样把山、水、人结合起来写，更使人感到一种特别的美。

最后，老师根据同学们的讨论，随即板书：

山　　　　　　　　水因山而活

桂林山水　山水一体——山水如画　　人入画中

水　　　　　　　　山因水而幽

支玉恒老师充分利用语言文字的特点，让学生由形象导入情境，在情境中产生感情，从而进入审美过程，融语文教学的工具性、思想性、审美性为一体，收到了很好的教育效果。

黄：在审美活动中，我们怎样落实好情感熏陶这一特性呢？

杨：审美活动在感性和理性之间，一般不直接进行逻辑推理，而是凭借着形象，诉诸感情。形象是审美活动的感性支撑，情感是审美活动的必要中介。格式塔心理学揭示了情感的力的结构和外物的力的结构，二者有一种同构关系。如宽厚柔和的兰叶和欢快愉悦的心情，激愤强劲的情绪与直硬折角的树节，潺潺的流水、悠悠的白云和闲适的心情，等等。当然，人不是抽象的自然物，他们生活在一定的社会历史条件下，因此，人的情感和外力不仅是一种同构关系，还积淀有文化内容和个人经验，是主观感情和客观对象的一种融合。

审美情感的唤起要以形象思维的展开为条件。一篇很美的文章，有的学生读得声情并茂，有的学生读得毫无感情。这除了朗诵技巧和习惯等方面的原因外，恐怕主要还是由于后者的形象思维水平不高，使他们不能对审美对象积极展开联想和想象，因此很难通过语言文字进入文章描绘的情境，体会到文章的形象美、意蕴美和情感美。教育实践证明，发展学生的形象思维，能够推动学生审美情感的产生和发展，使学生受到深刻的美感陶冶和精神净化。

儿童在学习语言文字的过程中，从形象入手，引发感情，在感情的陶冶中，展开想象，启动思维，从中理解、鉴赏，在语言训练中，获得语文能力，并受到思想教育。

小学语文教材中大多是文质兼美的选文。课文里既有鲜明、生动的形象，又凝聚着强烈的感情，还渗透着深刻的理性。有的课文借助语言文字创造的意境美，是一种特有的"无言之美"，理性因素在这里不是借助概念，而是直接渗透在形象中，正所谓"不着一字，尽得风流""理之在诗，如水中盐、蜜中花，体匿性存，无痕有味"。学生在学习这些课文时，通过审美意识活动，感情被调动起来了，并和课文、教师产生了共鸣，这是在认识、道德、感情一致的基础上产生的一种强烈的情感活动。感情一致是共鸣的前提。以小学语文教材中《荷花》一课为例，这篇课文中有这样一段描写：

　　我忽然觉得自己仿佛就是一朵荷花，穿着雪白的衣裳，站在阳光里。一阵微风吹过来，我就翩翩起舞，雪白的衣裳随风飘动。不光是我一朵，一池的荷花都在舞蹈。风过了，我停止了舞蹈，静静地站在那儿。蜻蜓飞过来，告诉我清早飞行的快乐。小鱼在脚下游过，告诉我昨夜做的好梦……

　　过了好一会儿，我才记起我不是荷花，我是在看荷花呢。

　　由审美欣赏而产生的物我两忘所引发的共鸣现象，美学上称为"移情"，这是一种认知的把握方式。所以，充分揭示语言文字的情感因素，调动学生的感情，让学生在语文教育活动中入境入情，可收到良好的教育效果。

　　如果说阅读教学就是引导儿童去认识客观世界的美，那么作文教学就是要引导儿童去表现美、创造美。作文时，儿童根据自己在生活中感受的美，运用思维去筛选，运用想象去编织（重新组合成新的形象），并选用最富表现力的语言表达出来。在这个过程中，儿童积蓄在胸，一吐为快，情不自禁，文思如泉，感受到内心的喜悦，并把这种喜悦之情贯串到作文的始终，不仅体验到形象的美、情感的美、逻辑的美，也体验到文章语言整体的美，从而产生表现美、创造美的强烈愿望。在审美这个特殊的意识活动中，情感始终伴随着整个认识过程。这就要求我们在审美活动中，把情感作为中介，使之参与全部美育过程，形成教育者和被教育者以及教育中介之间独特的情感交融的关系。

黄：在审美活动中，如何将愉悦性渗透在形象性和情感性之中？

杨：学生由于困扰、烦恼及其他各种精神压抑所导致的不同程度的心理失调，可通过审美教育使之平衡。例如通过注意转移、情感升华、变换节奏等方式得到调整，复归于平衡。

据研究，人的最原始、最朴素的审美意识与生理机制有一定关系，外部环境的节奏与人体机能或人的情绪的节奏合拍时，也会使人产生愉快的情感。

语文教育中的愉悦性，已不等同于我们通常所说的趣味性，它是一种摆脱了功利性的精神享受。在语文教学中，这种感性和理性的和谐所产生的审美性不仅具有愉悦功能，还具有认知功能。感性因素太多，缺乏理性和抽象概括，往往使语文教学活动层次紊乱、材料堆砌、结构松散，甚至使课文的完整形象支离破碎。反之，如果理性因素过多，缺乏感性的支撑，则会使语文教学成为干巴巴的语言文字的排列组合和抽象概念的逻辑推演，抹去了形象，消失了情感，失去应有的生气和活力，这样的语文教学既无任何愉悦性可言，当然，也无认知的价值。小学语文教育中的愉悦性是儿童在欣赏语言文字的过程中获得美感后所得到的美的享受。比如学习《海上日出》一课，孩子们为这"伟大的奇观"陶醉了，进入了情境，激起了想象，引发了联想：光明终会冲破黑暗，太阳是伟大的，它非但给世界带来光亮，还以绚丽的色彩装点万物，产生自然界的奇观。因此他们会产生昂扬、奋进的情绪，心理上得到某种满足。

在小学语文教育中，我们曾经研究过和正在研究关于学生主动性、积极性的培养，在学习活动中激发兴趣等问题，这是必要的，但效果尚不尽如人意。看来，仅仅着眼于教育方法是很不够的，我们应深入研究语文教育自身的审美特性，在感性和理性之间架起审美的桥梁，使学生的精神处于一种自由自在、无拘无束的状态。儿童只有在既无精神负担，又无思想压力的前提下，才能展开想象的翅膀，挖掘创造的天赋。美感的力量就在于对创造永不满足地追求。小学语文教育的对象是儿童，儿童有自己不同的兴趣、爱好，有自己的精神世界。教师既不要拔苗助长，让儿童"成人化"，也不能千人一面，使儿童"规范化"。要让儿童在教育活动中尽情地表达自己的喜怒哀乐，充分展现自己的个性特征。如叶圣陶所说，要使儿童在语文课上"趋向鼓舞，中心喜悦"。当儿童进入审美过程中对语言文字进行感知、理解时，如德米特里耶娃所说："这不是单纯的理解，也不是简单的评价，而是活跃的、直接的感情。这种感情转化为向往……成为在实际上表现它、体现它和实现它的愿望——也就是说，转化为创造。"

黄：*如何理解审美中的多样性与和谐性？*

杨：多样性是和谐性的前提。古今中外美学家都把多样性作为美的重要特征之一。多样和单一、丰富和贫乏、丰满和干瘪等都是相对而言的。多样、丰富、丰满都属于美的特性。

语文美的特性之一就是寓"美"于生动的形象和丰富的情感之中。所以教育方法最忌单一和单调，教育内容最忌枯燥乏味、啰唆重复。不同的儿童有不同的审美情趣，因而小学语文美育应具有不同的特点和要求。但语文美的多样性不是杂乱无章的混合物，它和其他社会现象一样，是一个相对复杂的统一体。诸多因素只有按照一定的秩序，形成整体和谐，才具有审美价值。如俄国文学评论家别林斯基在论及绘画艺术时说："没有偶然和多余的东西，所有的部分都从属于一个整体，一切趋向于一个目的，一切都有助于形成一个美丽的、完整的、独特的东西。"笛卡尔说得更明确："美不在某特殊部分的闪烁，而在所有各部分总起来看，彼此之间有一种恰到好处的协调和适中，没有哪一部分突出到压倒其他部分，以致丢失其余部分的比例，损害全体结构的美。"

例如，小学语文教学结构不仅要反映学生的认知结构和教材的知识结构，而且要体现结构的审美价值。所谓结构，是指事物各要素之间有机统一的存在方式，在一定的结构中，各要素的排列、组合、距离、方位都有确定的质与量的关系，绝不是机械的拼凑。如何按照美的规律使教学过程中各要素的组合相互协调、和谐，这既是教育科学，也是教育艺术。教学艺术一方面表现为对教学方法巧妙、熟练地运用，语文课上主要是"重在启发，妙在点拨，贵在诱导，巧在开窍"；另一方面则表现为充分展示教学过程的和谐美。何时该讲，要讲重点、难点；何处该议，要议疑点、议精要；哪里要读，读有要求、有目的；几时该练，练什么、怎样练；等等。这些在教学过程中都需要相互配合、照应，不能顾此失彼，也不能畸轻畸重，教师要从整体的和谐上来组织教学活动，展开教学过程。

〉〉 在小学语文教学中实施美育的
基本原则

黄：杨老师，我们在小学语文教学中实施美育要遵循哪些基本原则呢？

杨：在小学语文教学过程中，我们应从科学美的角度来分析教学过程中的一切形态，充分考虑其一致性、简明性、统一性、相容性、独立性等，也应从艺术美的角度考虑其和谐性、变化性、新颖性等。

一、情感转移原则

语文教学中的审美想象活动始终伴随着强烈的情感活动。在这个过程中，学生将个人的情感转移到审美对象之上，并以情感为动力，结合以往的审美经验对审美对象进行加工、制作、改造。当学生把自己的情感移入或投射到认识客体（如教材）上时所引发的共鸣，在美学上称为"移情活动"。我们所谓的"情"，是在反映客观世界的过程中所产生的情，情由境生，境随情移，由情达理，情理交融。

在小学语文教学中，教师引导学生在阅读或作文的过程中，入境入情，并将情感转移到客体上，产生共鸣。如前面提到的著名特级教师李吉林教学《荷花》一课时，在学生面前展现了一幅荷花的图画，并设计了一项练习：

"我（　　）地看着荷花"，想象课文中的"我"怎样看着荷花，使自己仿佛也变成一朵荷花，和满池的荷花一起舞蹈。

要完成这一练习，学生势必要看着画，体验"我"看荷花的心情、神态。于是，孩子们说：

我久久地看着荷花。

我入神地看着荷花。

我深情地看着荷花。

…………

随即教师启发学生想象，仿佛自己也来到荷花池边，把画中的花看成池中的花，也这么入神地、深情地看着，同时还放了一段和课文内容相关的音乐，让学生凭借音乐的艺术形象感知图画中的物体形象，理解教材中的语言形象。音乐声起，学生凝神视之，细细地体察着，美滋滋地品味着，充分运用想象和联想，使感知美的表象分外丰富。学生说：

我仿佛觉得荷花突然长高了。

我自己也摇摆起来。

我好像闻到了荷花的清香。

我觉得小鱼儿好像跳出了水面，在看荷花的优美舞蹈。

我还觉得河水在叮咚叮咚地为荷花伴奏呢。

…………

显然，学生已入情入境，和审美对象——荷花产生了共鸣，这种移情作用，不但激发了学生的爱美之心，也使学生的观察力、想象力同时得到发展。

二、和谐变化原则

教学美和其他社会现象一样，是一个复杂的统一体，包含着各种因素。这些因素只有按照一定的秩序达到协调一致，形成整体和谐，才具有审美价值。

在小学语文教学中，从教学内容的安排到教学方法的运用，都要求单纯整齐、对称平衡、比例协调、对比适宜等。以低年级教学而论，单纯整齐是很重要的。由于儿童年龄小，注意力不集中，观察能力不强，所以呈现在儿童面前的教学内容要集中，教学要求要明确，认知对象要鲜明，板书、图画、表格都应单纯整齐。单纯能使人产生明净、纯洁的感受；整齐，包括某些必要的反复，可给人以有序感、节奏感。

在小学语文教学中，学生听、说、读、写训练安排的疏密、徐疾、静动，师生感情的起落有致，对重点讲授内容和重点训练项目的烘云托月，都反映着教学过程中的节奏韵律，使课堂教学呈现波澜起伏的曲线美。

和谐会产生美感，但过分单调的和谐是缺乏生气的和谐，会削弱美的感染力，因此教学还要有变化，要新颖。教学美的多样化，取决于教学内容的多样化，也取决于教师个性及教学风格的多样化。教师在教学中，总是要表现他们对于教育内容、教学对象的独特的感受，表现他们与众不同的教育素养。就不同的学生而言，他们在认知和审美过程中同样具有多样化的特点。作为审美主体的学生绝不是消极、被动地接受"美"，而是在审美过程中掺和着已有的知识和经验，显现出鲜明的个性心理特点。

小学语文教学中决不可只有单一的速度和不变的周期，而是要快慢得当，详略分明，动静有序，主次合理，在和谐中有变化。正是这种和谐变化构成了教学过程中审美的基本特点，并为教学结构的合理安排、教学方法的正确选择、教学内容的科学处理提供了一个新的角度，开拓了一个新的研究领域。

三、形、情、理相互交融的原则

在小学语文教学中进行审美教育，要诉之于形，动之以情，明之于理，并使之相互交融。教师要注意引导学生从具体形象入手去理解语言文字，并始终以感性形象为支撑去逐步掌握课文的思想内容。对形象的感知，不仅是认知活动，同时也是审美活动，教师要训练儿童如马克思说的"有音乐感的耳朵、能感受形式美的眼睛",能感知到色彩美、造型美、结构美、线条美以及音韵美、节奏美。

小学语文教学中,形、情、理之间的关系可用"寓情于形、寓理于情"加以表述。教学中要讲究形象直观和语言直观,图画、音响、实物展现形象,语言直观唤起形象。在形象的基础上产生一定的情感,使情、形交融,情、景交融,让学生在不知不觉中受到感染。在教学中,情景交融、导入情境并不是最终目的,主要是使学生产生浓厚的兴趣,燃起求知欲望,展开想象,开拓思维,大胆创造,进而受到美的熏陶。此时,教师一定要注意在形、情之中注入理性因素,使学生由形入情,由情明理,从而获取知识,达到认识的深化。如此,教学过程就成了学生的审美过程,教师传授的"理"既有形象的支撑,又有情感的烘托。一个生动的比喻,学生连声赞叹,几个排比句式的出现,学生也会赞赏它的严谨有序。一篇好的文章,学生会情不自禁地高声吟诵。抽象的"理"被注入感情之后,仿佛获得了生命,不但易于理解,也易于入脑入心,给学生留下深刻的印象。

〉〉小学语文美育和
儿童发展

黄:杨老师,前面您详尽地谈到了在小学语文教学中实施美育的原则、途径及价值，其目的均在于促进学生的发展。那么，我们应如何通过小学语文美育促进儿童语文素养的提高呢？

杨：大千世界，大中有小，小中见大。大如宇宙洪荒，小如沙粒水滴，故有"弱水三千，只取一瓢"之论，又有"一花一世界，一叶一菩提"之说。

何谓"大"？即时代的大背景、社会的大环境、学校的大生活和语文的大视野。离开了"大处着眼"，"小处着手"就变成了小打小闹、小家子气，微乎其微，风吹云散。反之，如果不从"小处着手"，不在小学语文教学全过程中落准落细，那么"大处着眼"就是虚无缥缈的空中楼阁。

语言是思维的物质外壳，儿童在感知、欣赏、评价美的时候，需要借助语言来表达，也需要语言的调节。所以，语文教育和审美教育水乳交融，互补互促。

小学语文教育的审美活动，既要反映审美主体——儿童的审美心理特点和变化规律，又要反映审美对象——语言文字自身的特点和变化规律。

小学语文教材中的选文大多文质兼美，在鲜明生动的形象中凝聚着深沉的感情。这些情感因素不是借助概念和判断来呈现，而是渗透在形象之中。儿童通过依托语言文字的审美活动，感情被激发，从而产生共鸣，这是在形象和情感交融后的强烈的情感活动。这不仅有助于儿童获得审美感受，提高审美能力，而且也有助于儿童对语言文字的理解和运用。

审美活动有诸多因素，是一个相对复杂的统一体，这些因素只有按照一定的秩序，形成整体和谐才具有审美价值。当然和谐是相对的。在审美活动中，和谐中必有变化，变化中又产生新的和谐，呈现出多样性的美感。

在语文教育的审美活动中，学生的精神愉悦伴随着学习过程，产生并渗透于语言文字的形象和情感之中。

当语文教学的愉悦性源于美感时，这种愉悦性不仅具有深化认知的功能，还有升华情感的功能，甚至还有促进儿童智慧即兴生成的功能。语文教学中如果理性因素太多，缺失感性支撑，抹去了形象，缺失了情感，将会成为枯燥的语言文字的排列组合和抽象概念的逻辑推演。如此语文教学，既无愉悦作用，也无认知和审美价值。反之，语文教学中如果缺失必要的抽象概括，也会导致层次紊乱，逻辑颠倒，结构松散，甚至使课文的完整形象支离破碎。

语文教学中的审美教育不是要欣赏课堂外观的美丽和课件的新颖别致，而是要深入发掘语文教学自身的审美特质，在感性和理性之间架设审美的桥梁，使儿童在无心理负担、无精神压力的状态下自由自在地张开思维和语言的双翼，翱翔在无垠的星空。此时的儿童在"美"的陶冶中，自觉地把美感化为兴奋、激动，化为求知的欲望，升华为创造的动力。

此次新课标将"审美创造"作为语文核心素养的有机组成部分，不仅要求学生"具有初步的感受美、发现美和运用语言文字表现美、创造美的能力"，还强调培养学生"健康的审美意识和正确的审美观念"，使审美教育在语文教学中不再是一种奢望和点缀。这对深化语文教学改革，推动语文教学科学化和艺术化的统一，促进学生语言能力和思维能力的发展，特别是创造思维能力的发展，都将产生积极的作用。

第八章

我的教师素养观

〉〉 练好语文教学的
基本功

黄：一位好教师，首先要上好课，过教学关。想做一名称职的语文教师非一日之功。杨老师，请您就如何练好语文教学的基本功给我们青年教师提点建议，好吗？

杨：好的。一般来说，青年教师，尤其是新教师上岗，开始总会忐忑不安。因为学情变化莫测，教材深浅难辨，胸中无数，心里无底。更让人困惑的是，教学质量无法鉴别，所以教学效果不好评判。究竟努力的方向是什么？改进的策略何在？

的确，想做一名称职的语文教师非一日之功，无捷径可走，更非套用某个"模式"，运用"几招几式"就能奏效。现今，教师普遍学历较高，知识储备不少，但要将知识转化为教学能力，尚需在教学实践中自悟自得。先别着急，只要我们虚心学习，敢于尝试，不怕受挫，善于总结，还有什么困难不能克服呢？

我想，一名语文教师，首先要弄清楚一堂好的语文课有什么基本要求，衡量的尺度是什么。

先看学生主体的参与度。

教育史上，以学生为主还是以教师为主，是新旧教育理念的分水岭；课堂上，是面向全体学生还是面向少数优生，是判断教学成败得失的分界线。

教学活动中，只是几个优生在朗读，在发言，而且重复多次，大多数学生作壁上观。看起来课堂上应答如流，朗读声情并茂，教学过程顺风顺水，环环相扣。然而，这些美丽炫目的假象，难以掩盖教学的失误。因为几个优生的反复"表演"，剥夺了多数学生言语实践的机会。教学面向少数优生，让大多数学生成了"陪读"，完全违背了教学应面向全体学生的原则。

学生主体的参与度，还表现在学生参与言语实践的深度和广度。如果学生的认知活动只是在文本的浅表层徘徊，学生的语文能力只是在起点上踏步不前，表明学生的参与度不高。课堂教学关键看落实，看这堂课学生掌握了几个生字新词，弄清了几种不同句式，能否理顺文本的层次，能否用自己的话归纳出课文的主要内容，进而提炼出课文的主题思想，概括出课文的中心。

再看学生思维的活跃度。

在语文教学中，由于言语活动和思维活动密不可分，互促共进，因此要关注学生思维活动的活跃度。学生思维活跃，才会产生丰富的联想，引发思维的碰撞，擦出智慧的火花。

教学过程中，学生的思考常常止步于文本的浅表层，满足于对文本肤浅的理解。尤其是对那些无生僻词语的现代文，仿佛读几遍就懂了。至于字里行间作者想说又未说出的意思，文字背后隐藏着的深意，以及文本的"弦外之音""言外之意""语中之情"，大都被忽略不计了。

我们要求学生不仅爱思考，还要会思考、善思考，在言语运用的实践中，学习思考的方法，提高思考的能力。教学中，教师不仅要着力提高学生回答问题的质量——能抓住要领、简洁流畅地回答问题，还要不断提升学生发现问题、质疑问难的水平。一般来说，发现问题、质疑问难较之回答问题更有语言价值和思维价值。

三看学生言语实践的有效度。

言语实践是一个宽泛的概念，说闲话、唠家常、发议论等都是言语实践。如何在 40 分钟的课堂教学中去除假主体行为，减少非语文现象，使学生的言语实践成为能提高学生语言运用能力的实践，从而提高学生言语实践的有效度，这是语文课改的当务之急。

如何提高学生言语实践的有效度？关键是遵循学生语文学习的规律，不浮华虚飘，讲求步步落实；不浮躁贪多，讲求精要扎实；不浮夸花哨，讲究求真务实。违背规律，教学必低效乃至无效；遵循规律，教学则有效甚至高效。

黄：指导学生学习语文，我们应该遵循哪些基本规律呢？

杨：一、在真实的语境中自主学习语文，是为交际的需要学习语文

言语产生于特定情境，儿童在特定的情境中情不自禁、脱口而出的语言，常常是最美妙的语言。当代著名儿童教育家李吉林毕生倡导情境教育，她按照儿童语言发展的特点和规律创设情境，描述画面，发展独白语言；体验情境，扮演角色，发展对话语言；带入情境，把观察和思考结合起来，发展内部语言；深入情境，强化感受，发展书面语言。这些都值得我们学习和借鉴。

二、在词语之间、段篇之间的关系和联系中学习语文

学习语文，既要了解字、词、句、段、篇之间外显的关系和联系，还要了解字、词、句、段、篇之间内隐的关系和联系。更要"瞻前顾后"，明确语文学习的阶段性，了解学段之间的衔接、过渡和递进。还要"左顾右盼"，从整体上把握各年段、各单元的教学要求，促进字、词、句、段、篇的知识积累和听、说、读、写能力的协调发展。

三、在听、说、读、写的综合实践中学习语文

听、说、读、写之间本有着内在联系，语文学习应充分发挥言语实践在综合运用中的作用，使二者互补互促，协调共进。综合不只是语文学习量的增加，还是语文学习质的飞跃。

四、在课内和课外、语文和生活的联通中学习语文

2011 年版《义务教育语文课程标准》提倡"少做题，多读书，好读书，读好书，读整本的书。关注学生多种媒介的阅读，鼓励学生自主选择优秀的阅读材料，加强对课外阅读的指导，开展各种课外阅读活动"。统编版教材渗透课标意图，在教材中倡导和大人一起阅读，开通"阅读链接"渠道，鼓励整本书阅读，让课内阅读延伸到课外，拓展到生活中。这些都需要我们在语文教学中贯彻落实。

一堂好的语文课，当然不止于此，但前面说到的几点基本要求，应是我们应该遵循的基本规律。

〉〉语文教师应具备的 **教学能力**

黄：作为一名合格的语文教师，除了具有一定的科学文化素养及一定的表达能力、组织协调能力外，还应具备哪些教学能力呢？

杨：我觉得，一名合格的语文教师除了要具有一定的文化素养外，还应具备以下几种能力：

一、深钻教材、体察学情的能力

深入钻研教材，首先要具有现代课程观和一定的语文素养，这是深钻教材的前提。教材中，选文是教材的血肉，结构是教材的骨架，核心价值观是

教材的灵魂，三者体现教材的编写理念、编写思路和编写特色。教师要"瞻前顾后"，清晰了解教材设计的序列性和阶段性；"左顾右盼"，充分认识教材各部分之间的相关性和联结性，以便全面理解教材，整体把握教材。

教师深入理解教材，对教材的整体结构、主要内容胸有成竹，对每篇课文的重点、难点、疑点、特点了然于心，就为活用教材、用活教材、创造性地使用教材打下了坚实的基础。

在深入钻研教材的同时，应及时掌握学情的变化，除了关注儿童的感知、想象、思维、记忆等智力因素之外，更要关注儿童的兴趣、爱好、需求、情绪等非智力因素的变化。

杜威曾指出，方法是对材料的有效处理。如果我们深钻了教材，对材料（教材内容）做了有效处理的话，教学方法将会呼之欲出。我们一旦掌握了学情变化，深浅难易之确定、简繁快慢之安排、收放开合之把握，都会得心应手。对于在教学过程中如何突出重点、突破难点、确定疑点、展示亮点，必然心中有底。

过去，我们把深钻教材和体察学情称为"吃透两头"，两头都吃透，谈何容易！需要刻苦加韧性，才能看到成效。吃透的虽是两头，但有联系，联系的桥梁就是教学方法。

二、调适课堂、因势利导的能力

调适课堂，顾名思义是调整课堂节奏，使之适合学生。调适课堂不是驾驭课堂，也不是控制课堂。调适课堂体现教师主导和学生主体的统一，目的是让学生成为认识和发展的主体，成为课堂真正的主人。

调适课堂不是管控而是激发、调动、鼓励，让学生兴趣盎然、感官灵敏、想象丰富、思维活跃、情绪饱满。教学中，要做到有放有收，收放自如；有张有弛，张弛得当；有快有慢，快慢适中；有动有静，动静合宜；有疏有密，疏密有致；有浓有淡，浓淡相宜……呈现出波澜起伏的曲线美和鲜明的课堂节奏感。

调适课堂，教师要善于激发学生的兴趣，调动学生的情绪，激活学生疲惫的思维，唤醒学生沉睡的潜质。有时还要"引而不发""开而弗达"，使教学保持一定的张力。教学语言要鲜明生动、亲切自然，鼓励的语言要适宜而多样，衔接过渡、归纳小结的语言要明确简洁。好的教学语言是学生学习语言的范本，是教科书的必要补充。

课件内容要集中，呈现有序，简洁适用，不宜花花绿绿，喧宾夺主。再好的多媒体都不过是教学的辅助工具，能用语言解决的问题尽量用语言去解决，在解决问题中引导学生去学习语言。

调适课堂要因势利导。"势"即教学活动现有的态势和可能发展的趋势。教师要眼观六路、耳听八方，敏锐地捕捉课堂教学的动向，窥探学生心理的微妙变化，感受教学节奏的律动，不断拨正教学的方向，选取不同的教法去调适课堂。

因势利导，不是造势，而是顺其自然，因应态势，伺机而行，随机而为。有时需正面指导，讲精要之点，解精彩之处；有时需侧面引导，待其从容，"引而不发"，让学生自悟自得；有时需巧用暗示，设置悬念，诱导学生探索究竟。教师还应遵循学思结合、知情结合、读写结合三个基本规律，在"学—导—练"中，促进学生的自主言语实践，围绕中心，展开和推进教学过程。

三、反思教学、总结经验的能力

人总是在不断反思中前行的，教师亦然。由于教学内容更新，学生心理变化不定，加之教师的专业素养、个性特点各不相同，使教学活动难有固定的程序和统一的模式。教师要反思教学，总结经验，不断矫正，反复调适，以改进教学，改善教学。

稍有经验的教师都会有课堂感觉（课感），课后能敏锐地觉察到教学是否进入了正常的节奏，进而琢磨掂量师生之间互动的默契程度如何，教学过程中各环节之间的衔接过渡是否顺畅……这还不够，教师还应还原教学，回望教学，反思教学，进一步从理性上去判断：教学目标达成否？教学脉络清晰否？学生是否进入了"愤、悱"状态？学生读书质量、读书效果怎样？读中学写、写中促读做得好不好？对课中、课后拓展延伸的度把握得是否准确？伴随认知、学生的情感激活了吗？言语活动的机制启动了吗？教学中有没有发现智慧的闪光和创新的嫩芽？从这些教学现象中，透视出新旧教学理念的碰撞，从而归纳提炼出符合学情的新理念。

反思是一条不断延长的思想链条，可以串联起许多教学现象和教学细节。反思中还可能有新的发现，有惊喜也有遗憾，例如，虽然注意了发挥学生的主体作用，但却让几个后进生坐了半节课的冷板凳；虽然注意了夯实基础，但有的地方训练还不扎实，少数学生的训练尚不到位；虽然学生的学习情绪饱满，但持久性不强，不少学生精神疲惫，注意力不集中……教学有遗憾，需要去弥补，弥补的关键是不护短，教师要在实践中克服缺点，发扬优点，务实求新，勤学苦练，使教学能力不断提高。

〉〉 回归常态
修炼内功 踏实前行

黄： 杨老师，我们天天谈语文教学，那么教学的内涵和本质究竟是什么呢？

杨：教学是什么？教学生怎样学习。

学习是什么？学会如何学习。

语文教学是什么？在语文教师的引导下，学生在真实的语言情境中，学习运用语言的自主实践活动。

原本如此简单明了的常识，在各式各样华丽、时尚的新观点、新概念、新名词、新课题、新实验的浪潮中，被淹没了。一时间，我们仿佛在茂密的大森林里绕来绕去找不到方向，又好像在浓浓的迷雾中找不着回家的路。君不见前些年，教学改革高潮迭起，声势越来越大，调门越来越高，观摩者越来越多。感觉真有什么"宝典诀窍"，取经回来后即可立竿见影，让教学质量快速提高。然而实际情况是，那些云里雾里的新理念和那些"几招、几式、几步、几法"的新策略被搬回本地后，大多水土不服，难以复制。更为蹊跷的是，许多名噪一时的改革实验，热闹一阵之后，便销声匿迹了。

事物发展总是曲折前行的。不经一事，不长一智。热潮之后，渐渐归于平静。如今大型、超大型的观摩研讨活动已为数不多，取而代之的是中小型的观摩研讨；原先以展示名师风采为目的的纯观摩活动已不能满足广大教师的需求，取而代之的是目标明确的专题研讨活动。过去那种某些教改实验尚未取得阶段性成果就大肆宣传，引来参观者无数，之后又隐身不语的现象，如今也少见了，取而代之的是聚焦教育实际中的重难点，提炼出小而实的课题，讲求实证，不轻易做结论，不随意推广实验。就课堂教学而言，从过分注重外在形式的翻新和课件设计的新颖，转变到更关注课堂教学的内涵和底蕴；从只注重课堂表面的活跃到注重课堂文化的厚度和思维训练的深度；从只关注一节课好到重视节节课好。

教学实践证明，语文教学和其他学科一样，从未有过一条用美丽的彩虹铺成的空中捷径，可以直达教学的光辉顶峰；也从未有过包教百课、立见成

效的秘方妙法，只要如法炮制，就可让教学质量快速提升。语文教学来不得半点虚、浮、空、飘，而是需要扎扎实实，勤勤恳恳，一步一个脚印，踏实前行，也需要细致入微的缜密和水滴石穿的韧性。

当前，语文教学要从单兵操练转变到听、说、读、写的综合训练；从注重传授基础知识、培养基本能力转变到全面提高学生的语文核心素养；从只关注语文教学自身转变到关注语文和其他学科的相互渗透、语文和生活的联通、课内和课外的联动。

语文教学不再是单向的机械传授，而是师生之间、生生之间以教材为媒介的"对话"。对话是一种教育理念，不是课堂上的叽叽喳喳和议论纷纷，而是彼此思想的交流、情感的沟通和智慧的互补，也是相互之间的思维碰撞和情意相通。此时，课堂的主体，不是孤独的单数，也不是简单的复数，而是你、我、他之间的交互式对话。教学中，学生的自主实践不只是"琵琶独奏"，而是多人次、多声部、多向度的交响。

要树立大语文意识。语文教学是母语教学，中华民族的精神和智慧都凝聚在母语里，一所学校的校长和全体教师都应有大语文意识。对教师而言，由于语文是思想的载体和人脑思维的工具，所以，各学科教师语文素养的高低，将在一定程度上决定教学质量的高低。而语文教师的语文素养高低，则直接决定着教学的成败。对学生而言，不仅要通过语文获得运用语言的能力，还要提高认识，丰盈思想，丰富感情，培养人格，清清楚楚说中国话，端端正正写中国字，堂堂正正做中国人。

教育即生成。语文教学是学生言语生成、智慧生成、人格养成的过程。学生如幼苗，需要良好的生态环境，需要无污染的肥沃土壤，需要适宜生长的温度，更需要阳光和雨露。因此，教学必须遵循学生身心发展的客观规律，顺其自然，全情投入，使其自由绽放。不能强制压抑，不能揠苗助长，否则，轻者被扭曲，重者遭摧残。

　　教育即生活。语文教学是学生生活的一部分，而且应是学生生活中最快乐的部分。当语文是情感的、诗意的、审美的，当语文教学将语文抑扬顿挫的节奏、委婉温润的情调、含蓄隽永的意趣、具体生动的形象都展示出来的时候，教学就有魅力了，语文教学必将为聚焦核心素养，培养必备品格和关键能力，打下坚实的根基，收获丰硕的果实。

　　黄：的确，作为语文教师，我们还需熟知语文教学基本式，修炼自身的基本功。杨老师，什么是语文教学的基本式？

　　杨：语文教学的基本式就是语文教学最基本的理念以及目标、策略、样式。其要点如下：

一、一个目标

　　"一个目标"是指在学生自主的言语实践活动中提高学生的语文素养。语文素养包括语文知识、能力、方法、习惯、语言态度和语文品位。语文素养体现综合性、生成性和过程性。提高学生语文素养的过程是一个自主感悟、主动积累的过程。在一定的交际情境中，为着生活实际需要的言语运用，是学习语文的有效途径。

二、两个图式

　　教学图式是设计教学环节，建构课型的基本样式，反映学科的基本规律和特点。语文教学图式如下：

　　1. 整体—部分—整体。

　　（1）从课文整体入手，初步了解课文内容。

　　（2）在整体的语境中识字、解词、释句、析段。

　　（3）再回到整体，引导学生自主归纳课文主要内容，概括课文中心思想，了解课文主要的写作特点。

2. 语言（形式）—思想（内容）—语言（形式）。

从语言形式入手，引导学生读准字音，读顺课文，联系上下文理解词句的意思，体会课文中关键词句表情达意的作用。在此基础上，让学生把握课文的主要内容，体会课文所表达的思想感情，了解课文的中心思想。到此，只是走完了从言语形式到思想内容的路径，还需要再回到语言形式，进一步梳理课文的表达顺序，领悟课文的基本表达方法，了解作者遣词造句的巧妙和布局谋篇的匠心。

三、三个结合

1. 以读为主，读写结合。

"读"是师生和文本最直接、最有效的对话，是语文教学中学生言语实践活动的主要方式。教师要引导学生读出意，读出形，读出情，读出味，读出神。

为检验"读"的成效，教师还要倡导读中学写，读写结合。通过结合课文内容的小练笔，或改写，或续写，或缩写，或扩写，加深学生对课文的理解，拓展学生思维和想象的空间。

2. 以问促思，学思结合。

"思"源于"问"，"问"促进"思"。无论是教师提问还是学生发问，都是开启学生心智、促进学生思考、增强学生主动参与意识的重要途径。然而当前语文教学中，提问肤浅、随意、琐碎或过多、过难，反而抑制了学生的思维和想象。

好的问题，既要有针对性，还要有启发性。所以，教师要精问、巧问，善于发现课文中的矛盾点，不失时机地用新的生成性问题开启学生的思维之门。

3. 以知融情，知情结合。

语文是表情达意的工具。语文教学中认知和情感并行不悖，互补互促。

教学中，我们不仅要了解作者认知过程的明线，而且要理顺作者情感发展变化的暗线。两条线并行、交会，使教学过程跌宕起伏，呈现出波浪似的曲线美。

四、四个态式

"四个态式"是指平平常常的教学心态、简简单单的教学形态、扎扎实实的教学常态、轻轻松松的教学神态。

五、五个要求

"五个要求"即多读书、多思考、多积累、多练笔、多写字。

语文教学的基本式反映语文教学的基本规律和重要特点，体现语文教学的共性。语文教师要完成语文教学的基本式，就需要修炼自身的基本功。

黄：语文教师应该具有什么样的教学基本功？

杨：语文教师的基本功是教师必备的教学理念、教学策略、教师素养、职业操守的综合，具体表现为：

一、正确的教学理念

确立学生的主体地位，让学生成为课堂的主人；树立教师的主体意识，发挥教师的主导作用。

学和教统一于教学过程之中，学生的主体作用和教师的主导作用相辅相成，相得益彰。教好是学好的保证，学好是教好的目的。从一定意义上说，教师教得好，学生才会学得好。

在教学活动中，教师要善于引导，长于点拨，巧于启发，使教学活动动静有节，快慢有致，收放自如，开合有度。

二、有效的教学策略

教学策略是为了达到教学目标所采用的方式、方法、途径、步骤的总和。制定教学策略的依据，一是吃透学生。教师不仅要了解学生外显的言谈举止，更要深入了解学生内隐的心理特点和情绪变化。二是吃透教材。教师要把握

教材，深入理解教材，在此基础上活用教材，用活教材，创造性地使用教材。

有效的教学策略是贯彻启发式，实现以学定教和以教导学的辩证统一。在教学过程中，学导结合，学导互促。师生在平等对话中，预设和生成交互着，规定性和拓展性同在着，确定性和不确定性并存着。在教学活动中，学生作为身体和精神的统一体，始终在生成、生长、变化和发展。教师要引导学生在规定性和拓展性之间抉择，在必然性和偶然性之间取舍，在确定性和不确定性之间吐纳。根据学情变化，教师要不断改变预定方案，调整教学节奏，使教学达到最佳效果。

为此，教学要突出重点，突破难点，瞄准疑点，展示亮点，体现特点，要有利于学生培养兴趣，掌握方法，养成良好的学习习惯。

科学合理地运用现代教育技术，独立设计课件，也是教师应具备的基本功，但是最先进的多媒体也只能对教学起辅助性作用。

在小学语文教学中，教师因材施教，相机应变，以及教师的示范作用、人格魅力、情感熏陶对学生潜移默化的影响，是任何先进的教育技术都无法取代的。

三、一定的人文素养

人文素养是以人为出发点，以对人的终极关怀为目标，一个人应具有的文化底蕴、文化品位和文化视野。

文化底蕴是一个人长期的文化积淀，包括学识、学养、学风，表现为一个人的认知能力、选择能力、批判能力、审美能力等。一定的文化底蕴派生出一定的文化品位。文化品位有高低之分、雅俗之别，反映一个人的文化判断和审美情趣。文化视野是从一定的视角去观察文化现象的开阔度和新颖度，包括对中西文化历史和现状的了解、对当今多元文化的包容和选择。可以说，深厚的文化底蕴、高雅的文化品位，开阔的文化视野是构成人文素养的基础。

人文素养对教师至关重要。有了文化底蕴，教师方能正确地解读教材，创造性地使用教材；有了文化品位，教师才会有正确的文化选择，才能给予学生健康的、无污染的、高品质的精神食粮；有了文化视野，教师方能在复杂纷纭的文化领域里，去粗取精，去伪存真，给学生一个丰富多彩的语文世界。

在人文素养中，"爱"是一个核心要素。对学生满怀爱心，充满爱意，是教育的起点。可以说，没有爱就没有教育。爱的温度是爱的光辉的照耀。不仅师生之间、生生之间应有温情，有温度，而且语言本身也应有温度，有感觉，有情感。语文教学中要有情的融通、爱的传递，要有耐心，有宽容，有彼此的信任和尊重。

四、端正秀丽的板书，平实自然、字正腔圆的朗诵，亲切和蔼的教态，朴实儒雅的教风

良好的板书，标准的朗诵，亲切的教态，儒雅的教风，这些不仅能给语文教学增光添彩，而且会对学生写字能力、朗读能力的提高产生积极的影响。

五、认真负责的敬业精神和求真务实的工作作风

有些教师心浮气躁，急于求成，总希望通过三招两式、五步十法尽快提高教学水平。也渴求从名师的观摩课上找些诀窍，简单模仿，机械移植，以为可收奇效。甚至有人认为，通过外包装，弄点花样子，搭点花架子，名师可以速成，名校也可以速成。这些天真的想法，已被实践证明不过是一些彩色的泡沫而已。所以，认真负责的敬业精神和求真务实的工作作风才是做好教学工作的保证。

教育是一项系统工程，教育成功之路是一条用智慧和心血铺成的艰辛之路。教师唯有修炼内功，提高自己的专业素养和职业操守，深入了解语文学习的规律和特点，掌握语文教学的基本式，方能提高自己的教学水平。

黄：*杨老师，为什么说加深教师的文化厚度，是提高教学质量的重要因*

素呢？

杨：语文是人类文化的重要组成部分。教师对语文教材的理解，有赖于对文化的阐释；教师对语文教学的认知，也有赖于对课程文化的认知。由于语文教学是母语教学，所以，语文教学和中华传统文化根系相连，血脉相通。2011 年版语文课标指出，学生通过学习语文"认识中华文化的丰厚博大，汲取民族文化智慧"。同时，"关心当代文化生活，尊重多样文化，吸收人类优秀文化的营养，提高文化品位"。

在语文教学中，教师对儿童文化的理解和对课程文化的认知，源于自身的文化底蕴。文化底蕴反映文化的厚度，是教师长期的生活积累、文化积淀的结果。文化厚度包括学识、学养、学风。教师具有一定的文化厚度，才能正确制定教学的目标要求，准确拿捏内容的深浅难易，合理调适教学中的动静徐疾，渲染教学中的浓淡虚实，在课堂上做到举止儒雅、言谈文雅、气质优雅。教师有了文化厚度，就会信心满满，底气十足，灵活应变，举重若轻，游刃有余。因此，加深教师自身的文化厚度，是提高教学质量的重要因素。

当前，公开课上有两种倾向：一是脱离学生实际，课堂上教师引经据典，侃侃而谈，旁征博引，无限拔高，学生茫茫然如坠云里雾中。二是面对文字较为浅近平实的现代文，只满足于在文本的表层徘徊，学生既无对文本言语智慧的感悟，也无对作者用词造句的推敲，更没有用思维和想象去填补文本字里行间的空白。这样的课必然索然寡味，不会在学生头脑中留下痕迹。

出现这些倾向，一是心中无学生，教师在意的是台下坐着的上千名观摩老师，而不是几十个小学生；二是由于缺乏文化厚度，教师没有深入钻研文本，不能把握文本特点，浅尝辄止。这两方面有着内在联系：教师文化素养不高，导致对现代教育理念理解不深、贯彻不力；又因为缺乏正确的教育理念的指导，教学往往会偏离正确的轨道。

学生要多读书，教师更要多读书。近代语文教育家叶圣陶说："教师善读善作，深知甘苦，左右逢源，则为学生引路，可以事半功倍。"过去，人们常说："你要给学生一碗水，就要准备一桶水。"著名特级教师、教育家霍懋征说："一桶水不够，要长流水。"就是说，教师要多读书，不断吸收新知识，不断充实自己。

当今，由于新的社会思潮的涌动，反智主义、消费主义、娱乐至死成为年轻人的时尚，甜文化、软文化、俗文化、快餐文化，鸡汤文、小段子，进入了儿童的世界。因此，教师还需要具有文化批判和文化选择的能力，应找准传统文化和现代文化的联结点、中华文化和西方文化的契合处，吐故纳新，去伪存真，古为今用，洋为中用，进而引导学生进行文化鉴别，培养学生分辨美丑善恶的能力。

提高文化修养，增加文化厚度，不仅是教师提高自身修养的需要，也是教学工作的需要。叶圣陶先生说："学习就是生活，并非生活的准备。"我想，作为教师，提高文化修养，也是一种生活，是生活所必需，是教育生活中重要的一部分。

〉〉 行走在思想的
田野上

黄：杨老师，教研促进教师的专业成长，请您对我们的教研工作提点要求或建议吧。

杨：重视教学研究是我国基础教育的优良传统。为此，全国各省、市、县都专设教研机构以指导和协调教研工作。几十年来，教研工作成绩斐然。尤其是 20 世纪八九十年代，各式各样的教改实验如雨后春笋般蓬勃生长，涌现出一大批特级教师和教研专家。同时，全国各地陆续举办许多大型观摩研讨会，掀起了一浪比一浪高的观摩热潮。不能否认这些中型或大型的观摩研讨会在传播教育新理念、交流各地教学经验和提供课堂范式上的积极作用，但随着各地大型观摩活动的频繁举办，某些观摩研讨会逐渐暴露出形式重于内容、观摩而不研讨、模仿胜于创新、热闹多于冷静等弊端，令广大教师失望，使社会上有识之士忧心。

以语文教研为例。随着时间的推移，当年那些蜚声教坛、风靡全国的不少改革实验、风格流派，都销声匿迹，隐身不语。

出现上述现象的原因很多，主要还是改革实验跟不上改革的形势，实验的顶层设计缺乏针对性和科学性。在试验过程中，对干扰实验的变量难以控制，许多实验缺乏对比研究，使实验在理论和实践上暴露出许多盲点。试想，如果改革实验既不能给教学以思想引领，又不能给教学提供策略支撑，大会上的承诺变成了废话，描绘实验的说明书变成了一纸空文，这样的改革实验和教学研究，怎么会赢得广大教师的信任！

当前，深度学习经过多年实践，已初见成效。深度学习需要深度教学，以克服学生学习的肤浅化和教师教学的漂浮化。然而深度亦应有度，即教学必须符合学生的认知经过努力可能达到的程度。深度教学需要深度教研。教学研究不能讲形式、走过场，而是要针对实际，讲求实效。在教研中，应指导教师深入观察、分析教学现象，准确判断教学的主要倾向，及时梳理、厘清教学中存在的问题，帮助教师透过教学现象去发现教学的基本规律，找准教学工作的突破口，总结经验，树立典型，通过研讨尽可能将经验提升到教学理念的高度。

教研工作是一项细致复杂、富有创意的工作。因此要沉下心来，忌虚浮，接地气，面向实际，针对实际，解决实际问题，不仅研究教师"教什么"和"怎样教"，还要研究学生"学什么"和"怎样学"。鉴于目前教研工作中普遍存在的重教轻学的现象，我们特别要加强对"学"的研究。主要是：学生现有知识、能力状况及其发展可能性研究；学生学习兴趣的激发和学习情绪的调动研究；学生学习过程中可能出现的心理障碍（如焦虑、困惑、倦怠等）的诊断及治疗研究；学生学习过程中语言发展和思维提升互促共进策略研究；等等。同时要及时发现新苗头，发现教师的创新精神，肯定教师的创造才能，以教研促教学，通过教研发现和培养有潜力的新生代教师。

教学研究不是短期行为，一时半会儿难见成效。因此要静下来，静心定神，深入思考，反复琢磨。在研讨中要鼓励不同观点的争辩和不同思路的比较，强调资源共享、智慧互补，群策群力，共创佳绩。

教学研究还要与时俱进。时代在进步，科学技术迅猛发展，脑科学和思维科学的发展今非昔比。信息技术、人工智能已渗入人们的工作和生活中，学校教育自不例外。这些都给教研工作提出了新课题。但无论怎样，技术不能取代思想，目的不能代替过程。教学是学校工作的中心，育人是学校教育的目的。学生永远是教育工作的太阳，学校的一切工作都应围绕"太阳"旋转。

黄：杨老师，对于当前呈现的各种语文教研形式，您有什么样的看法呢？

杨：当前语文教研，既没有显山露水，又没有轰轰烈烈。教研在稳步前行中求变，在因时而变中求新，逐渐步入了正常发展的轨道。

经历了三年疫情之后，一些大中型的教学观摩活动已越来越少，某些曾经声名显赫的教改实验也很少抛头露面。但线上线下的教研活动从未停息，以名师工作室和学校为中心的教改实验，依然红红火火。其特点是课题小而实，均来自教学实际，且多为"当务之急"，例如"'双减'实施后的闲暇教育研究""学生课外活动的内容和形式""跨学科课程的渗透和整合研究"等。但研究最多的还是课堂教学，例如"语文学科核心素养的落细、落准、落实研究""学生作业设计研究""课堂教学策略研究""课堂教学评价研究"等。特别是"课堂教学模式研究"，在我近几年参加过的课题开题、结题活动中，几乎每项教改课题都会提炼出一个课堂教学模式，意在给老师寻觅出一条课堂教学的新路径，归纳出语文课堂教学的基本规律，展示课堂教学的新范式。这对于广大教师，特别是青年教师胜任教学工作无疑是有帮助的。

何谓教学模式？著名学者查有梁先生曾做过如下通俗解释："教学模式是在教学理论指导下，抓住教学特点，对教学过程的组成方式做简要概括，以供教师在教学实践中选择、组合、变换、重构。"从上述释义看，查有梁先生并没有提倡建立固有的模式，而是让教师在对教学过程组成方式做简要概括的基础上，根据学情变化进行"选择、组合、变换、重构"而已，说明教学有式，但无定式。

但是，教学现状并非如此。多数教学模式不仅安排了教学过程，规范了教学程序，有的还提示了几招几式、几步几法，仿佛教学只要按此套路走，必定成效显著。然而，多年教学实践的经验充分证明，前些年各地推出的课堂教学模式在一时一地是有效的，时过境迁、物非人非之后就不灵了。

我国幅员辽阔，各地教育发展水平极不平衡，地域文化各具特色，学情复杂多变，怎么可能会有统一适用的教学模式！如果有模式，那也是在相对意义上、动态平衡状态下存在的教学参照物，是让教师在教学实践中去组合、重构的符合学情的模式。从这个意义上说，教学模式是非常态化的教学方式，是教学实践中教学内容和形式合乎规律的和谐统一。然而生动活泼的教学实践又会冲破既定的教学模式，产生新的教学变式。变式是模式在教学实践中的变化和发展，实现相对意义上的动态平衡。待以时日，又形成了新的教学模式。整个教学实践正是在模式和变式的不断转换中发展和提质的。由于世上本无一成不变的教学实践，自然不会有一成不变的教学模式，模式的固化必将阻碍教学实践的发展，导致思想的凝固。

反思这几年的教学研究，总的印象是头脑较前冷静了，心态较前平和了，眼睛学会朝下了。在教研中，再不会用教学实践经验生硬印证那些生涩的"理论"，而是有选择地吸纳新的课程理念，在正确理论的指导下，通过反复实践，群策群力，解决教学实践中存在的主要问题。在不少学校，教研成果已转化为课堂教学的质量。

教研中也存在不足之处，主要是注重吃透教材，而忽略了对学情的深入研究，尤其是忽视对学生学习心理的研究。例如，对学生认知心理的研究，尤其是对学生思维发展和语言发展关系的研究，对学生的情感、意志和个性心理的研究，这些研究似乎还停留在 20 世纪 80 年代的水平。严酷的事实是，语文教学中统一的要求、统一的考试、统一的答案，泯灭了学生的个性，淹没了学生的独立思考，窒息了学生的创造精神。

教研有难度，有苦也有乐。当教学不仅是一种日常工作，而且是一项专业研究之时，当全体教师都具有研究意识之时，语文教研之花必将结出语文教学之硕果。

黄：*杨老师，请您给我们后生晚辈们谈一谈如何才能从教学实践中积累经验，不断地突破自己呢？*

杨：在教学工作中，老师们多少都有些经验。一般来说，教龄越长，经验越多。教学经验从何而来？不是天上掉下来的，也不是头脑中固有的，而是来自生动活泼的教学实践，来自教学实践中的日积月累。老师们备课、上课、批改作业，组织学生课外活动，线上线下观课、评课，参加专业培训和各种形式的教研和课题研究活动，有所感，有所思，亦有所悟。如果把这些感受、思考、领悟都记录下来，将会是教学生涯中一笔宝贵的精神财富。

老师们为什么对教学观摩的兴致始终不减，即使远在千里，也不辞辛劳，按时赴会？原因是老师们在熟悉的课中发现了新意，从"他这样教"和"我那样教"的比较中看出了门道。边观课边思考：名师们怎样开课，展开教学过程？怎样导引，推进教学过程？怎样收拢，小结教学过程？怎样拓展，延伸教学过程。进一步深入思考：怎样激发学生兴趣，怎样引领学生进入教学情境？怎样激活学生的思维和语言，让思维和语言比翼双飞？再细心琢磨：名师怎样审时度势，因势利导，捕捉节点，拿捏火候？怎样把握时机，灵活变通，处理好教学中的每个细节？……心有同振，情有共鸣。如果我们也把教学中的这些真情实感及时记载下来，积淀于心，融入自己的经验体系中，一旦时机到来，有所触动，就会搅动经验，多种心念涌动、奔突、跃动、腾飞，各种思绪萌发、交织、铺展、延伸，串联起经验之珠，让经验闪烁着思想之光。

教学经验源于教学实践，是务实的、管用的，有些经验还是鲜活的、本色的。但是，经验多半是对教学外部特征的认知，只是揭示了客观事物的外部联系，虽然也有分析综合、抽象概括，但由于概括水平不高，难以形成规律性的认识，上升到思想的高度。有时经验还具有迷惑性，用假象蒙蔽我们的认知。例如长期以来，我们都认同"书声琅琅，议论纷纷"是一堂好的语文课的标识。深究之，如果学生是漫读、泛读，或是唱读、喊读，琅琅书声不绝于耳，但读不上心，读而不思，如此书声琅琅，有何意义！再说"议论纷纷"，本意是指学生发言之踊跃、互动之积极，你一言，我一语，相互琢磨切磋，这该是多么美好的教学景象！但仔细听听，学生脱离文本，天马行空，闲聊唠嗑，不着边际，浪费了宝贵的光阴，挤掉了言语实践的机会，这样的"议论纷纷"，有何价值！

的确，经验是宝贵的，教师拥有教学经验，有助于提高教学质量。但不能因为有了经验，就吃老本，炒现饭，不学习新思想，不转变旧观念，故步自封，踟蹰不前。长此以往，心理上就会产生职业倦怠感，专业上就会出现"高原现象"，很难再上一个台阶。此时，经验已变成前进中的包袱了。

黄： 是的，经验需要不断总结提炼，那么杨老师，老师们如何才能使自己从一名经验型教师成长为一名有思想、有风格的教师呢？

杨： 首先我们要认识经验。经验是滋生教育思想的肥沃土壤，是迈向理性思维的台阶。在教学实践中获得的丰富经验，常常能解决实际问题，使教师从容应对教学活动中出现的偶然事件。如有经验的教师在识字教学时，能预判哪些生字学生容易写错，哪些生字的读音学生容易混淆；阅读时，学生为什么抓不住要领，哪些地方容易忽略；作文时，学生为什么打不开思路，经常出现的病句是什么……教师如果对这些胸有成竹，心中有数，就会在关键处提醒，在思维堵塞处疏通，知道哪些地方要小心避错，哪些地方要反复练习，哪些地方要特别强调。所有这些举措，靠的就是经验。但经验只具有特殊性，不具有普遍性。学情、校情一旦有变，经验就不灵了。

其次我们要改造经验。对自己已有的经验有了清醒的认识之后，才能分辨出哪些是过时的、陈旧的经验，面对新课改、新教材，这些经验已不适用，要忍痛割爱；哪些是尚未成熟的经验，要根据教学目标、教材特点和学情变化予以调整、修补，不断改进；哪些是从名师观摩课上移植过来的经验，需要在新的教学环境中接受检验，发现问题，改进提高……改造经验的关键是不要让经验凝固化、模式化，只有动态化的经验，才是活化了的适应性很强的经验，也才是有价值的经验。

最后，我们要提升经验。老师们总结经验时不乏理性的思考，但由于多年来积攒的丰富的经验尚未体系化、结构化，加之在改造经验时缺乏思维深度，使经验难以达到教育理念的高度。为此，我们要对经验进行鉴别、梳理、提炼，形成有价值的经验。还要在多年沉淀下来的零散的经验中，揭示关联性，寻找联结点，以建立起自己的经验系统。否则，经验虽多，但易于陷入"碎金"状态。

教学实践中，我们要善于运用抽象概括，将事实、材料、现象提升到概念，然后运用概念构成判断，再运用判断进行推理，或直接推理，或间接推理，着力培养自己的类推能力，以收到触类旁通之效。在运用抽象逻辑思维的同时，还要学习运用辩证思维，去探索教学活动中对立统一、发展变化、量变质变、否定之否定的内在规律，让经验之树绽放思想之花。

需要指出的是，从自己的经验体系中提炼出来的思想，应是自己的思想，是新的、活的、有生命力的思想，而不是在自己名下贴上他人思想的标签，打上他人思想的印记。他人的思想应予学习、借鉴，但不宜生硬照搬。要相信，自己的经验源于生动活泼的教学实践，自己的思想源于丰富多彩的教学经验，是认识的质的飞跃，也是思想的自然生长，是一个教师逐渐成熟的标志。

将丰富的经验提升到思想的高度，需要深度的思维和优良的思维品质，还需要知难而上的勇气，需要滴水穿石的韧性，更需要独辟蹊径的创新。愿我们每一位教师都能成为一名有思想、有风格的教师，诗意地行走在思想的田野上。

参考文献

［1］徐复观. 中国艺术精神 [M]. 沈阳：春风文艺出版社，1987.

［2］马奇. 西方美学史资料选编 [M]. 上海：上海人民出版社，1987.

［3］刘小枫. 诗化哲学 [M]. 济南：山东文艺出版社，1986.

［4］宋白华. 艺境 [M]. 北京：北京大学出版社，1986.

［5］刘晓东. 儿童文化与儿童教育 [M]. 北京：教育科学出版社，2006.

［6］杨再隋. 小学语文教育求索集 [M]. 北京：学苑出版社，1999.

［7］杨再隋. 语文的味道：杨再隋语文教学心语 [M]. 长沙：湖南教育出版社，2021.

［8］杨再隋. 小学语文教育学 [M]. 武汉：湖北教育出版社，1993.

［9］杨再隋. 语文课程建设的理论与实践：《全日制义务教育语文课程标准》学习与辅导 [M]. 北京：语文出版社，2001.

［10］杨再隋. 语文课程的新视野：杨再隋语文课程研究文集 [M]. 长沙：湖南教育出版社，2005.

［11］杨再隋. 当代中国小学作文教学风格 [M]. 南宁：广西人民出版社，1988.

［12］杨再隋. 中国著名特级教师教学思想录：小学语文卷 [M]. 南京：江苏教育出版社，1996.

［13］杨再隋等. 语文课程的目标·理念·策略：《义务教育语文课程标准（2011 年版）》导读 [M]. 长沙：湖南教育出版社，2012.

 附　录

杨再隋简明年谱

⊙1937 年

农历十二月生于重庆市秀山土家族苗族自治县龙凤坝镇。

⊙1942 年

春季，入小学。

⊙1948 年

小学毕业。

⊙1951 年

春季，初中毕业。秋季，考入湖南省立茶峒师范学校。

⊙1954 年

夏季，从茶峒师范学校毕业。

被选送参加当年的高考，顺利考入华中师范学院教育系。

⊙1958 年

毕业于华中师范学院教育系。

⊙1963 年

秋季，被分配到华中师范学院附属小学任教。担任五年一贯制实验班班主任、语文教师。

⊙1977 年

春季，回到停而复办的华中师范学院教育系。

⊙1978 年

春季，参加湖北省委宣传部课题"无产阶级革命家在湖北的教育实践"写作组，跟刘芹茂同志合作，杨再隋执笔撰写《春风杨柳马列传——记董必武同志创办武汉中学的教育实践》一文，刊登在教育部主办刊物《人民教育》上，反响很大。是年冬，董老夫人何连芝在武汉东湖百花村热情接见了杨再隋、刘芹茂两位作者，当面给予嘉许和鼓励。

⊙1979 年

春季，被委派参加湖北省首届特级教师评审小组，赴全省各市县评选特级教师。

初夏，陪同宋岭梅教授出席北师大高惠莹先生主编的高校教材《小学语文教学法》审稿会，得遇高校从事语文教学法研究的许多前辈。会议间隙，登门拜访了著名文学家、语文教育家叶圣陶先生和著名语言学家吕叔湘先生，聆听了他们的教诲。会议中，中央教育科学研究所和几所部属师范院校联合倡导成立全国小学语文教学研究会，委托杨再隋与东北师大麻凤鸣、金和德先生共同起草学会章程，并由杨再隋起草倡议书。

当年，被评为讲师。

⊙1980 年

7 月，全国小学语文教学研究会在大连正式成立。呈送的《小学作文教学与观察力的培养》（和附小教师徐荣娣合写），得到参会者认可，后刊登在上海《小学语文教师》创刊号上。

秋季，首次给教育系 1978 级学生讲授小学语文教材教法。

⊙1983 年

主编《小学语文课外读本》（共 10 册），由湖北少年儿童出版社出版，成为当时的畅销书。

春季，应湖南省教育科学研究所邀请，参加在凤凰县举办的"童话引路"作文教学研讨活动，与会者有上海著名童话作家洪迅涛等。

　　担任《教育研究与实验》常务副主编和编辑部主任（时长五年）。

　　⊙1984 年

　　主编《小学作文选讲》，由湖北少年儿童出版社出版。

　　⊙1985 年

　　2 月，专著《语文教学探新——特级教师杜呈鸾语文教学经验研究》（和旷习模、陈友才、刘光谨合作）由湖北教育出版社出版。

　　4 月，应重庆市秀山土家族苗族自治县教委邀请，和名师刘中和在秀山举办大型小语教学观摩研讨活动，开始了智力支边系列活动。

　　当年，被评为副教授。

　　⊙1986 年

　　春季，应湖南省凤凰县和贵州省松桃县邀请，与刘中和老师赴湘西参加系列教学观摩研讨活动，受到老师们的热烈欢迎。

　　冬季，应国家教委基础教育司邀请，赴上海参加小学语文教学挂图审查会。

　　⊙1987 年

　　被聘为全国中小学教材审定委员会小学语文学科审查委员会委员。

　　⊙1988 年

　　春季，当选湖北省第七届人大常委会委员、省人大教科文卫委员会委员。

　　6 月，专著《当代中国小学作文教学风格》（和雷实合作）由广西人民出版社出版。

　　⊙1991 年

　　接任国家中小学教材审定委员会小学语文学科审查委员会召集人，至

2003 年止。

　　10 月，与湖北省荆门市教育科学研究所所长张勤发起并组织在武汉举行的全国首届"叶圣陶杯"小学作文课堂教学竞赛。来自全国各地的千余名小学语文教师和教研人员参加了本次活动。会后遴选出"十佳教师"，在全国产生了很大影响。

　　⊙ 1992 年

　　2 月，《小学教学百科全书（语文卷）》由吉林教育出版社出版，高惠莹任主编，杨再隋和金和德任副主编。

　　⊙ 1993 年

　　春季，国家教委基础教育司组织发起对我国语文教改实验进行实地调研。北方由语言文字应用研究所佟乐泉所长带队，南方由杨再隋副教授带队。本队成员有基础教育司刘辉、国家语言文字工作委员会委员季恒铨、华东师范大学戴宝云以及中央教育科学研究所和人民教育出版社专家。

　　当选湖北省第八届人大常委会委员。

　　7 月，主编《小学语文教育学》，由湖北教育出版社出版。

　　当年，被评为教授。

　　⊙ 1995 年

　　10 月，主编小学教育专业系列教材（和刘华山合作，共 14 册），由湖北人民出版社出版。

　　⊙ 1996 年

　　主编《中国著名特级教师教学思想录（小学语文卷）》，由江苏教育出版社出版。该丛书获第三届国家图书奖。

　　⊙ 1998 年

　　当选湖北省第九届人大常委会委员。

⊙1999 年

1 月，主编"家庭育才小百科"丛书（共 10 册），该书请第七、第八届全国人大常委会副委员长雷洁琼担任顾问，杨再隋作总序，由华中理工大学出版社出版。

10 月，专著《小学语文教育求索集》由学苑出版社出版。

⊙2001 年

10 月，和夏家发、刘中林、倪玉婕共同编写《语文课程建设的理论与实践——〈全日制义务教育语文课程标准〉学习与辅导》，由语文出版社出版。该书为当年全国教育类畅销书。

⊙2003 年

3 月，与吴伦敦共同主编《基础教育新课程师资培训指导（小学语文）》，由东北师范大学出版社出版。

辞去全国中小学教材审定委员会小学语文学科审查委员会职务，受聘任湘教版国家课程标准本小学语文教材主编。

⊙2004 年

3 月，主编湘教版国家课程标准本小学语文教材（共 12 册），由湖南教育出版社出版。

⊙2005 年

1 月，与陈春艳共同主编"小学生新课程阅读精品系列"《古诗词 100 首》，由文汇出版社出版。

7 月，专著《语文课程的新视野——杨再隋语文课程研究文集》由湖南教育出版社出版。

11 月，应邀参加在江苏南通举行的李吉林情境教育学术研究会，与会者有来自北京、上海等地的专家学者 200 余人。向大会提交论文《情境教育的主要特色》，在大会上宣读，并被《南通大学学报》采用。

⊙ 2006 年

2 月，在《中国教育报》上发表《呼唤本色语文》一文，被国内多家刊物转载。国内许多研讨活动以"本色语文"作为研究主题。

11 月，主编《中国名师经典语文课堂（小学）》，由山西人民出版社出版。

⊙ 2007 年

5 月，应邀参加在湖北宜昌举行的首届"阳光杯"作文教学论坛，担任评委会主任。与会者有原国家教委副主任柳斌和湖北省教育厅负责人。会后，主编《阳光·作文·探索——首届"阳光杯"作文教学论坛获奖论文集》（和罗珠彪合作）一书，并作序，由北京少年儿童出版社出版。

⊙ 2012 年

2 月，专著《语文课程的目标·理念·策略——〈义务教育语文课程标准（2011 年版）导读〉》由湖南教育出版社出版发行。

⊙ 2016 年

《倾听童心》《面向大时代——语文教学思虑之一》等多篇文章在语文期刊上发表。

⊙ 2017 年

《文化的厚度——语文教学思虑之三》《敬畏母语——语文教学思量之二》等多篇文章在语文期刊上发表。

⊙ 2018 年

《面向新时代的语文教育》《呼唤课堂文化——语文课堂文化随想之一》《走进课堂文化——语文课堂文化随想之二》《谈课风》《重结果，更应重过程》《教材的微笑》等文章在语文期刊上发表。

在《小学语文教学》杂志卷首接连发表了《如果教师在课堂中央》《如

果教师不提问》《如果多媒体取代语言文字》三篇"语文教学之追问"的文章。

6月，和杜朝晖共同主编"智慧阅读"丛书，由崇文书局出版。

⊙ 2019 年

《让语文植根于心灵》《语文教材的价值》《课改·改课·课非课》等多篇文章在语文期刊上发表。

⊙ 2021 年

5月，专著《语文的味道——杨再隋语文教学心语》由湖南教育出版社出版。

⊙ 2022—2023 年

《语文教研的得与失》《深度教学需要深度教研》《以语育人，以文化人——〈义务教育语文课程标准（2022 年版）〉学习心得》《培根铸魂，启智增慧——〈义务教育语文课程标准（2022 年版）〉学习心得》《情境·梳理·整合——对〈义务教育语文课程标准（2022 年版）〉几个关键词的解读》等多篇文章在语文期刊上发表。

杨再隋主要论著

（一）专著

书名	出版社	出版时间
《语文教学探新——特级教师杜呈鸾语文教学经验研究》	湖北教育出版社	1985 年 2 月

续表

书名	出版社	出版时间
《当代中国小学作文教学风格》	广西人民出版社	1988 年 6 月
《小学语文教育学》	湖北教育出版社	1993 年 7 月
《中国著名特级教师教学思想录（小学语文卷）》	江苏教育出版社	1996 年 5 月
《小学语文教育求索集》	学苑出版社	1999 年 10 月
《语文课程建设的理论与实践——〈全日制义务教育语文课程标准〉学习与辅导 》	语文出版社	2001 年 10 月
《语文课程的新视野——杨再隋语文课程研究文集》	湖南教育出版社	2005 年 7 月
《中国名师经典语文课堂（小学）》	山西人民出版社	2006 年 11 月
《语文课程的目标·理念·策略——〈义务教育语文课程标准（2011 年版）〉导读》	湖南教育出版社	2012 年 2 月
《语文的味道——杨再隋语文教学心语》	湖南教育出版社	2021 年 5 月

（二）主编教材

教材名称	出版社	出版时间
《小学语文课外读本》（共 10 册）	湖北少年儿童出版社	1983 年
《小学生作文选讲》	湖北少年儿童出版社	1984 年

续表

教材名称	出版社	出版时间
小学教育专业系列教材（共14册）	湖北人民出版社	1995年10月
"家庭育才小百科"丛书（共10册）	华中理工大学出版社	1999年1月
《基础教育新课程师资培训指导（小学语文）》	东北师范大学出版社	2003年3月
湘教版国家课程标准本小学语文教材（共12册）	湖南教育出版社	2004年3月
"小学生新课程阅读精品系列"《古诗词100首》	文汇出版社	2005年1月
"智慧阅读"丛书（共6册）	崇文书局	2018年6月

杨再隋语文教育理念经典摘录

语文是国家之根、民族之魂、智慧之泉、创造之源，不仅是重要的交际工具，而且是中华文化重要的组成部分。母语给学生打上了生命底色，夯实了生命根基，今后，学生无论学习何种外语，都和母语血脉相融，无论接触何种文化，都和中华文化息息相通。

语文是和人的生命、人的思想、人的情感紧紧地联系在一起的。从这个意义上说，离开了人，语文就不复存在，也没有存在的价值。语文离不开人，它富于人性，包括人的自然属性和社会属性。语文为个体的人所掌握，显示个性，具有灵性，是智慧之泉、创造之源。语文反映社会历史的变迁，积淀社会文明的精粹，闪耀民族文化思想的光辉。因此，语文又是民族之根、国家之魂。

课程是人的课程，跟人的心、性、情密不可分。因此，课程不仅要让学生获得知识、技能，还应以净化、美化人性，健全学生人格为使命。课程的温度既表明课程自身蕴含的人文含量，也表明课程已营造出宽松、和谐的人文氛围。

语言是思维的外壳，是思想的直接现实。在语文教学中，创设真实的言语情境，让学生说真话、表真心、抒真情，这既是一种语言品质，也是一种精神品质。

人之所以是万物之灵，是因为人有思想，会思考，还会产生新思想。在语文教学中，学生积累思想，也是在积累语言。丰富的思想自会产生丰富多彩的语言。

积累和丰富思想，不仅使人精神充实，而且使人情感丰富。语文教学正是让学生浅薄的情感变得深沉，单一的情感变得丰富，冷漠的情感变得热忱。由于思想和情感密不可分，高尚的思想带来美好的情感，丰富的思想带来丰富的情感。丰富的情感也会促使思想更丰富，从而点燃智慧的火花，激活创新的热情。

语言是思想的物质外壳，是人的心灵的外显。察其言，可观其行。所以，一个人的语言品质，常常是一个人的人格特征、生活态度、道德修养的反映。能否正确地使用语言，不仅是语言能力强弱的标志，也是人品高低的标志。文如其人，语亦如其人。

由于思维的特殊功能和价值，各门课程都要重视培养学生敏于发现、善于观察、勤于思考的能力。能在错综复杂的事物之间的关系和联系中，厘清头绪，分清主次，准确地找到解决问题的关键；也能在看似隐蔽的关系和联系中，透过现象去揭示事物的本质；还能在变化莫测的现象里，独具慧眼，力排众议，独持己见，坚持真理。

语文教学只有从儿童生命的源头出发，才能顺应生命的自然生长，顺应言语的自然生成，沿着生命之源的自然流向，顺着生命之溪的自然流淌，让生命之花自然绽放。当语文教学从生命的源头出发时，语文教学就翻开了新的一页。

语言是载体，不仅负载着某种思想、认识、情感，而且蕴含着民族的精神和智慧。语言是整个民族乃至整个国家的重要凝聚力。

正确的儿童观是在尊重儿童独立人格的基础上，让语文的魅力去激发儿童的生命活力，唤醒儿童的生命潜能，丰富儿童的生命内涵。

儿童在爱的怀抱中感受着爱的温暖，点燃了学习的热情，促使想象驰骋，思维纵横，言语畅达。各种奇思妙想涌动、交汇、奔放、碰撞，各种情感思绪铺展、交织、纠缠、延伸，自会绽放智慧之花，结下创新之果。

让语文走进学生的心灵世界，师生以教材为平台，彼此相遇、相识、相知，在平等的对话中，入耳入心，心心相印，心领神会。在教学过程中，师生之间、生生之间相互赏识，相互尊重，在言语生成的生态环境中保持生气勃勃的生长状态。

儿童有自己的思维方式，有自己的生活逻辑，有自己的生活感悟，有自己的表达特点。教育者只有站在儿童本位上，多唤醒、多呵护、多鼓励、多扶持，才能真正走进儿童的世界。

创建有活力的课堂，关键在教师。教师应具有正确的教育理念和深厚的文化底蕴，还应有教育情怀和敬业精神，更应有永不枯竭的创新活力和锲而不舍的意志品质，从而真正成为课堂变革的主导者，让学生真正成为课堂的主人。

建构课堂文化，关键在教师。当教师具有开阔的文化视野、深厚的文化底蕴时，语文课堂文化必能扎根于中华文化的沃土，绽放文化之花，结下文化之硕果。

好课堂绝不是几招几式、几步几法精彩的铺排，也不是教学技巧、教学方式和多媒体课件的巧妙展示。好课堂是有思想、有灵魂的课堂，这样的课堂才具有丰富的人文内涵和生命的活力。有生命活力的课堂才能自我生成、自我调节、自我发育、主动发展，也才具有自然渗透、滋生繁衍的能力。这一切都离不开教师的创造性工作，离不开教师良好的专业素养。

课风不正，将侵蚀教学，使之变味，扭曲教学，使之变形，影响教学质量的提高。如果习以为常，听之任之，还将会腐蚀学生的心灵。语文教学风清气正，关键在教师。教好语文，没有诀窍，也无捷径。把稳着实、认真负责、端正学风、修炼内功、涵养心性、提升素养才是教师的本分，也是教师的本色。

情感调动了兴趣，影响了气质，点燃了欲望，坚定了意志。情感和生理欲望相结合是本能的低级的情感，有的甚至是庸俗的、粗野的动物性的情感。然而情感和信念相结合就产生了理想，情感和道德伦理相统一就产生了情操，这是一种更高层次的精神境界。情感的力量对人的教育和影响是无法估量的，用"美"点燃起来的情感的火花，将照亮人的一生。

教育的最终目标应是把儿童的德育过程、智育过程、体育过程和美育过程和谐地统一起来，这就意味着感性和理性的和谐统一，合目的性与合规律性的和谐统一，儿童身心发展的和谐统一，以及知、情、意、行的和谐统一。这是儿童德、智、体、美、劳全面发展的前提，也正是审美教育作用之所在。

名家评价

中国现代语文教育发展的个人历史记忆；作为百年语文嬗变的亲历者、见证者和参与者的真实口述；逼真的现场感，生动的讲述感，以及珍贵的史料感。这是我阅读本书时最为直观的感受。口述者杨再隋先生，是我敬重的学术泰斗，也是我景仰的人生楷模，道德文章堪为世范。他的语文学科教学论理念、语文教育心理学理论，尤其是他的语文教育美学主张和诸多观点，长期且深刻地影响着我的"诗意语文"实践和探索。阅读杨再隋先生的口述实录，我又一次沉浸在他对我辈拳拳提点、殷殷期许的回忆中，感受着他旷达、雅远的人格魅力，体悟到他劬劳功烈却充满诗意的人生背后的大智慧、大境界。边城山水，因为杨再隋先生策划的一场语文教育盛会，成了我生命记忆中一道最美的风景；而先生本人，一如爱及所爱、美不自美的边城山水，成为中国现代语文教育史上一道美丽的风景。

（王崧舟　杭州师范大学教授、博士生导师，浙江省特级教师）

读杨先生的文章，自然体悟良多，若以一言蔽之，则可归结为"博大精深"四字。

何谓"博"？博者，广博也，即学术视野之开阔。"卷首语"更是杨先生文章的一大特色。他把语文教改置于《文化的厚度》之中，渗透着对母语的敬畏之心（《敬畏母语》），同时又坚守儿童立场《倾听童心》，《让语文植根于心灵》。不仅如此，他更注重语文课改，必须弘扬当代精神：《面

向大时代》《面向新时代的语文教学》都是十分值得一读的好文章。他在"卷首语"中还论及教师必须具有正确的"教材观"：如《语文教材的价值》《教材的微笑》都是不可不读的好文章。杨先生"卷首语"更多的是在关注课堂教学，从"课堂文化"到"课风建设"，从"教学结果"到"教学过程"，从"课堂提问"到"多媒体应用"……可以说当下课堂教学改革中的热点、重点、难点和疑点，他都做了一文一题的深入评论。

何谓"大"？大者，丰富也，即论述内容之充裕。杨先生的"卷首语"为了节省篇幅，做到了要言不烦，采用"论评"的方式写作，基本不以"述评"的形态面世，这就要求论述的哲理逻辑必须服人，如此方能以严整的思辨推断，达到令读者心悦诚服之目的。这自然就要求"卷首语"必须有充裕的论述内容。杨先生的一题一文，题小而文详，保证了论述内容以说理充裕服人的效果。如课堂教学问题是杨先生"卷首语"的重要内容，从《呼唤课堂文化》到《走进课堂文化》；又从课堂文化深入到"课风建设"；从"不求热闹求有效"到"重结果，更应重过程"；再到课堂教学策略，从《如果教师不提问》到《如果多媒体取代语言文字》……其对课堂教学改革问题研究多角度论评的充裕度确实令人折服。

何谓"精"？精者，精湛也。攻读杨先生的"卷首语"，我们常为他的论述之精湛而折服。确实，这每一篇短短的文字，从命题立意到结构行文，都不难使我们体会到作者用意之精到。《如果教师在课堂中央》《如果教师不提问》《如果多媒体取代语言文字》，这三个假设不仅是当时语文课改实践中的热点问题，而且在内涵上呼应了他发在同刊同年第 4 期的那篇"卷首语"《谈课风》。对于课堂教学改革中的一个问题，竟能分四题做如此前后联系的步步推进，作者行文论理之精湛确是毋庸赘言的。

何谓"深"？深者，深刻也，即研究品质之深邃。杨再隋教授素以治学严谨、深邃而在小语界享有盛誉。现在这种论评之深刻，我们也完全可以见之于他的每一篇"卷首语"。这是一种可贵的学术品质。特别是因为教育发展的历史，由于其本身的特殊性和复杂性已成为一个巨大的时空文本，在被人们理解和阐释的进程中，它的深刻性无疑是我们更应当不懈追求的研究品质。就以杨先生的那篇《课改·改课·课非课》来说吧，把三个概念放在一起做比较论评，其用意无疑是深刻的。"课改"是指我国的课程改革，从用心"双基教学"到关注"三维目标"，再到聚焦"核心素养"，那是在改革中前行的跫跫足音；从"课改"到"改课"，词序颠倒之中，后者自然是指课堂教学改革。无疑，"改课"正是课改的硬核所在。由"课改"到"改课"，我们又应该对"课堂教学"作何观？这就引出了"课非课"。对此，杨先生的解释是："从课改到改课，并非终点。我们都应有'非课'意识，即一堂课或一类课，无论是课堂内容还是课堂形态，都是发展变化中的课，虽有基本规律可循，但依然有许多不确定因素，甚至还有不少偶然的、突发的因素。""课非课"无疑是一种十分深邃的"否定之否定"的课堂辩证观和课堂发展观。杨先生"卷首语"的一大特征，正是充满了这种思辨的深刻性。

（周一贯　全国著名特级教师）

杨再隋先生是我最敬佩的大先生。先生在中国小学语文界做出过重大贡献。20世纪90年代，他是全国中小学教材审定委员会小学语文学科审查委员会委员。杨先生用智慧与心血为亿万师生提供不断完善的小学语文教材；为全国小语会搭建的赛课、论文等平台，提携推动着一批批中青年教师磨砺成长。

杨再隋先生是我最敬佩的大先生。教育是先生的家学血脉。小学语文教育教学是先生一生的学问。难能可贵的是，年轻时候的他就明白教育实践的"无字之书"博大精深，跟研读教育著作的"有字之书"同等重要。只在书上讨学问是不够的，必须下到学校，注重联系实际，亲自创造积累鲜活生动的案例，才能生动演绎中国现代小学语文教学法原则。为此，华师大高才生走进附小当班主任教语文，14年的青春岁月在小学的摸爬滚打中精彩度过。

回到华师大做了教授，杨先生依然深感"高手在民间"。不少优秀教师隐身山野乡村，许多闪光的教育理念蕴含在老师们朴实无华的经验中。教育实践是教育理论的肥沃土壤，教育规律法则的共性正寓于万千教师的教育个性和特色之中，这才是他想研究的有生命力的教育学。

杨再隋先生是大专家。但先生一生仰慕名师，跟国内很多名师结下不解之缘，真诚听课讨教，和老师们交朋友学"真经"。杨先生的名师圈有斯霞、袁瑢、霍懋征等新中国小语界的一代师表，也有改革开放后小语界最活跃、最有影响力的"四大名师"：执着、坚守、坚韧的"一介布衣"支玉恒；教一辈子书，把自己教成了孩子的于永正；把上课当作生命，把儿童当作命根，与课堂同在的贾志敏；善于捕捉生成性课堂资源，教出意外惊喜的靳家彦。还有数以千百计如繁星般在祖国的山山水水间闪耀的新秀、新名师。

杨先生对于中青年人才的真心诚意的引领与褒奖，特别是对我和浙江小语界的关怀与提携，我和浙江的老师都深深藏在心田。

我是幸运的。近30年杨先生对我们浙江的小学语文教育情有独钟，对我格外亲近，提携鼓励，谆谆教诲。90年代陪我乘江轮到武汉，邀我向老师们汇报小学作文教学改革实践研究的现状。而后又约我的工作站学员到宜昌参加全国作文大赛，锻炼新人。我们亦多次恳请杨先生到杭州指导小学语文教研活动。

2001年，有杨先生的推荐、鼓励与支持，我才敢以20年的习作教学改革实践与《全日制义务教育语文课程标准（实验稿）》的学习体验为据，编写《现代小学写话与习作教学》。杨先生又同意请我师姐——著名特级教师王燕骅编写《现代小学阅读教学》。这两本书最后都通过专家组评审，被作为教育部推荐的全国中小学教师继续教育教材。2003年杭州市西博会"名师名校长论坛"为我召开语文教学研讨会，杨先生作为湖北省人大常委会委员、湘教版小学语文教材主编、全国语文教师继续教育研究会副理事长，给大会发来热情洋溢的贺信，认为40余年来我在实践与研究中思想敏锐，视角独特，在小语教坛独树一帜。把作文教学放在特定的时代背景之下，和历史血脉相连，和社会息息相关，与儿童的生活世界相融，与儿童的精神世界相通，让儿童饶有兴味地和心灵絮语，与世界对话，想象飞起来，思维活起来，语言活起来，喜怒哀乐跃然纸上，酸甜苦辣尽在其中。鼓励我提携后生，培育新秀，让教育生命得以延续。

在杨先生的鼓励下，2006年春天，浙江省教育厅和杭州市上城区人民政府为我的工作站——全省第一个特级教师工作站揭牌。杨先生受邀在杭州西子宾馆临湖的茶厅和我们畅谈"本色语文"，亲切地和学员们合影，题写希望与祝福。转瞬间，当年聆听先生教诲的我和学员虞大明、曹晓红、王莺、王崧钊、陆虹、何慧玲、钟玲、祝贵耀、杨柳、钱锋、李碧、徐俊都已经变成能推动浙江小语改革浪潮的"后浪"。

2016年，杨先生又欣然下笔，为我的新书《玩出精彩作文——张化万活动作文教学经典策略》写序，褒奖我80年代开始的"玩玩说说""谈天说地""科学实验"作文，给沉闷的小学作文教学送来了"清凉的风"；倡

导"把玩进行到底""玩出精彩作文",对于改变普遍存在的作文教学无趣、无味的现状和学生厌烦作文、害怕作文的心理,起着不可估量的作用;玩是儿童的天性,将"玩"引入教学活动则是一种符合儿童心理的正确的儿童观和教学观。杨先生认为我心中的"玩",已不是一般意义上的玩耍,也不是对儿童生活化简单粗糙的复制。它源于生活,又高于生活,是对儿童生活的提炼和改造。"玩"能寓教于乐,激发兴趣、智能,引发创新天赋,又有利于激活学生的言语机制,让学生乐于表达,善于表达。

我是幸运的,但杨先生鼓励提携的不止我一个,先生留在浙江的佳话是一串又一串……

王崧舟,中国小语界第一个走上中央电视台《百家讲坛》的大专家。本世纪初崧舟在中央电视台执教《亲情测试》作文课,影响极大,但也有非议。杨先生请王崧舟到湖北再上此课,杨先生说:"表面看来,这是一堂悲从中来、不忍卒视的很特别的语文课,但毕竟是一次心理测试,不必大惊小怪,更不要小题大做。让学生真切感受失去亲人的悲伤和痛苦后,自己感悟出爱才是人类最美好的感情,真正懂得珍惜这种爱,并学会去关爱他人,从而成为一个善良的人。"杨先生欣赏特级教师虞大明"快乐教育"的主张,对大明课堂独特的教育教学个性、灵动扣人心弦的互动细节赞叹不已,还欣然动笔为大明快乐教育的新书作序宣传……

在先生门下聆听快30年,新世纪语文课程改革遇到迷茫困惑时,我们求教,先生直抒胸襟,侃侃而谈,针对难点,深入浅出。

先生认为:"育人是语文课程之本"。语文教学要有"思想的高度""文化的厚度""情感的温度",要"遵循规律,讲究适度"。应坚守"育人观""儿童观""本色观",提倡"个性化教学"。要"让学生站在课堂中央",即使教师是最亮的星，也要围绕"太阳"转动。教学"不求热闹求有效"，"重结果，更应重过程"。只有善于倾听童心，亲历实践，才能逐步培养学生积累思想、独立思考、正确表达思想的能力……

先生的教导一语中的，常常惊醒懵懂人，暖心暖胃，让我们的课改实践定心、安心、有信心。

杨再隋先生是我最敬佩的大先生。这不只是因为他的学问文章，更让我们折服的是先生坦荡的胸怀、炽热的情怀、深邃的眼光。

先生告诉我们，人各有所长，取长补短，天下小语是一家；先生言传身教，把教育当作生命，把学生当作太阳，把基层老师当作朋友。他要我们把语文放到中国文化中去审视它的前世今生，在与世界民族文化的比较中，树立自信，善于全方位多角度观察、审视、思考，在特定的时代背景下研究小学语文教育教学，相信未来的中国小学语文。先生是千万小学语文教育教学实践群中最有理论修养的专家教授，也是一生研究小学语文教育教学的学者行家中最有小学语文实践底蕴的智者、善者。

这一切让杨再隋先生进我们的心房，成为中国小语界我们最敬佩的大先生。

（张化万　全国小学作文教学研究会副会长，浙江省特级教师）

杨再隋先生的学术影响力在大江南北久负盛名。每次课程改革，他都身先士卒投入其中，即使是最近一次课程改革，先生高龄，也不做旁观者，依然是课程改革的积极参与者、强力促进者、智慧引领者。无论是课标研制还是课标修订，他都在第一时间参与解读、研究、培训、指导等工作。理论指导高瞻远瞩，联系实际细致入微，甚至教学环节设计、板书设计都能提供金

点子、好主意。

先生的研究随着课改浪潮与时俱进勇立潮头，同时恪守守正创新原则，继承发扬语文教育的优良传统。他视野开阔、目光敏锐、思维敏捷、思想深刻。洞悉方向，观点鲜明，痛陈流弊，切中要害，对语文课程改革、对教师专业发展、对提高语文教育质量发挥了巨大的引领和推动作用。

近几年来，先生在小学语文几个顶级刊物上，以卷首语的形式井喷式、连珠炮式地发文，这些文章既独立论述，又相互关联，既有深入浅出的理论阐述，又有热点、焦点的问题关注，共同形成博大精深的气象，发文规格之高、频次之密、品质之优，少有比肩者。出版社将先生的专著《语文哲思与教育人生》出版发行，影响深远，将成为语文教育研究的一道亮丽风景。

（罗昆霞　武汉市教育科学研究院小学教研室原主任，

武汉市小学语文教研会会长）

杨公是华中师大杨再隋教授，但我一直坚持叫他"杨老师"，觉得只有这个称呼才能准确传递自己对他的情感。"杨公"是我心里对他的称呼，觉得"公"这个字眼，只有他当得起。

杨公是位极具人格魅力的人。他儒雅、谦逊、温和，为人宽厚圆融，又非常善解人意。他爱才、惜才，对小语界年轻的名师都尽力提携、帮助。说起杨公，大家无不交口称赞，充满感激之情。

我与杨公相识于2003年，屈指算来，我们的忘年友谊已延续20年。记得那年，应浙江省嘉兴市教研室教研员李俊老师邀请，我去参加了他们的一个研讨活动，并上了一节公开课《敦煌莫高窟》。杨公也受邀参加了活动，听了我的课后，给予了很高的评价。之后还关切地问我："你的课上得这么好，为什么没有参加全国比赛？是不是在湖州小城市的缘故？"那份高看与鼓励，让我感动不已。后来我提出了"和美语文"的教学主张，开启了长达20多年的"和美语文"教学研究，杨公成了我的指导老师，他热切关注我开发的每一节新课、写的每一篇拙文。对我的课堂、文字，他时时提点，经常鼓励。他还推荐我到全国各地上课，宣传"和美语文"教学主张。他还多次不辞辛苦亲临湖州，参加我的"和美教学"研讨活动，引领湖州的小学语文教学，让我感受到了一个学术大家对小辈的无私提携与帮助。

20多年来，我一直默默坚守，锁定"诗意—求和—尚美—导练—雅学"五个关键词，在"和美教学"领域不断做滚动研究，也出版了7本专著，取得了一些成绩，这一切，都归功于老师的鼓励和指导。

2010年，我的"和美教学"专题研讨活动在山东日照举行，杨公给我写来2000多字的长信表示祝贺，会上由特级教师陈建先代为诵读。那封长信学理严谨，文采斐然，情真意切，感染了在场每一位参会老师。多年的交往，我们全家与杨公一家建立了深厚的友谊。每次电话，他都不忘让我代他向我先生问好。他为人真挚，很重情义，受人点滴之恩，必当涌泉相报。记得有一年，我知道老师有气管炎，冬天会咳嗽，便让母亲用我们当地产的丝绵为他做了一件老式的棉袄，他便感激不已，挂念于心。那年我去武汉编教材，完成编写任务回程前夕，他与师母特地去商场给我买了一双皮鞋，亲自送到我房间，让我试穿，把我感动得不知说什么好。

杨公善于带团队，凝聚各色人才。那几年我们跟着他编教材，这个庞大的团队人员众多，有作家、出版社领导、一线名师、教研员等，各路人马会聚，难免会有摩擦碰撞，杨公知人善用，善解人意，整个团队经他融合，团结得像一家人。时至今日，我们跟两个出版社的编辑、领导还保持着友好的关系，这一切，全都仰仗杨公圆融的人格。他牵线搭桥，从中周旋调停，起到了黏合剂的作用。

杨公为人又非常耿直真实，从不避讳自己对真善美的追崇，听到一堂好课，看到一篇好文，都会情不自禁与人分享；看到小语界一些不太纯粹的人和事，他总是很感慨，忍不住发表见解。他把一个长者的关爱无私地献给了很多像我这样钟情于学术研究的后生。平时与他通电话，他经常会聊起最近给哪一个特级教师写了序言及评价文字，等等。每一个跟他有过交集的朋友，他都真诚相待，视为挚友，并竭尽所能给予帮助。杨公又有着善良、悲悯的情怀，那年一起跟着杨公编教材的陈金才校长不幸患病，杨公亲自赶到深圳探望，多次打电话关心病况。陈校长病故后，杨公唏嘘不已，多年后还关心他的子女家人的生活状况。他就像一个精神领袖，用他的宽容、慈悲、关爱、善良、热心与尊重，团结了大批小语界年轻才俊。杨公德行，与"公"字绝配也。

吾师杨公，不仅德行高尚，又极具学术魅力。杨公对小学语文教学研究一直痴迷。他对课很敏感，对名师课堂的点评精准到位。他一生笔耕不辍，写下了大批有分量的学术文章，在全国各大小学语文教学杂志上经常能读到他深邃的教学思想。杨公出身于书香门第，从小在父亲的严格要求下积淀了丰厚的传统文化底蕴，再加上后期对哲学美学书籍的广泛涉猎，以及在大学执教教育美学课程的经历，使他的文字既有理性的哲思，又充满诗意与文采。所以，我们读杨公的文字非常享受，这让我相信，真正的大家，他的表达一定是深入浅出，而绝不是故作高深、卖弄文采。

杨公对语文教学的最大贡献应该是在教材建设领域。他很长时间一直担任小学语文教材审查委员会召集人，自己又主编过几套很有分量的教材。

2008年我们跟着他编教材,从外研社教材到湘教版教材,作为主编和"主帅",他的理念、思想时时引领着教材的走向。那个时期的杨公,常常金句频出、创意迭起,古稀之年的老人,思路清晰,决策果断,尽显大将之风。

杨公的语文教学理念是建立在对儿童的尊重、对语文教学规律的尊重的基础上的。他一直主张我们的课堂教学要尊重儿童,顺应儿童的发展,凸显语文性与儿童味。他听过我执教的《去年的树》《卢沟桥的狮子》等课,对我课堂上即时生成的来自孩子的精彩细节很欣赏,并在多次评课活动中举例引用。2005年,杨公在广东听了我执教的《去年的树》,对我最后一个环节引导学生自主地和文本对话、和作者对话,自主生成"环保""诚信""友情"等多元主题的结课环节大为赞赏,觉得这是对孩子的尊重,是一种开放的阅读,值得提倡。

杨公对语文教学的思考与探索是几十年如一日,坚持不懈的。在小学语文教学改革的浪潮中,杨公始终是个弄潮儿,从未缺席。从2010年课标出台,到2016年统编版教材全面使用,到2022年新版课标实施,杨公都有时文推出,发表自己的真知灼见。我留意了一下近五年国内几本最权威的小学语文教学杂志,很多杂志的卷首语都出自杨公之手,让人不得不感叹一个八旬老人旺盛的学术生命力。每有新作,杨公都会在第一时间发我学习,应该说,我是他近几年学术轨迹的见证人之一。

杨公圆融真诚的人格魅力、诗意深邃的学术魅力,是他能在学术领域长袖善舞几十年,与众多全国名师成为终身挚友的秘诀所在。杨公吾师,亦师亦友,与杨公20年的忘年友谊,是我一生的精神财富。

(盛新凤 浙江省湖州市教育科学研究中心小学语文教研员,

浙江省特级教师)

进入 21 世纪，我国开始了规模空前、自上而下的新一轮基础教育课程改革，并颁布了《全日制义务教育语文课程标准（实验稿）》。当年课标的主题词"人文性""主体性""自主性"十分凸显，日常的"双基训练"似乎一夜之间成了忌语，语文教坛一时云谲波诡，老师大多困惑迷惘，不知道语文课该怎么教了。

在这非常时期，自然就非常需要有明智者站出来呐喊伸张！真可谓"先天下之忧而忧"，小语教坛上不少著名的专家学者挺身疾呼，发表了不少论述精辟的文章，其中给我印象最深的就是杨再隋先生 2002 年 10 月在当时的全国小语会会刊《小学语文教学》杂志上刊发的《语文课又怎么啦！》的诘问，他在文中痛陈当时出现的一些教学现象——

有的研究课，教学的着力点主要是对课文内容的深究，或是知识内容的任意拓展，或是思想内容的无限拔高。学生海阔天空，说短道长，甚至离开了书本去大谈从网上看到的新闻。不同的是，过去是教师主讲，学生旁听；现在是学生主讲（主要是尖子学生），教师插话补充。仿佛教学的重心已由教师转移到了学生，仿佛这是课内向课外的延伸。可是，读书的时间不多了，学生思考的时间很少了，对课文中语言文字的理解、品味、运用的时间也被挤掉了。也许，这样做对于培养学生搜集信息和口头表达能力有一定作用，但是我们为什么不在打好基础的前提下再去延伸、拓展呢！

杨再隋先生对当时语文教学的不和谐现象可谓忧心忡忡啊！

忧国忧民，忧思教育，这是众多具有良知的教育专家永远的心结！但是，仅仅忧虑是不够的，语文教学，特别是小学的语文教学究竟路在何方？

又经历了 4 年的沉思和实践的考察，杨再隋先生在《语文教学通讯·小学刊》2006 年第 1 期刊发了《语文本色和本色语文》一文，该文分析了当时语文课堂教学中存在的"虚""闹""杂""碎""偏"这类光怪陆离的现象，进而提出了要凸显语文本色，即指导学生正确地理解和运用祖国的语言文字，为此就要"平平淡淡教语文""简简单单教语文""扎扎实实教语文""轻轻松松教语文"。杨先生此文甫一见刊，真乃陟彼高冈，振臂而呼，众多教师在迷茫中闻声顿悟，不禁齐声感叹道："对呀，这才是最本色的语文！"虽然当时关于语文教学的文章不少，在我的视界里，论述语文本质最系统、最辩证、最具力度和实践指导意义的就是杨再隋先生的《语文本色和本色语文》一文，现在虽不时有类似观点的文章，但也只是杨先生"语文本色论"之绪风罢了。

杨再隋先生是一位具有丰富的小学教学实践经验，又在师范院校任教教育学多年，且多次参与教育部教材建设的课程专家。我一直敬慕杨再隋先生务实的教学研究和前沿的理论指导。与杨先生相识多年，在多地的教学活动中聆听先生阐发的宏论和翔实的评课指导，的确受益良多，且多有共识。尤其在当下，一些教学新潮此起彼伏，城头旗号不时变幻，一些旧的名头换了包装粉墨登场，语文教学的本色有日渐淡退和被杂色遮掩之虞。好在老师们历经课程改革 20 余年的磨砺，特别是杨再隋先生的"语文本色论"影响广，得人心，老师们大多对其中一些所谓的语文"新词""热词"失去了蹭热度的兴趣，他们已经真切地认识到，只有本色鲜明地施教，我们的语文教学才能永不变色，行之久远！

是啊！越是乱象纷繁，我们就越是感念"语文本色论"之首倡者，一位集小学教师、大学教授、课程专家于一身的学者——杨再隋先生！

（黄亢美　南宁师范大学教授）

杨再隋老师是我教学生涯中最尊敬的一位导师。他对我教学上的指导，由于过多，过于具体，这里无法一一述及，只讲杨老师"教训"我的那一次。有一次在湖北天门市讲课，课前一位著名教授告诉我上阅读课也要读写结合，最好让学生写一写。我很为难。课里没有这样设计，教学步骤环环相扣，从哪里挤时间呢？但又一想，读写结合确实很重要，应该有所体现；第二，加上写作会使课堂添彩，获得好评；第三，我是头一次到天门讲课，这里是"状元之乡"，应该留下好印象；第四，专家特意叮嘱，他又在台下第一排听课，不改一改，人家会不高兴，对我今后也没好处。于是上课时我就做了临时调整，老惦记着挤时间。结果每一个步骤都没有到位，作文也没有写好。下课后，杨老师把我叫到跟前，我只好据实以告。杨老师毫不客气地说："上课就是上课，哪来那么多的私心杂念！没有周密计划，没有精心设计就胡讲一气，这是不负责任！不要以为自己上课比较灵活，就可以随心所欲，改得这样不伦不类，算什么！"杨老师的话当头棒喝，一下子让我无地自容，也让我清醒。我为了人情面子，为了自己所谓的"添彩"，为了让人家说好，为了讨好专家，竟然拿教学当儿戏，拿学生当儿戏，我陷入了深深的自责。从这以后，我努力克服浮躁，克服功利心，时时刻刻不敢忘记"责任"二字了。

（支玉恒　全国著名特级教师）

杨再隋教授，如师如父！从我第一篇稚嫩的"豆腐块"，到数十篇论文的发表，20多年来，我一直珍存着杨教授为我增删批阅的原稿：苍劲隽秀的笔迹，字里行间是我成长的见证，更凝结着杨教授毕生研究的心血与智慧，凝聚着一位长者对青年人的期待与祝福。杨教授就是这样关心和帮助每一位渴望成长的年轻人，他成就了一批业界翘楚，他们中的每一个，都无比感念杨再隋教授的宅心仁厚。

（董琼　湖北省特级教师）

　　早就听说杨再隋先生的大名，当时只知道他是大学里的教授，是一位语文教育研究的大家。后来，我在特级教师盛新凤的专著《语文课堂：教学走向和美》中读到了杨先生写的序，他的文字让人感觉特别舒服，我读完第一遍忍不住再读第二遍……于是我想，这是怎样的一位大家呢，他的文字竟然有这样的魅力？

　　因为筹备导师周一贯先生从教六十五周年暨八十华诞的庆贺活动，杨先生要为周先生写一篇文章，周先生就让我把他的几本书快递给杨先生。于是，我冒昧地给杨先生发去短信，请他注意查收。就这样，我和杨先生有了几次短信的联系。后来，因为要重新制作"童真语文"工作室的宣传册，我就想请杨再隋先生写几句对"童真语文"的评价。杨先生二话没说就答应了，他说："当下有真语文，还有童化语文、童真语文，且'童真'一词还有开发潜质、激发天性、还原儿童本我的意思。待我翻读你的专著《'童真语文'的好课课谱》后，再来写评语。"不久，杨先生又打电话来问我评语的具体要求，他认真地问："真的只要两三句就够了吗？有具体的要求没有？……"我告诉他没有具体的要求，只需写出真实印象，两三句即可。很快，杨先生

就发来了评语，他给予"童真语文"极大的肯定。他写道："季科平老师倡导的'童真语文'揭示了小学语文教学的本质特征，渗透了语文课程的人本观。在教学中，以语文激发童趣、点燃童情、唤醒童心，让想象和思维共舞，言语与智慧齐飞。儿童因感受语言之美妙而永葆纯真、显露天真，引发创新的天性。"读着杨先生写的这一段简练而畅达的评语，我真的不知该如何表达我的感谢！他总是这样不断地鼓励我，为我指明前行的方向，让我浑身充满前行的力量！

（季科平　全国优秀教师，浙江省特级教师）

后 记

　　杨再隋先生是华中师范大学教授，是教育部"国培计划"专家库首批专家和现任专家。20世纪八九十年代，先生是全国中小学教材审定委员会小学语文学科审查委员会委员，参与审查过国家多套小学语文教材以及语文教学大纲、语文课程标准。他是半个世纪以来我国语文课改的亲历者和见证人，更是小学语文课程改革浪潮中的弄潮儿。

　　先生祖籍重庆秀山，是我的同乡。平时我叫他杨老师，因为他是我的恩师，我觉得对自家老师这样称呼更为亲切自然。我没有机会进入高校学习，缺少高校文化的熏陶，但从遇到杨老师那一刻起，我就体会到什么叫"三生有幸"了。他对我的帮助与指导，是无微不至的。近些年，先生在刊物中发表了不少文章，他都是第一时间把文章手稿发给我，使我成为文章的第一位读者。我也有幸参与了2021年他的《语文的味道——杨再隋语文教学心语》一书出版发行的电子事务。这些年，先生不断地给我邮寄他的教育著述和教研资料。他每次外出讲学，也会告诉我，给我传递相关的教研信息。我一直

珍藏着先生寄给我的每一份资料，珍藏着先生对我的期待与关爱。先生的偏爱，使我拥有了很多学习、发展的机会。在他的提携与指导下，我先后被评为重庆市特级教师、重庆市小学语文学科带头人、正高级教师。

语文课改，国人期盼，有所改进，但不尽如人意。先生有着"爱不够的语文，挥不去的忧思"心结。他对当下语文教学的一些不正常现象可谓忧心忡忡："面对时代潮，语文怎么了？""对语文教学的思虑和追问""学生在哪儿？""小学语文教学改革路在何方？"……

先生的语文教育理念十分丰富，从对语文课程理念的阐释到语文课程策略的探究，从实践层面的教学方法研究到哲学层面的方法论探讨，从正确儿童观的树立到全新课程观的建构，从端正课风到建设课堂文化，从教学个案的分析到教师教学风格的形成，从教师培训到教师成长，等等，铺展了语文教育理论到实践的全景，真的是鲜活生动、多姿多彩。而这一切，均在于"深扎于中华语文的土壤"。正因为根扎得深，所以枝繁叶茂，花开满枝，硕果累累，使本书——《语文哲思与教育人生》在理论与实践的结合上、在学术性和实用性的统一上，都具有鲜明的特色。

先生的文章直面现实，聚焦热点，受到了老师们的广泛关注。他所倡导的"课程观""教学观""儿童观""课堂观""语文美育观""教师素养观"等，对当下的语文教学影响深远。

近些年，我一直在学习研究先生的语文教育理念，平时我最喜欢阅读的就是先生的文章。兴之所至，低吟慢诵，乐在其中。但由于自己的见识和能力有限，始终没有找到合适的路径。接到先生邀请，参与"首阳"教育书系之《语文哲思与教育人生》一书的整理工作，我感到莫大的荣幸。我觉得这项工作不仅可以系统、深入地研究先生的语文教育理念，而且通过口述实录的方式，将先生的教育理念呈现在广大教师面前，不就是更有价值的传承吗？

由于本人才疏学浅，对整理名家口述实录又无经验，有的提问还不够贴切，可能遗漏了先生的不少教育理念，有负于老师们和先生的期望。好在先生身体尚佳，至今还在思索，还在写作，如能再版本书，并让我整理，我深信书的质量会有更大的提高。

先生嘱我要特别感谢陕西师范大学出版总社对本书的厚爱，将本书列入"首阳"教育书系，还要感谢裴海安先生的热心推荐，感谢责编李岩对书稿细致入微、一丝不苟的审读，感谢美编在书籍封面、内文编排等方面的精心设计，使本书得以高质量地出版。他们使我们钦佩不已。本书虽反复修改多次，仍可能出现错漏之处，敬请读者不吝指正。

黄光辉

2024 年秋于梅江河畔